संचार कौशल
और
व्यक्तित्व विकास

संचार कौशल और व्यक्तित्व विकास

संपादक

डॉ. पुनीत बिसारिया • डॉ. वीरेंद्र सिंह यादव

डॉ. यतेंद्र सिंह कुशवाहा

प्रभात प्रकाशन

प्रकाशक • **प्रभात प्रकाशन प्रा. लि.**
4/19 आसफ अली रोड,
नई दिल्ली–110002

छात्र संस्करण • प्रथम, 2022

SANCHAR KAUSHAL AUR VYAKTITVA VIKAS
Ed. Dr. Puneet Bisaria • Dr. Virendra Singh Yadav
Dr. Yatendra Singh Kushwaha
Published by Prabhat Prakashan Pvt. Ltd., 4/19 Asaf Ali Road, New Delhi-2
e-mail: prabhatbooks@gmail.com ISBN 978-93-5521-144-6

प्रस्तावना

चौंतीस वर्षों की सुदीर्घ प्रतीक्षा के पश्चात् भारत सरकार द्वारा 29 जुलाई, 2020 को 'राष्ट्रीय शिक्षा नीति-2020' को पारित करने के बाद से ही उत्तर प्रदेश सरकार प्रदेश में इस नीति को लागू करने की दिशा में सचेष्ट हो गई थी। प्रदेश सरकार ने उसी समय यह निर्णय लिया कि प्रदेश के समस्त विश्वविद्यालयों हेतु समस्त विषयों का एकीकृत पाठ्यक्रम होगा तथा राष्ट्रीय शिक्षा नीति-2020 के प्रावधानों के अनुसार 'चॉइस बेस्ड क्रेडिट सिस्टम' (CBCS) के अनुसार सेमेस्टर आधारित एकीकृत पाठ्यक्रम तैयार किए जाएँगे। इसके अतिरिक्त प्रत्येक विद्यार्थी के कौशल विकास तथा विविध दैनंदिन आवश्यकताओं की अभिपूर्ति के लिए मुख्य विषयों के साथ छह सह-एकीकृत सह-पाठ्यक्रम की योजना को भी साकार किया गया। कोरोना संक्रमण की कठिन चुनौती के बीच प्रदेश सरकार ने सभी मुख्य विषयों के पाठ्यक्रम तथा सह-पाठ्यक्रम रिकार्ड समय में विशेषज्ञों से तैयार करवाकर सत्र 2021-22 से प्रदेश के समस्त राज्य विश्वविद्यालयों, निजी विश्वविद्यालयों, राजकीय एवं अनुदानित महाविद्यालयों तथा स्ववित्तपोषित महाविद्यालयों में अध्ययन करनेवाले विद्यार्थियों हेतु लागू करने का ऐतिहासिक निर्णय लिया। यह तय किया गया कि स्नातक कक्षाओं के प्रथम तीन सेमेस्टरों के सभी संकायों (B.A., B.Sc., B.Com., B.Sc. Ag., B.Tech. आदि) के विद्यार्थी अपने विषयों के साथ इन सभी छह सह-पाठ्यक्रमों में से प्रतिवर्ष एक पाठ्यक्रम का भी अध्ययन करेंगे।

प्रदेश में लागू की जानेवाली राष्ट्रीय शिक्षा नीति में यह प्रावधान किया गया है कि यदि किसी कारणवश कोई विद्यार्थी अपनी स्नातक उपाधि पूर्ण नहीं कर पाता और बीच में ही पढ़ाई छोड़ने को बाध्य होता है तो पूर्व की भाँति उसकी पढ़ाई अधूरी न रह जाए, बल्कि स्नातक का प्रथम वर्ष उत्तीर्ण कर लेने पर प्रमाण-पत्र, द्वितीय वर्ष उत्तीर्ण करने पर डिप्लोमा, तीन वर्ष उत्तीर्ण करने पर स्नातक उपाधि या डिग्री तथा चार वर्ष उत्तीर्ण करने पर शोध सहित स्नातक उपाधि प्रदान की जाए और पाँचवें वर्ष में अध्ययन करनेवाले विद्यार्थी को परास्नातक की उपाधि दी जाए। इस

दौरान विद्यार्थी किसी भी समय कोई भी सह-विषय बदलकर नया सह-विषय ले सकता है। आवश्यकता पड़ने पर वह एक विश्वविद्यालय या महाविद्यालय से दूसरे विश्वविद्यालय या महाविद्यालय में जा सकता है। इतनी लचीली विषय चयन की सुविधा से विद्यार्थी कभी भी किसी भी विषय अथवा संस्था का चयन कर सकता है।

इसी के अनुरूप प्रदेश के समस्त विश्वविद्यालयों एवं महाविद्यालयों हेतु छह एकीकृत सह-पाठ्यक्रम तैयार किए गए, जो सभी विश्वविद्यालयों एवं महाविद्यालयों के स्नातक के सभी संकायों के प्रथम तीन वर्ष के सेमेस्टरों में सत्र 2020-21 से बारी-बारी से पढ़ाए जाएँगे।

इन छह एकीकृत सह पाठ्यक्रमों के नाम निम्नांकित हैं—

1. भोजन, पोषण और स्वच्छता
2. प्राथमिक चिकित्सा और स्वास्थ्य
3. मानव मूल्य और पर्यावरण अध्ययन
4. शारीरिक शिक्षा और योग
5. विश्लेषणात्मक क्षमता और डिजिटल जागरूकता।
6. संचार कौशल और व्यक्तित्व विकास

उत्तर प्रदेश सरकार द्वारा स्वीकृत सभी छह सह-पाठ्यक्रमों की पुस्तकों को राष्ट्रीय शिक्षा नीति-2020 के प्रावधानों एवं उत्तर प्रदेश सरकार द्वारा निर्धारित सह-पाठ्यक्रमों की अंतर्वस्तु को अक्षरश: ध्यान में रखते हुए तैयार किया गया है। एकीकृत सह-पाठ्यक्रम की उपर्युक्त सभी पुस्तकों को तैयार करते समय शासन के निर्देशानुसार इन सभी पुस्तकों के 02-02 क्रेडिट के सभी महत्त्वपूर्ण उपविषयों की विस्तृत जानकारी इन पुस्तकों में दी गई है। प्रत्येक विश्वविद्यालय एवं महाविद्यालय में स्नातक के प्रत्येक सेमेस्टर में 30 व्याख्यानों द्वारा इनमें से एक सह-पाठ्यक्रम पढ़ाया जाएगा। सह-पाठ्यक्रम हेतु 2 क्रेडिट में 75 अंक लिखित परीक्षा हेतु तथा 25 अंक सत्रीय परीक्षा हेतु निर्धारित किए गए हैं। प्रत्येक विद्यार्थी को उत्तीर्ण होने के लिए लिखित परीक्षा में न्यूनतम 30 अंक तथा सत्रीय परीक्षा में न्यूनतम 10 अंक प्राप्त करना आवश्यक होगा।

सह-पाठ्यक्रम की पाठ्य-पुस्तक 'संचार कौशल और व्यक्तित्व विकास' शीर्षक से प्रदेश के समस्त विश्वविद्यालयों एवं महाविद्यालयों के विद्यार्थियों हेतु प्रस्तुत की जा रही है, जिसकी चार इकाइयों क्रमश: 'व्यक्तित्व एवं आत्म निखार', 'साक्षात्कार हेतु तैयारी तथा सामूहिक परिचर्चा', 'देह भाषा और व्यवहार' तथा 'उत्तम संचार की कला' के माध्यम से संचार कौशल की सभी बारीकियों से विद्यार्थियों को परिचित कराया जाएगा। सभी चार इकाइयों के कुल दो क्रेडिट होंगे और ये प्रश्न-पत्र

बहुविकल्पीय या MCQ आधारित होंगे।

प्रथम इकाई 'व्यक्तित्व एवं आत्म निखार' के अंतर्गत 'व्यक्तित्व' उप-इकाई में व्यक्तित्व का अर्थ एवं परिभाषा, व्यक्तित्व के प्रकार, व्यक्तित्व के अंग, व्यक्तित्व के निर्धारक तत्त्व और व्यक्तित्व का मूल्यांकन जैसे महत्त्वपूर्ण बिंदुओं को समझाने का प्रयास किया गया है। 'आत्म निखार' उप-इकाई में सफलता हेतु वेशभूषा, शृंगार तथा त्वचा की देखभाल, केशों की देखभाल तथा औपचारिक दिखने हेतु केश विन्यास, आत्म निखार में विभिन्न वस्तुओं की भूमिका और मुख स्वच्छता जैसे बिंदु सरल भाषा में वर्णित किए गए हैं।

द्वितीय इकाई 'साक्षात्कार हेतु तैयारी तथा सामूहिक परिचर्चा' के अंतर्गत साक्षात्कार का अर्थ एवं प्रकार, साक्षात्कार प्रविधि (आगमन, श्रवण एवं प्रस्थान), साक्षात्कार की तैयारी, जीवनवृत्त लेखन, साक्षात्कार में सफलता पाने हेतु आवश्यक शिष्टाचार, सामूहिक चर्चा का अर्थ एवं प्रविधि, सामूहिक चर्चा के प्रकार, सामूहिक चर्चा हेतु करणीय बिंदु और सामूहिक चर्चा की सामान्य त्रुटियाँ, जैसे तथ्यों को विद्यार्थियों के लिए उद्घाटित करने का प्रयास हुआ है।

तृतीय इकाई 'देह भाषा और व्यवहार' के अंतर्गत मानव व्यवहार की अवधारणा, व्यक्तिगत तथा सामूहिक व्यवहार, आत्म जागरूकता का विकास, व्यवहार एवं देहभाषा, देहभाषा के आयाम (प्रॉक्सीमिक्स या अस्मिता विज्ञान, अर्थात् लोगों के बीच स्वयं हेतु स्वयं के शारीरिक स्थान का अध्ययन, हैपटिक्स या स्पर्श संचार, ओक्यूलिसिक्स या नेत्र संचलन विज्ञान, पैरालैंग्वेज या पारभाषा विज्ञान, काइनेसिक्स या देह संचलन भाषा विज्ञान, साइन लैंग्वेज या संकेत भाषा, क्रोमेटिक्स या रंग विज्ञान, क्रोनेमिक्स या कालक्रम विज्ञान, ओल्फेकटिक्स या घ्राण विज्ञान), देहभाषा में सांस्कृतिक भिन्नताएँ, व्यापारिक शिष्टाचार और देहभाषा, कोरोनाकाल के बाद की देहभाषा, आभासी बैठक के शिष्टाचार और सोशल मीडिया के शिष्टाचार जैसे व्यक्तित्व विकास के लिए आवश्यक पक्षों को विद्यार्थियों हेतु सरल सुबोध भाषा में बताने का प्रयास किया गया है।

चतुर्थ इकाई 'उत्तम संचार की कला' के अंतर्गत संचार की प्रक्रिया, शाब्दिक एवं अनकहा संचार, प्रभावी संचार और 7 'C', संचार के अवरोधक, पैरालिंग्विस्टिक्स या पारभाषा विज्ञान (पिच या आवाज का उतार-चढ़ाव, टोन या सुर, वॉल्यूम या ध्वनि की तीव्रता, वोकैब्युलरी या शब्द प्रारूप, वर्ड स्ट्रेस या शब्द विशेष पर बल देने की कला और पॉज या संभाषण अंतराल), संचार के प्रकार (दृढ़तापूर्ण, आक्रामक, कटूक्तिपूर्ण), श्रवण कौशल, प्रश्न पूछने का कौशल, अल्प वार्त्तालाप कौशल और

ई-मेल लेखन जैसे संचार को श्रेष्ठ बनानेवाले अवयवों की चर्चा की गई है।

उपर्युक्त सभी चार इकाइयों के सभी बिंदुओं को इस पुस्तक में इतनी सरल, सहज, प्रवाहमय और बोधगम्य भाषा में समझाने का प्रयास किया गया है कि विद्यार्थी बड़ी ही आसानी से इन्हें समझ सकें और जीवन में इन्हें उतारने हेतु प्रेरित हो सकें। चूँकि सभी सह-पाठ्यक्रमों से केवल बहुविकल्पीय प्रश्न ही पूछे जाएँगे, अतः इसे ध्यान में रखते हुए सभी इकाइयों के अंत में 50-50 बहुविकल्पीय प्रश्न और उनके उत्तर दे दिए गए हैं। इन प्रश्नों से विद्यार्थी प्रश्नों की प्रकृति से अवगत हो सकेंगे तथा उन्हें अभ्यास करने हेतु पर्याप्त सामग्री प्राप्त हो सकेगी।

चूँकि सत्र 2021-22 से ही उत्तर प्रदेश सरकार के समस्त राज्य विश्वविद्यालयों, निजी विश्वविद्यालयों, राजकीय एवं अनुदानित महाविद्यालयों तथा स्ववित्तपोषित महाविद्यालयों में यह सह-पाठ्यक्रम लागू किया जाना है, अतः इस हेतु आवश्यक पाठ्य-पुस्तकें भी समय से प्रदेश के सभी विद्यार्थियों तक पहुँचनी चाहिए। इसे दृष्टिगत रखते हुए 'संचार कौशल और व्यक्तित्व विकास' शीर्षक से यह पाठ्य-पुस्तक आप सबके समक्ष प्रस्तुत की जा रही है।

हमारे लिए यह हर्ष का विषय है कि देश के अग्रणी प्रकाशक प्रभात प्रकाशन, नई दिल्ली ने उत्तर प्रदेश सरकार द्वारा राष्ट्रीय शिक्षा नीति-2020 के अनुरूप प्रदेश के समस्त विश्वविद्यालयों एवं महाविद्यालयों हेतु पुनर्गठित एकीकृत सह-पाठ्यक्रम की समस्त पाठ्य-पुस्तकों के प्रकाशन का महती दायित्व अपने सुदृढ़ कंधों पर लिया है, जैसा कि पूर्व में उल्लिखित किया जा चुका है, उत्तर प्रदेश में सह-पाठ्यक्रम के समस्त छह प्रश्न-पत्र छह सेमेस्टरों में सभी स्नातक विद्यार्थियों हेतु उत्तीर्ण करने अनिवार्य हैं और प्रदेश के प्रत्येक विश्वविद्यालय, महाविद्यालय, शिक्षक, विद्यार्थी एवं संस्था के पुस्तकालय में समय पर इनकी पाठ्य-पुस्तकें पहुँचें, यह एक बड़ी चुनौती का कार्य है, जो प्रभात प्रकाशन जैसे बड़े और देश के सर्वप्रतिष्ठित प्रकाशन गृह के द्वारा संभव हो सकेगा, ऐसी आशा ही नहीं वरन् हमें इसका पूर्ण विश्वास भी है। आशा है, सह-पाठ्यक्रम के शिक्षकों एवं विद्यार्थियों के मध्य 'संचार कौशल और व्यक्तित्व विकास' पुस्तक का स्वागत होगा। आप सभी के सुझावों का सर्वदा हृदय से स्वागत है।

शारदीय नवरात्र
आश्विन शुक्ल पक्ष, प्रतिपदा विक्रम संवत् 2078
7 अक्तूबर, 2021

—डॉ. पुनीत बिसारिया
—डॉ. वीरेंद्र सिंह यादव
—डॉ. यतेंद्र सिंह कुशवाहा

अनुक्रम

इकाई-1

व्यक्तित्व एवं आत्म-निखार

व्यक्तित्व का अर्थ एवं परिभाषा

व्यक्तित्व एक जटिल एवं महत्त्वपूर्ण विषय है। इसे किसी एक परिभाषा में बाँधना दुर्लभ कार्य है। व्यक्तित्व व्यक्ति की एक ऐसी विशेषता है, जो उसके संपूर्ण अस्तित्व से संबंध रखती है, जब कोई आम आदमी 'व्यक्तित्व' शब्द का प्रयोग करता है तो वह उसके बाहरी आकार-प्रकार, रंग-रूप को अवलोकित कर सामान्य तौर पर अच्छा समझ लेता है, अर्थात् प्रचलन में वह उसकी शारीरिक बनावट से ही उस व्यक्ति के बारे में अपनी धारणा (अच्छी और बुरी) बना लेता है, लेकिन कुछ ऐसे व्यक्ति होते हैं, जो उससे मिलकर उसके मानसिक गुणों को विशेष महत्त्व देते हैं। इस प्रकार यह कहा जा सकता है कि किसी व्यक्ति के व्यक्तित्व को किसी एक परिभाषा में आँकना असंभव है।

यदि वर्तमान परिदृश्य की बात की जाए तो मानव जीवन आज कठिन दौर से गुजर रहा है। लगातार बढ़ती प्रतिस्पर्धा, वैश्विक परिदृश्य की बदलती परिस्थितियाँ किसी व्यक्ति के व्यक्तित्व को एक साँचे में ढालने में अक्षम साबित हो रही हैं। दूसरी ओर यह भी सच है कि व्यक्तित्व के विभिन्न पहलू होते हैं। असमानताओं के बावजूद लोग दिखने में तथा व्यवहार में अलग-अलग होते हैं। मनुष्य के रूप में दुनिया में हरेक व्यक्ति सोचने, महसूस करने तथा कार्य करने की विशिष्ट क्रिया के कारण समाज में अपना स्थान बनाता है। उसके द्वारा किया गया कार्य यह दर्शाता है कि अन्य व्यक्तियों की अपेक्षा वह कितना अच्छा व बुरा है। अपनी दिनचर्या में प्राय: व्यक्ति ऐसे अनेक व्यक्तियों से मिलता है, जिनके व्यवहार से वह सुख और दु:ख की अनुभूति कर उनके गुणों के आधार पर ही (मानवीय क्रियाकलाप) उनका आकलन करता है।

व्यक्तित्व व्यक्ति की एक ऐसी नितांत व्यक्तिगत विशेषता है, जो उसके पूरे जीवन का प्रतिनिधित्व करती है, जब किसी शिशु का जन्म होता है, तभी से उसकी क्रिया और प्रतिक्रिया से व्यक्तित्व की विकास यात्रा शुरू हो जाती है और उसके जीवनपर्यंत अनवरत चलती रहती है। किशोरावस्था से लेकर युवावस्था एवं वृद्धावस्था के व्यक्तियों में उत्तरोत्तर अपने व्यक्तित्व को उदार बनाने की उत्सुकता रहती है। लगभग सभी लोग यह स्वीकार करते हैं कि व्यक्तित्व की अपनी एक उपलब्धि व उसके कुछ मूल्य होते हैं और इन्हीं अच्छे मूल्यों और सकारात्मक कार्यों के आधार पर वह व्यक्ति समाज में अनेक उपलब्धियाँ एवं सफलताएँ प्राप्त कर सकता है।

अनेक मनोवैज्ञानिकों ने इन्हीं गुणों के कारण व्यक्तित्व की अलग-अलग परिभाषाएँ दी हैं, क्योंकि व्यक्तित्व शब्द अनेक अर्थों में प्रयोग किया जाता है। व्यक्तित्व की व्याख्या राजनीतिशास्त्र, दर्शनशास्त्र, समाजशास्त्र एवं मनोविज्ञान में अलग-अलग तरह से व्याख्यायित की गई है।

सामान्य प्रचलन एवं व्यवहार में व्यक्तित्व का अर्थ किसी ऐसे व्यक्ति की शारीरिक बनावट, आकार-प्रकार, चेहरा-मोहरा, सुंदरता, आकर्षण और उसके बाहरी व्यवहार से लिया जाता है। यदि मनोविज्ञान एवं शिक्षा मनोविज्ञान की बात की जाए तो इसमें मनुष्य के आंतरिक एवं बाहरी दोनों प्रकार के संपूर्ण व्यवहार को जोड़ते हुए इसे विभिन्न सैद्धांतिक दृष्टिकोणों के आधार पर परिभाषित किया जा सकता है। सन् 1937 ई. में प्रसिद्ध मनोवैज्ञानिक आलपोर्ट ने व्यक्ति को एक सामाजिक प्राणी के रूप में अपनी मान्यता देते हुए उसके जैव-सामाजिक रूप (Bio Social Form) की व्याख्या की तो शेल्डन (Sheldon) ने उसे एक प्राणी (Organism) के रूप में स्वीकार किया तथा व्यक्तित्व को एक शारीरिक संरचना (Physical Structure) के रूप में मान्यता प्रदान की। आलपोर्ट ने अपने व्यवस्थित अध्ययन में पाया कि उस समय तक उनतालीस परिभाषाएँ दी जा चुकी थीं। इन परिभाषाओं को आलपोर्ट ने अनेक श्रेणियों में विभाजित कर सबसे पुरानी एवं पहली (पचासवीं) परिभाषा 'व्यक्तित्व' शब्द की उत्पत्ति से संबंधित संप्रत्यय से जोड़कर की। आलपोर्ट के अनुसार, "व्यक्ति के उन मनोदैहिक शील गुणों के गत्यात्मक संगठन को व्यक्तित्व कहते हैं, जो उसके वातावरण के प्रति उसके अपूर्व अभियोजन को निर्धारित करते हैं।" उन्होंने सन् 1961 ई. में इस परिभाषा को परिमार्जित करते हुए कहा, "व्यक्ति के अंदर उन मनोदैहिक शील गुणों के गत्यात्मक संगठन को व्यक्तित्व कहते हैं, जो उसके विशिष्ट व्यवहार तथा विचार को निर्धारित करते हैं।"

'व्यक्तित्व' शब्द व्यक्ति से बना है, अर्थात् व्यक्ति के रूप में जो कुछ भी उसके अंदर और बाहर विद्यमान है, वह उस व्यक्ति का एक भाग या अंग होता है। व्यक्तित्व का अंग्रेजी रूपांतर Personality है, जो लैटिन भाषा के परसोना (Persona) शब्द से बना है। लैटिन भाषा में परसोना शब्द का अर्थ है— नकाब या मास्क, मुखौटे या नकली चेहरे को भी इस नाम से जाना जाता है, वैसे (Personality) शब्द में (Persona) शब्द सन्निहित है, जिसका अर्थ व्यक्ति भी होता है। भारतीय साहित्य में व्यक्तित्व शब्द का विशिष्ट स्थान है।

वेदों, उपनिषदों, ब्राह्मण ग्रंथों, पुराणों, स्मृतियों एवं षड्दर्शनों इत्यादि में व्यक्तित्व को भौतिक, आध्यात्मिक, सांसारिक, भोग, राग-द्वेष, जप-तप, त्याग और मोक्ष प्राप्ति संबंधी क्रियाकलाप के रूप में देखा और पाया जाता है। अवनींद्र शील के अनुसार, "इंद्रिय निग्रह और ज्ञान प्राप्ति के माध्यम से शरीर, मन और आत्मा का विकास करना व्यक्तित्व के विकास का प्रमुख आधार माना गया है। सिद्धि प्राप्ति करना व्यक्तित्व के विकास का प्रमुख लक्ष्य होता है।" स्वामी दयानंद सरस्वती ने 'सत्यार्थ प्रकाश' में मनुस्मृति के एक श्लोक का उदाहरण देते हुए कहा है—

"इन्द्रियाणां प्रसङ्गेन दोष मृच्छत्ससंशयामा।
सात्रियभ्य तु तान्वेव नतः सिद्धि नियच्छति॥

मनु (2/63)

अर्थात् इंद्रियों के वश में होकर व्यक्ति निश्चित बड़े-बड़े दोषों को प्राप्त होता है और जब वह इंद्रियों को अपने वश में करता है, तभी सिद्धि को प्राप्त करता है।

आधुनिक मनोवैज्ञानिकों ने व्यक्तित्व के अनेक अर्थों व स्वरूपों को चिह्नित किया है। नकाब या मुखौटे अकसर नाटक में नायक (Actor) नाटक करते समय पहनते थे। इस मुखौटे के आधार पर ही नाटक के पात्रों का बोध होता था और इसी शाब्दिक अर्थ को ध्यान में रखकर व्यक्ति का अर्थ व्यक्ति की बाहरी शारीरिक आकृति से है, पर इसे उचित या सत्य नहीं ठहराया जा सकता। सामान्य जीवन में हम ऐसे अनेक व्यक्तियों को जानते हैं, जिनकी बाहरी वेशभूषा व दिखावा हमें बहुत प्रभावित नहीं कर पाता है, फिर भी वे एक शानदार व्यक्तित्व के स्वामी थे।

प्रारंभ में मनोवैज्ञानिक एवं मनोविज्ञान के शोधकर्ता व्यक्तित्व के अंतर्गत व्यक्तियों के अन्य गुणों को अनदेखा करते हुए केवल सामाजिक गुणों को ही महत्त्व देते थे, मनोविज्ञान में इसे व्यक्ति का एक सामाजिक गुणमात्र माना जाता था, पूरा

व्यक्तित्व नहीं। व्यवहारवादियों ने सर्वप्रथम व्यक्तित्व के आंतरिक गुणों का प्रश्न उठाया और मनोविज्ञान में इन्हीं व्यवहारों को समझने के लिए व्यक्तित्व के अध्ययन की जरूरत पड़ने लगी, तब व्यक्तित्व शब्द के अर्थ में भी परिवर्तन हुआ और उसके अंदर उन सभी चारित्रिक गुणों को शामिल किया जाने लगा, जो किसी एक व्यक्ति में पाए जाते थे, लेकिन व्यक्तित्व केवल चारित्रिक गुणों या आदतों का समन्वय या योग ही नहीं है। कैंफ (Kemph) के शब्दों में कहें तो—"व्यक्तित्व आदतों की उन व्यवस्थाओं का समन्वय है, जो वातावरण के साथ व्यक्ति के विशिष्ट अभियोजन का प्रतिनिधित्व करती हैं।"

इसी तरह से अनेक चिंतकों और विद्वानों ने व्यक्तित्व के विभिन्न अर्थों का निरूपण करते हुए इसकी अनेक परिभाषाएँ दीं, जिसमें किसी में व्यक्ति के शारीरिक गुणों पर जोर दिया गया है और किसी में मानसिक गुणों को महत्त्वपूर्ण माना गया है, लेकिन आलपोर्ट द्वारा दी गई पचासवीं परिभाषा को आज भी अनेक मनोवैज्ञानिकों द्वारा मान्यता प्रदान की गई है। आलपोर्ट द्वारा सन् 1937 ई. में दी गई परिभाषा के अनुसार, "व्यक्तित्व व्यक्ति के भीतर उन शारीरिक तंत्रों का गतिशील या गत्यात्मक संगठन है, जो वातावरण में उसके अपूर्व समायोजन को निर्धारित करते हैं।"

मनोवैज्ञानिक आलपोर्ट की इस परिभाषा में व्यक्तित्व के भीतरों गुणों तथा बाहरी गुणों, अर्थात् व्यवहार दोनों को समाहित किया गया है, लेकिन उन्होंने व्यक्तित्व के भीतरी गुणों पर तुलनात्मक रूप से अधिक बल दिया है। आइजैंक का मानना है कि "व्यक्तित्व व्यक्ति के चरित्र, चित्र, प्रकृति, ज्ञान, शक्ति तथा शरीर गठन का करीब-करीब एक स्थायी एवं टिकाऊ संगठन है, जो वातावरण में उसके अपूर्व समायोजन का निर्धारण करता है।"

अरुण कुमार सिंह आइजैंक द्वारा दी गई परिभाषा तथा आलपोर्ट की परिभाषा में काफी समानता मानते हैं। आइजैंक ने आलपोर्ट के समान व्यक्तित्व को परिभाषित करने में व्यक्तित्व के भीतरी तथा बाहरी गुणों, यानी व्यवहार को सम्मिलित किया है, परंतु उन्होंने भी भीतरी गुणों पर अधिक बल दिया है। इस तरह आलपोर्ट तथा आइजैंक दोनों की ही परिभाषाओं में व्यवहार पक्ष पर कम बल दिया गया है।

सन् 1981 ई. में वाल्टर मिशकेल (Walter Mischel) ने एक नई अवधारणा को जोड़ते हुए कहा, "प्रायः व्यक्तित्व से तात्पर्य व्यवहार के उस विशिष्ट पैटर्न (जिसमें चेतन एवं संवेग भी सम्मिलित होते हैं) से होता है, जो

प्रत्येक व्यक्ति की जिंदगी की परिस्थितियों के साथ होनेवाले समायोजन का निर्धारण करता है।"

सन् 1993 ई. में बेरोन ने व्यक्तित्व में एक नई अवधारणा को जोड़ते हुए कहा कि व्यक्तियों के अनूठे शील गुणों एवं संवेगों, चिंतकों तथा व्यवहारों के सापेक्ष रूप से स्थिर पैटर्न के रूप में व्यक्तित्व को सामान्यत: परिभाषित किया जाता है।

उपर्युक्त पाँच मनोवैज्ञानिकों की परिभाषाओं के आधार पर विश्लेषण किया जाए तो इसमें प्रथम तीन में पहले दो की परिभाषाएँ (आलपोर्ट एवं आरजैंक) अपेक्षाकृत पुरानी हैं तथा अंतिम दो (मिशकेल एवं बेरोन) की परिभाषाएँ अभी हाल ही की हैं।

इन पाँचों परिभाषाओं का एक संयुक्त विश्लेषण करने पर व्यक्तित्व का अर्थ अधिक स्पष्ट हो जाएगा। संयुक्त विश्लेषण में मनोवैज्ञानिकों ने चार तरह के गुणों—मनोशारीरिक तंत्र, गत्यात्मक संगठन, संगतता एवं वातावरण में अपूर्व समायोजन के निर्धारण पर विशेष बल दिया है। मनोवैज्ञानिकों का मानना है कि मनोशारीरिक तंत्र व्यक्तित्व का एक ऐसा तंत्र है, जिसमें मानसिक तथा शारीरिक दो पक्ष होते हैं, जो आपस में जुड़कर अंत:क्रिया करते रहते हैं। इस तंत्र के महत्त्वपूर्ण तत्त्व शील गुण (Trait), संवेग (Emotion), आदत (Habits), ज्ञानशक्ति (Intellect), चित्त प्रवृत्ति (Temperament), चरित्र (Characther), अभिप्रेरक (Motives) आदि हैं, जो सभी मानसिक गुण हैं, परंतु इन सबका आधार शारीरिक (Physical), अर्थात् व्यक्ति की ग्रंथीय प्रक्रियाएँ एवं तंत्रिकीय प्रक्रियाएँ (Neural) हैं। इसका स्पष्ट कारण यह है कि व्यक्तित्व न तो पूर्णत: मानसिक (Psychological) है और न पूर्णत: शारीरिक ही। व्यक्तित्व इन दोनों तरह के पक्षों का मिश्रण है।

गत्यात्मक संगठन का अर्थ होता है कि इसमें मनोशारीरिक तंत्र के भिन्न तत्त्व, जैसे शील, गुण, आदत इत्यादि इस तरह से जुड़े होते हैं कि उन्हें एक-दूसरे से पूर्णत: अलग नहीं किया जा सकता। गत्यात्मक संगठन में परिवर्तन संभव है। उदाहरण के लिए, यदि कोई व्यक्ति नौकरी पाने से पहले ईमानदार, उत्तरदायी तथा समयनिष्ठ जैसे मूल्य रखता है, लेकिन यदि इस व्यक्ति के नौकरी करने के कुछेक वर्षों बाद यदि उसमें उत्तरदायित्व तथा समयनिष्ठता के शील गुण भले ही न परिवर्तित हो, परंतु उसमें ईमानदारी वाला गुण बेईमानी के गुण में विकसित हो सकता है। इस तरह के संगठन में विसंगठन भी जुड़ा होता है, जिसके सहारे सामान्य व्यवहार की व्याख्या होती है। अरुण कुमार सिंह के शब्दों में कहें तो यदि

किसी व्यक्ति के शीलगुणों के संगठन में इस ढंग का परिवर्तन आ जाता है कि उसका व्यवहार विसंगठित (Disorganised) हो जाता है, जिसके फलस्वरूप वह असामान्य व्यवहार अधिक करने लग जाता है तो इसे एक गत्यात्मक संगठन (Dynamic Organisation) की ही श्रेणी में रखेंगे।

संगतता : चूँकि व्यक्तित्व में कमोबेश स्थायित्व का समावेश होता है, इसलिए इसमें संगतता का समावेश होता है, अर्थात् व्यक्तित्व में व्यक्ति का व्यवहार समायांतर में संगत होता है। संगतता से तात्पर्य यह है कि व्यक्ति का व्यवहार दो अलग-अलग अवसरों पर भी लगभग एक समान होता है। इसलिए व्यक्ति के व्यवहार में इसी संगतता के आधार पर उसमें अमुक शीलगुण या प्रस्तुत शील गुण होने का अनुमान लगाया जाता है।

वातावरण में अपूर्व समायोजन का निर्धारण : हरेक व्यक्ति में मनोशारीरिक गुणों का एक ऐसा गत्यात्मक संगठन उपलब्ध रहता है, जिससे उसके शारीरिक व्यवहार वातावरण में विभिन्न तरह से (अति महत्त्वपूर्ण) होते हैं। इस वातावरण के समान होने पर भी प्रत्येक व्यक्ति का व्यवहार, विचार, होनेवाले संवेग भी विशिष्ट होते हैं। इसलिए प्रस्तुत वातावरण के साथ समायोजन करने का तरीका भी प्रत्येक व्यक्ति में भिन्न होता है। अपनी परिभाषाओं में प्रसिद्ध मनोवैज्ञानिकों आइजैंक (Eysenck), आलपोर्ट (Allport) तथा मिश्केल (Mischel) ने पूर्व में प्रस्तुत परिभाषाओं पर बल दिया है। यही कारण है कि सन् 1968 ई. में आलपोर्ट ने अपनी परिभाषा के अंतिम 5 शब्द बदलकर इस प्रकार कर दिए—'unique adjustment to his environment' की जगह 'characteristic behaviour and thought' को सम्मिलित किया गया। इस परिवर्तन के द्वारा आलपोर्ट यह कहना चाहते थे कि व्यक्ति का व्यवहार मात्र स्वीकारात्मक, अनुकूली (Adaptive) ही नहीं होता, वरन् कथनी (Expressive) भी होता है, अर्थात् यदि व्यक्ति वातावरण के साथ मात्र समायोजन (Adjustment) या अनुकूलन (Adaptation) ही नहीं करता, बल्कि उस वातावरण के साथ इस तरह की अंत:क्रिया (Interaction) करता है कि उस वातावरण को भी व्यक्ति के साथ अनुकूलन या अभियोजन योग्य होना पड़ता है। निष्कर्ष रूप में कहा जा सकता है कि व्यक्तित्व में अलग-अलग शील गुणों (Traits) का एक ऐसा गत्यात्मक संगठन होता है, जिसके बल पर व्यक्ति का व्यवहार एवं विचार कहीं भी, किसी भी वातावरण में विशिष्ट तरह का होता है।

व्यक्तित्व के प्रकार

संकल्पना : अनेक समसामयिक एवम आधुनिक मनोवैज्ञानिकों ने व्यक्तित्व के अनेक स्वरूप व अर्थ बताए हैं, मनोवैज्ञानिक शैल्डर शारीरिक संरचना को दृष्टिगत रखते हुए व्यक्तित्व के तीन रूपों को स्वीकार करते हैं—

1. एंडोमार्फी (Endomorphy), अर्थात् गोलाकार, मोटा व नाटा शरीर
2. एक्टोमार्फी (Ectomorphy), अर्थात् दुबला-पतला व लंबा शरीर, और
3. मेसोमार्फी (Mesomorphy), अर्थात् सुगठित एवं सुडौल शरीर।

इसी तरह से आलपोर्ट व्यक्तित्व के सामाजिक स्वरूप को विशेष महत्त्व देते हुए समाज में व्यक्तित्व की पहचान लोकप्रियता और सामाजिक व्यवहार के आधार पर करते हैं। कुछ मनोवैज्ञानिक अप्रत्याशित व चमत्कृत तथा तुरंत प्रभावित करनेवाले व्यक्तित्व को ही स्वीकृति प्रदान करते हैं। वुडवर्थ और मारकिस ने व्यक्ति के समस्त व्यवहारों को ही व्यक्तित्व का प्रमुख आधार माना है।

व्यक्तियों के प्रकारों का प्राचीनकाल से ही अध्ययन होता आ रहा है। व्यक्तित्व के प्रकारों के विषय में किंग मार्गन एवं अन्य विद्वानों ने भी अपने विचार व्यक्त किए हैं।

व्यक्तित्व के प्रकार : सर्वप्रथम हिपोकेट्स ने आज से लगभग 2400 वर्ष पूर्व व्यक्तित्व के वर्गीकरण की दिशा में प्रयास किया था। हिपोकेट्स ने शरीर के अंदर पाए जानेवाले द्रव्य पदार्थों के आधार पर व्यक्तित्व का विभाजन किया, लेकिन आधुनिक मनोवैज्ञानिकों ने हिपोकेट्स के वर्गीकरण को अमान्य ठहराते हुए व्यक्तित्व के वर्गीकरण को शारीरिक द्रव्यों के आधार पर, शारीरिक संरचना के आधार पर, गुण, स्वभाव व लक्षणों के आधार पर तथा मनोवैज्ञानिक विशेषताओं के आधार पर स्वीकार किया है।

विद्वान् अवनींद्र शील के अनुसार, शारीरिक द्रव्यों के आधार पर हिपोकेट्स ने 400 ई.पू. में व्यक्तित्व का विभाजन किया था। उन्होंने शरीर में पाए जानेवाले द्रव्यों, रक्त, कफ तथा पित्त के आधार पर व्यक्तित्व की विशेषताएँ बताई हैं। उनका मानना है कि पीले पित्त की प्रधानता वाले व्यक्ति चिड़चिड़े, गुस्सैल और तरह-तरह के नखरे करनेवाले होते हैं। काले पित्त की अधिकता वाले लोग निराश, दु:खी तथा उदास प्रवृत्ति वाले होते हैं, वहीं अधिक रक्त की प्रधानता वाले व्यक्ति आशावादी, प्रसन्नचित्त तथा उत्साही होते हैं, अधिक कफ की प्रधानता वाले लोग सुस्त, शांत, निष्क्रिय तथा निर्लिप्त

होते हैं। प्रस्तुत परिभाषा को वैज्ञानिकों ने सैद्धांतिक आधार न होने के कारण खारिज कर दिया।

दूसरे वर्गीकरण में शारीरिक संरचना को महत्त्व देते हुए मनोवैज्ञानिक शैल्डन ने शारीरिक बनावट के आधार पर तीन प्रकार के व्यक्तित्व—1. एंडोमार्फिक, 2. एक्टोमार्फिक, 3. मेसोमार्फिक बताए हैं, जिसकी चर्चा ऊपर की जा चुकी है, वहीं कृश्मर के वर्गीकरण के अनुसार चार तरह के व्यक्ति होते हैं। पहले, भारी स्थूल शरीर वाले (यह छोटे कद, गोल आकार में होने के कारण सामाजिक रूप में प्रसन्नचित्त रहनेवाले होते हैं।) दूसरे दुबला-पतला व लंबा शरीर वाले (उन्होंने इस आकार वाले व्यक्तियों को बलवान व पुष्ट शरीर वाले और साहसिक कार्यों एवं खेलकूद व समायोजन की क्षमता से लैस माना है), तीसरे तरह के व्यक्तियों को लंबे-दुबले शरीर वाले मानते हुए स्वभाव से चिड़चिड़े, एकांतप्रिय तथा लोगों से कटकर रहनेवाले (उन्होंने ऐसे व्यक्तियों में सामंजस्य का अभाव मानते हुए इन्हें 'सिजोआइड' नाम दिया है) और चौथे तरह के व्यक्तियों को कृश्मर ने उपरिलिखित तीन प्रकार के गुणों से युक्त माना है। ऐसे व्यक्ति उक्त तीनों में से एक में नहीं ठहरते हैं, अर्थात् कृश्मर इन विशालकाय डिस्लाट्रिक व्यक्तियों को इस श्रेणी में रखते हैं।

गुण, स्वभाव व लक्षणों के आधार पर व्यक्तित्व के प्रकार : युंग, कैटेल, आलपोर्ट, गैलेन तथा नौरमेन आदि वैज्ञानिकों ने शीलगुणों, स्वभाव व व्यवहारगत लक्षणों के आधार पर अपने पृथक् मतों से व्याख्या की है। आलपोर्ट का मानना है कि व्यक्ति तीन गुणों के आधार पर समाज में अपना विशेष प्रभाव छोड़ता है। प्रथम के तहत व्यक्ति की आधारभूत प्रवृत्ति के कारण कोई विशेष गुण उसमें केंद्रित हो जाता है और इसी गुण के आधार पर उसकी विशेषज्ञता सभी को प्रभावित करती है, जैसे महात्मा गांधी का अहिंसा का सिद्धांत पूरी दुनिया में माना गया और इसी के आधार पर उन्हें विशेष ख्याति मिली। दूसरे प्रकार के गुणों में आलपोर्ट ने केंद्रीय प्रवृत्ति को विशेष महत्त्व दिया है। इस प्रवृत्ति के अनुसार व्यक्ति के अंदर कुछ ऐसे गुण होते हैं, जिन पर केंद्रित होकर व्यक्ति अपना व्यवहार करता है। उदाहरण के लिए, कुछ लोग अपनी प्रवृत्ति में सकारात्मक व कुछ लोग नकारात्मक होते हैं। आलपोर्ट ने तीसरे प्रकार को आधार गौण प्रवृत्ति का माना है। गौण प्रवृत्ति व्यक्ति को ऐसे कार्य करने को उत्साहित करती है, जो उसके मूल स्वभाव से मेल ही नहीं खाते हैं, लेकिन वह उन्हें किसी प्रकार से करने के लिए बाध्य होता है। उदाहरण के लिए, यदि कोई व्यक्ति स्वभाव से मिलनसार नहीं है, तब भी वह व्यक्तियों से मिलता है, तब वह उसकी गौण प्रवृत्ति मानी जाती है। इस

प्रकार वह अपने विशिष्ट गुणों के कारण किसी एक प्रकार की श्रेणी में सम्मिलित किया जा सकता है।

मनोवैज्ञानिक कैटिल ने अपने वर्गीकरण में दो प्रकार के शीलगुणों को प्रमुखता दी है। आनुवंशिकता एवं वंशानुक्रम का प्रभाव व्यक्ति के स्वाभाविक गुण होते हैं, जो वातावरण को विशेष प्रभावित करते हैं। कैटिल ने ऐसे गुणों को वातावरणीय गुणों का नाम दिया है। इन्हीं व्यक्तित्व शीलगुणों के आधार पर कैटिल ने व्यक्तित्व को तीन उपगुणों का आधार माना है। लक्ष्योन्मुख व्यवहार प्रधान व्यक्ति गतिशील, क्षमतावान, योग्य एवं उद्देश्य प्रधान होते हैं। संवेग प्रधान व्यक्ति किसी लक्ष्य को प्राप्त करने के लिए उन्मुख तो होते हैं, किंतु उनके व्यवहार में संवेगों और भावनाओं का बहुत अधिक प्रभाव होता है। मस्त-मौला व्यक्ति जीवन के हर कार्य को मौज-मस्ती के रूप में करते हैं। इनका एकमात्र लक्ष्य खाना-पीना और आनंद मनाना होता है।

मनोवैज्ञानिक युंग ने मनोस्वभाव के तीन गुणों को माना है—

1. अंतर्मुखी
2. बहिर्मुखी
3. उभयमुखी।

1. अंतर्मुखी व्यक्ति : युंग का मानना है कि अंतर्मुखी व्यक्ति एकांतप्रियता तथा असामाजिकता व अभाव के कारण बाहरी जीवन से कटकर जीना प्रसंद करते हैं। भावुकता अधिक होने के कारण ये कल्पना को महत्त्व देते हैं और किसी भी काम को करने से पहले उसके हर पहलू पर विचार करते हैं। ऐसे व्यक्ति कम बोलने के साथ ही इनकी प्रकृति शर्मीली होती है तथा ये अपनी आलोचना को बिल्कुल प्रसंद नहीं करते हैं, ये अपनी वस्तुओं तथा कष्टों के प्रति अधिक सजग रहने के कारण शंकालु प्रवृत्ति के होते हैं। इन्हें किसी के साथ घुलना-मिलना पसंद नहीं होता है।

2. बहिर्मुखी व्यक्ति : ये व्यक्ति अंतर्मुखी व्यक्तियों की अपेक्षा खुश प्रवृत्ति के होते हैं। ये लोग समूह में रहकर अपने सकारात्मक व्यक्तित्व के कारण हाजिर-जवाब और सक्रिय होते हैं। ये विभिन्न परिस्थितियों में कार्य करते हुए कुशल और बुद्धिमान हो जाते हैं। ये जिस भी वातावरण में रहते हैं, उसे प्रभावित कर लेते हैं। आशावादी स्वभाव के कारण इनमें संवेगात्मक स्थिरता होती है, इसलिए ये कभी-कभी क्रोध पर नियंत्रण नहीं रख पाते। समाज-सुधारक, वकील, राजनेता बहिर्मुखी व्यक्तित्व के धारक माने जाते हैं।

3. उभयमुखी व्यक्ति : ऐसे व्यक्ति अंतर्मुखी व बहिर्मुखी के बीच की कड़ी माने जाते हैं। इसलिए ऐसे व्यक्तियों को युंग ने उभयमुखी माना है। ये यथार्थवादी व वास्तविकतावादी होते हैं। वास्तविकता यह है कि विश्व में न कोई अंतर्मुखी होता है न बहिर्मुखी, जिसमें बहिर्मुखी व्यक्ति के लक्षण अधिक होते हैं, उसे बहिर्मुखी कहा जाता है, जिसमें अंतर्मुखी व्यक्ति के लक्षण अधिक होते हैं, उन्हें अंतर्मुखी कहते हैं। अंतर्मुखता और बहिर्मुखता को आइजैंक ने एक अलग ही मान्यता दी है। आइजैंक ने इन दोनों को एक साथ मिलकर दो ध्रुवीय विशेषता के रूप में माना है। आइजैंक ने व्यक्ति को बहिर्मुखी तथा अंतर्मुखी न मानकर किसी गुण विशेष में अंतर्मुखी या बहिर्मुखी को विशेष महत्त्व दिया है।

मनोवैज्ञानिक गैलन ने अपने वर्गीकरण में चार तरह के व्यक्तियों को महत्त्व दिया है। आशावादी, निराशावादी, क्रोधी या उग्र प्रकृतिवाले तथा उदास व्यक्ति। ऐसे व्यक्ति अपने गुणों के कारण आशावादी, निराशावादी, क्रोधी तथा पलायनवादी प्रकृति के होते हैं।

सद्विवेकी या शुद्ध अंत:करण वाले व्यक्ति, समझदार, आत्मविश्वासी, स्वानुशासित, सचेत, विचारवान तथा उत्तरदायी प्रवृत्ति के होते हैं। अनुरूप प्रकृति वाले व्यक्ति सामान्यतया सहमति प्रदान करनेवाले, अनुकूल रहनेवाले तथा आनंद उठानेवाले होते हैं। इनकी सहमति के दो ध्रुव होते हैं। ये किसी विषय पर एक परिस्थिति में सहमत, अनुकूल, विश्वासी, उदार तथा बेहतर व्यवहार करनेवाले होते हैं तो दूसरी परिस्थिति में अविश्वासी अनुदार, प्रतिकूल, जिद्दी और प्रतिकूल व्यवहार वाले बन जाते हैं।

सांवेगिक रूप से अस्थिर व्यक्ति कभी बहुत शांत व उदार प्रवृत्ति के होते हैं तो कभी अत्यधिक उग्र, उत्तेजित, मनोरोग से युक्त तथा अशांत व्यवहार के होते हैं। ये अपने संवेगों पर नियंत्रण नहीं रख पाते हैं। अंतर्मुखी व बहिर्मुखी व्यक्तित्व में दो रूप होते हैं। कोई व्यक्ति इस समूह में बहुत बोलनेवाला (बड़बोला) हास्य-व्यंग्यपूर्ण व्यवहार करनेवाला, स्नेही और सहयोगी हो सकता है तो दूसरे ही पल वह सुस्त, शांत, चिंतित, संयमी और मितभाषी हो जाता है। अनुभवों की उन्मुक्तता वाले व्यक्तित्व के दो आयाम होते हैं। इस व्यक्तित्व में व्यक्ति कभी सभ्य व्यक्ति की भाँति आचरण ही करता है तो कभी वह अभद्र व संकोची प्रवृत्ति जैसा व्यवहार करता है। व्यक्तित्व की इस विशेषता में मनुष्य अपने अनुभवों के आधार पर कल्पनाशील, बौद्धिक प्रवृत्ति के होते हैं, वहीं दूसरी ओर ये कठोर, रूखा और अशोभनीय व्यवहार करते हैं।

मनोवैज्ञानिक विशेषताओं के आधार पर आइजैंक ने तीन प्रकार के व्यक्तित्व का निर्णारण किया है, जिनमें गुणों के दो विपरीत प्रकार के छोर (Poles) पाए जाते हैं। प्रथम प्रकार में आइजैंक ने मनोविकारों और परा अहन्नजन्य व्यवहारों में ऐसे व्यक्तियों के व्यवहार में कमजोर स्मिति, निर्दयीपन, अल्प एकाग्रता, संवेदनहीनता, असावधानी आदि विशेषताओं को पाया। आपका मानना है कि ऐसे व्यक्तियों में सृजनात्मकता, प्रतिभा तथा अच्छे विचारों की कमी देखने को मिलती है। इसलिए ऐसे व्यक्तियों के व्यवहार में आदर्श, आत्मविश्वास की अधिकता, नैतिकता तथा दृढ़संकल्प आदि गुण भी पाए जाते हैं। अपने दूसरे तरह के वर्गीकरण में आइजैंक ने स्नायुविकार व स्थिरता के तहत व्यक्ति में एक छोर अथवा ध्रुव पर उसके व्यवहार में कमजोर इच्छाशक्ति, संवेगों पर नियंत्रण का अभाव, उग्रता तथा उत्तेजना आदि गुणों का पाया जाना बताया है, वहीं दूसरे छोर पर ऐसे व्यक्तियों में इंद्रिय-निग्रह, व्यवहार-कुशलता, अनुशासन तथा समझदारी देखने को मिलती है।

व्यक्तित्व के अंग

व्यक्तित्व के अंगों को पाँच घटकों में विभाजित किया गया है। नारमेन ने अपने वर्गीकरण में आलपोर्ट, होगन, नौलर, कैटल आदि चर्चित मनोवैज्ञानिकों को आधार मानते हुए व्यक्तित्व को पाँच प्रकारों में वर्गीकरण किया है, जिसे उन्होंने 'पंच विशाल' (The Big Five) का नाम दिया है। पंच विशाल व्यक्तित्व के गुणों में खुलापन (Openness), कर्तव्यनिष्ठ (Conscientiousness), बहिर्मुखी (Extraversion), सहमतता (Agrreableness) और मनोविक्षुब्ध या स्नायु विकृत (Neuroticism) आते हैं। मूलत: व्यक्तित्व के ये ही पाँच अंग होते हैं, जो व्यक्तित्व का परीक्षण करते हैं। अनेक मनोवैज्ञानिकों के बीच (आलपोर्ट, कैटेल, आईजैंक) सहमति के आधार पर कितनी इकाइयों को व्यक्तित्व का आधार या घटक माना जाए, के प्रश्न पर संतोषजनक उत्तर खोजने के क्रम में इस पाँच घटकों पर सहमति बनी। व्यक्तित्व का पंच-कारकीय या आयामीय मॉडल (Five-factor of Dimension model of personality), जिसे सामान्यत: 'पंच विशाल' (Big Five) के नाम से भी जाना जाता है।

मनोवैज्ञानिक मैकके एवं कोस्टा (McKay and Costa, 1985) तथा मैकक्रे एवं जॉन (McCrae and John, 1992) नौलर, लॉ तथा कोमरे (Nauler, Law and Comere, 1987) ने पंच आयामी सिद्धांत को आधार माना है। इन विद्वानों का मानना है कि किसी व्यक्तित्व का अध्ययन करने के लिए

इन पाँच अंगों की जरूरत पड़ती है। व्यक्ति का मनोविज्ञान पुस्तक में अरुण कुमार सिंह, आशीष कुमार इसे 'पाँच विमा' का नाम देते हैं।

बड़े पाँच शील गुणों के अनुसार व्यक्ति के व्यवहारों के क्या, क्यों और कैसे, जैसे प्रश्नों का उत्तर गोल्डबर्ग (goldberg, 1981) ने दिया। आपका मानना है कि इन्हें पंच विशाल इसलिए कहा जाता है, क्योंकि प्रत्येक आयाम के तहत कई विशिष्ट शील गुणों का समुच्चय (Set) होता है। व्यक्तित्व पदानुक्रम (personality hierarchy) में बड़े पाँच शील गुण का आयाम उतना ही विस्तृत तथा अमूर्त है (Abstract) है, जितना कि आइजैंक के सिद्धांत में उसका सुपर कारक (Super Factor)। प्रस्तुत पाँच शील गुण आयाम इस प्रकार हैं, जिन्हें (OCEAN) के नाम से भी जाना जाता है—

1. **सहमति जन्यता या सहमतता (Agreeableness or A) :** जिसमें चिंतन, भाव एवं क्रियाओं में दया से लेकर प्रतिरोध के सातत्य पर व्यक्ति द्वारा दिखलाए गए अंतर्वैयक्तिक उन्मुखता की गुणवत्ता को सहमति जन्यता की संज्ञा दी जाती है।

सहमति जन्यता से यह ज्ञात होता है कि व्यक्ति दयालु, उत्तम प्रकृतिवाला, मदद करनेवाला, सीधा-सादा एवं प्रत्यक्ष दृष्टिकोण रखनेवाला तथा क्षमा दिखानेवाला है। यह विशेषता उच्च आयाम प्राप्तांक वाले व्यक्ति में होती है। यदि व्यक्ति निम्न पत्रांक आयाम से होगा तो वह व्यक्ति शक्की, असहयोगी, चिड़चिड़ा, असभ्य तथा मानद्वेषी प्रकृति का होगा।

2. **कर्तव्यनिष्ठा (Conscientiousness) :** इस वर्ग के व्यक्तियों में लक्ष्य निर्देशित व्यवहार में दिखलाए गए अभिप्रेरण, संगठन एवं दृढ़ता (Perseverance) की मात्रा से होता है। इस आयाम पर निर्भर योग्य एवं सुकुमार व्यक्तियों की तुलना भावुक एवं बेढंगा व्यक्तियों से आसानी से की जा सकती है।

कर्तव्यनिष्ठता से उच्च प्राप्तांक वाले व्यक्ति संगठित, विश्वसनीय, कड़ी मेहनत करनेवाला, आत्मानुशासित, समयनिष्ठ (Punctual) साफ-सुथरा, महत्त्वाकांक्षी आदि गुणों से युक्त होता है। दूसरे तरफ इस आयाम पर निम्न प्राप्तांक से यह ज्ञात होता है कि व्यक्ति उद्देश्यहीन, अविश्वसनीय, सुस्त, कमजोर, इच्छा शक्तिवाला, लापरवाह तथा अपने को ठीक या व्यवस्थित नहीं रख सकता है।

3. **बहिर्मुखता (Extroversion or E) :** इस श्रेणी के व्यक्तियों में अंतर्वैयक्तिक अंत:क्रिया की मात्रा तथा तीव्रता का अंदाज होता है। इसके साथ ही

व्यक्ति में क्रिया के स्तर (Activity Level) उत्तेजन की आवश्यकता तथा खुश रहने की क्षमता आदि की अभिव्यक्ति होती है।

बहिर्मुखता वाले व्यक्ति उच्च प्राप्तांक की दशा में सामाजिक तौर पर सक्रिय, व्यक्ति उन्मुखी, आशावादी, स्नेह बाँटनेवाले, हँसी-मजाक करनेवाले तथा दूसरों की भलाई चाहनेवाले होते हैं। वहीं इसके निम्न प्राप्तांक की दशा में व्यक्ति अकेलापन पसंद करनेवाला, कार्य उन्मुखी शांत, गंभीर, संयमी (Reserved) आदि गुणों से युक्त होता है।

4. खुलापन (Openness or O) : इस श्रेणी के व्यक्तियों में नई अनुभूतियों की प्रशंसा करने तथा नई वस्तुओं के बारे में जानने तथा उसकी गहन समीक्षा आदि करने की क्षमता होती है।

इस श्रेणी के लोग जब उच्च प्राप्तांक की दशा में होते हैं तो वे उत्सुक, विस्तृत अभिरुचि दिखानेवाले, सर्जनात्मक (Creative) मौलिक, काल्पनिक तथा अपरंपरागत विचार रखनेवाले होते हैं। निम्न प्राप्तांक की दशा में इस आयामवाला व्यक्ति संकुचित अभिरुचि दिखानेवाला होता है, उसकी प्रकृति अविश्लेषणात्मक तथा अकलात्मक (Uncertistic) तथा रूढ़िगत विचारों से युक्त होती है।

5. स्नायु विकृति (Neuroticism or N) : इस आयामवाले व्यक्तियों की पहचान अवास्तविक विचारों, अत्यधिक चाहत (Excessive Wanting) कुसभाओं की अनुक्रियाओं तथा मनोवैज्ञानिक रोगों के प्रति उन्मुक्तता रखनेवाले व्यक्तियों में होती है। इस आयाम के द्वारा समायोजन बनाम सांवेगिक अस्थिरता के गुणों का मूल्यांकन होता है।

ये व्यक्ति जब अधिक प्राप्तांक की दशा में होते हैं तो उनमें व्यवहार, चिंता, सांवेगिक असुरक्षा, अपर्याप्त रोगभ्रमी विचार (hypochondrical Thoughts) आदि की प्रमुखता होती है, वहीं जब व्यक्ति निम्न प्राप्तांक की दशा में होता है, तब उसमें मानसिक शांति, असांवेगिक प्रकृति, कड़ी मेहनत की प्रवृत्ति, सुरक्षित महसूस करने की प्रवृत्ति, आत्म-तुष्टि (self-satisfaction) अधिक होती है।

किसी व्यक्ति में उपर्युक्त पंच विशाल (Big Five) का उद्देश्य ऐसे शील गुणों का पता या अध्ययन करना है, जिसमें व्यक्ति अपने आम एवं खास जीवन में उसे उपयोगी बना सके। विद्वान् गोल्डबर्ग ने सन् 1990 ई. में इस सिद्धांत के तहत एक मौलिक शाब्दिक प्राकल्पना के रूप में इसे तर्काधार प्रदान किया। इसके तहत विभिन्न संस्कृतियों के व्यक्तियों द्वारा विभिन्न हस्त की भाषाओं के उपयोग के

माध्यम से कुछ ऐसे व्यवहार या शील गुण दिखलाए जाते हैं, जिन्हें इन महत्त्वपूर्ण पाँचों आयामों के अंदर रखकर आसानी से इसकी व्याख्या की जा सकती है।

इन पाँच आयामों की जाँच को मापने के लिए मनोवैज्ञानिक गोल्डबर्ग ने सन् 1992 ई. में एक आविष्कारिका पारदर्शी द्विध्रुवीय आविष्कारिका की सिफारिश की, लेकिन यह आविष्कारिका सफल नहीं हो सकी। आगे चलकर कोस्टा एवं मैकक्रे ने सन् 1992 ई. में परीक्षण निर्माण एवं संशोधन के तीन चरणों में एक प्रश्नावली का निर्माण किया, जिसे NEO—व्यक्तित्व आविष्कारिका संशोधित की संज्ञा दी गई है। इस प्रश्नावली द्वारा प्रारंभ में मात्र तीन आयाम, अर्थात् NEO का ही मापन होता था। इसलिए इसका मौलिक नामकरण एन.ई.ओ.—व्यक्तित्व आविष्कारिका तालिका (NEO - Personality Inventory) था, परंतु बाद में इसमें अन्य दो नाम A तथा C का मापन भी जोड़ा गया, फलतः इसे NEO-PT-R की संज्ञा दी गई। अरुण कुमार सिंह का मानना है कि प्रत्येक आयाम के छह विशिष्ट भाग या फलिका (Facets) होते हैं। फलिका सचमुच में विशिष्ट शीलगुण होते हैं, जिनसे मिलकर प्रत्येक पाँच आयाम का निर्माण होता है। प्रत्येक आयाम के तहत आनेवाले छह फलिका (Facets) इस प्रकार हैं—

- **स्नायु विकृति (Neuroticsm or N)** : चिंता, क्रोध, विद्वेष, विषाद, आत्मचेतना, आवेगशीलता, दोषपूर्णता।
- **बहिर्मुखता (Extroversion or E)** : उत्साह, सामुदायिकता, क्रिया, निश्चयात्मकता, उत्तेजन पसंद, सकारात्मक संदेह।
- **खुलापन (Openness or O)** : कल्पना, सौंदर्यबोधी, भावक्रिया, विचार एवं मूल्य।
- **सहमतिजन्यता (Agreeableness or A)** : विश्वास, परोपकारिता, अनुपालन।
- **शालीन (Modesty)** : सज्जनता, स्नेही।
- **कर्तव्यनिष्ठता (Conscientiousness or C)** : सामर्थ्यता, क्रम, उपलब्धि।
- **आत्म-अनुशासन (Self-Discipline)** : विचार-विमर्श तथा कर्तव्यपरायण।

उपर्युक्त सभी तथ्यों एवं विश्लेषणों के आधार पर यह कहा जा सकता है कि पाँच आयामीय मॉडल एक मजबूत तथा ठोस मॉडल है और किसी भी व्यक्ति की व्याख्या करने में यह सफल है। इस आधार पर यह कहा जा सकता है कि

इस मॉडल के अलावा दूसरा कोई तंत्र उतना पूर्ण एवं मितव्ययी नहीं है और इसे आधुनिक मनोवैज्ञानिकों ने व्यक्तित्व का एक सहमतिजन्य मॉडल कहा है, क्योंकि इसके पाँचों आयामों एवं उनकी उपयोगिताओं पर मनोवैज्ञानिकों के बीच सामंजस्य एवं सहमति है।

व्यक्तित्व के निर्धारक तत्त्व

दुनिया में सभी व्यक्ति एक-दूसरे से अलग एवं भिन्न देखने को मिलते हैं। व्यक्तित्व के निर्धारक तत्त्वों से तात्पर्य उन गुणों या कारकों से होता है, जिसमें व्यक्तित्व का विकास तथा उसका भविष्य निर्धारित व प्रभावित होता है, किसी व्यक्ति का व्यक्तित्व कैसा है, यह वैज्ञानिक विधियों द्वारा मापा व ज्ञात किया जा सकता है, लेकिन किसी व्यक्ति के व्यक्तित्व को समझने के लिए उन कारकों को ध्यान में रखना पड़ता है, जो व्यक्ति के व्यक्तित्व को प्रभावित करते हैं। ऐसे तत्त्व निर्धारक तत्त्व कहे जाते हैं। व्यक्ति के व्यक्तित्व को वंशानुक्रम तथा वातावरण दो तरीके प्रभावित करते हैं, लेकिन व्यक्तित्व विकास की जटिल प्रक्रिया को देखते हुए वंशानुक्रम व वातावरण दो प्रकार के कारकों का अलग से अध्ययन करना थोड़ा कठिन कार्य है। अवनींद्र शील का मानना है कि व्यक्तित्व के निर्धारण में जितने भी तत्त्व सक्रिय रहते हैं, उन सभी पर आनुवंशिकता और वातावरण का इतना अधिक मिला-जुला प्रभाव पड़ता है, जिसे पृथक् रूप में आँका नहीं जा सकता है। मनोवैज्ञानिकों ने अध्ययन की सुविधा की दृष्टि से इन कारकों को मोटे तौर पर तीन श्रेणियों में विभाजित किया है—

1. जैविक या शारीरिक निर्धारक तत्त्व (Biological or Physical determining factors)।
2. मनोवैज्ञानिक निर्धारक तत्त्व (Psychological determining factors)।
3. पर्यावरणीय निर्धारक तत्त्व (Environmental determining factors)।

1. जैविक या शारीरिक निर्धारक तत्त्व : किसी व्यक्ति के व्यक्तित्व निर्धारण में आनुवंशिक तत्त्वों का विशेष महत्त्व होता है। ये जैविक तत्त्व जन्म या जन्म के पहले गर्भाधान या भ्रूण विकास और जन्म के समय व्यक्ति में मौजूद पित्रैकों (Genes), लिंग निर्धारण (sex determination) और शारीरिक संरचना के माध्यम से जो वंशानुगत विशेषताएँ शिशु को प्राप्त होती हैं, वही धीरे-धीरे पर्यावरण

की सहायता से विकसित होकर पूर्ण व्यक्तित्व के रूप में प्रकट होती हैं। इन समस्त जैविक निर्धारकों में से निम्नलिखित निर्धारक व्यक्तित्व के विशेष विकास में प्रमुख भूमिका निभाते हैं—

(क) शारीरिक संरचना तथा शारीरिक स्वास्थ्य
(ख) शरीर रसायन या अंत:स्रावी ग्रंथियाँ
(ग) स्नायुमंडल
(घ) समस्थैतिकी
(ङ) शारीरिक नियंत्रण।

(क) शारीरिक संरचना तथा शारीरिक स्वास्थ्य

शारीरिक संरचना व्यक्ति के व्यक्तित्व का प्रत्यक्ष दिखाई देनेवाला महत्त्वपूर्ण भाग होता है। किसी व्यक्ति के व्यक्तित्व का पता उसके बाहरी शारीरिक गठन, आकार-प्रकार, रंग-लिंग, चेहरे व अन्य शारीरिक अंगों, जिनमें आकर्षण, लंबाई, भार तथा उसके आनुपातिक संतुलन शामिल हैं, से लग जाता है। इन गुणों का निर्धारण वंशानुक्रम पर आधारित होता है। इन गुणों का निर्धारण व्यक्ति के पित्रैकों से होता है। इन गुणों का निर्धारण गुण सूत्रों से होता है, जो व्यक्ति को माता-पिता से प्राप्त होते हैं। शारीरिक संरचना का प्रभाव व्यक्ति के निम्नलिखित गुणों को प्रभावित करता है। आत्मविश्वास (Self Confidence), व्यवहारकुशलता (Good Manners), समायोजन क्षमता (Adjustment Power), सांवेगिका नियंत्रण (Contral of emotions) और निर्णय क्षमता (Decision Taking Capacity)।

(ख) शरीर रसायन या अंत:स्रावी ग्रंथियाँ

मानव शरीर में अनेक प्रकार की अंत:स्रावी ग्रंथियाँ पाई जाती हैं, जो व्यक्ति के व्यक्तित्व को प्रभावित करती हैं। ये ग्रंथियाँ अनेक प्रकार के रासायनिक पदार्थों का स्राव करती हैं, जिन्हें हारमोंस कहा जाता है। ये हारमोंस व्यक्ति के रक्त में मिलकर रासायनिक परिवर्तन करते हैं, जिनसे व्यक्ति का व्यक्तित्व प्रभावित होता है, इन अंत:स्रावी ग्रंथियों में थाइराइड ग्रंथि, पैराथाइराइड ग्रंथि, एड्रीनल ग्रंथि, पीयूष ग्रंथि, थाइमस ग्रंथि, अग्नाशय, काम तथा जनन ग्रंथियाँ आती हैं।

(ग) स्नायुमंडल

व्यक्तित्व के जैविक निर्धारकों में स्नायुमंडल का प्रमुख स्थान होता है। यह

शरीर के समस्त अंगों को एक तंत्र द्वारा मस्तिष्क से जोड़ने की एक व्यववस्था होती है। तंत्रिका तंत्र संवेदी अंगों एवं अपवाहक रचनाओं के मध्य सूचनाओं का आदान-प्रदान करता है। स्नायुमंडल के दो प्रमुख भाग होते हैं—पहला भाग केंद्रीय तंत्रिका तंत्र (Central nervous system) व दूसरा भाग परिधीय तंत्रिका तंत्र (peripheral Nervous System) कहलाता है। केंद्रीय तंत्रिका तंत्र दो भागों में विभाजित होता है, जिसमें मस्तिष्क एवं मेरुरज्जु होते हैं। परिधीय तंत्रिका तंत्र पूरे शरीर में फैली बारीक धागों के समान तंत्रिकाओं का बना होता है। तंत्रिकाएँ रीढ़ की हड्डी के अंदर स्थिति मेरुरज्जु से जुड़ी होती हैं। मेरुरज्जु मस्तिष्क से जुड़ी होती है। स्नायुमंडल से शरीर द्वारा कोई भी कार्य मस्तिष्क तक पहुँचता है तथा मस्तिष्क अपनी क्षमताओं द्वारा विश्लेषण करके शरीर को प्रतिक्रिया देता है। स्नायुमंडल की क्रिया के आधार पर कहा जा सकता है कि मनुष्य के व्यवहार के लिए सर्वाधिक उत्तरदायी उसका मस्तिष्क ही होता है। मनुष्य को आनुवंशिक रूप से जैसा मस्तिष्क प्राप्त होता है, उसी के आधार पर उसके व्यक्तित्व का निर्माण होता है। मनुष्य के चारित्रिक गुण, जैसे स्वभाव का अच्छा या बुरा होना, आत्मविश्वास, हीनभावना, मानवता, कर्तव्यनिष्ठा, सांवेगिक नियंत्रण आदि स्नायुमंडल द्वारा निर्धारित होते हैं।

(घ) समस्थैतिकी

समस्थैतिकी में व्यक्ति के शारीरिक स्वास्थ्य का संतुलन होना आवश्यक है। सामान्य रूप से शरीर की समस्त जैविक क्रियाओं का सुचारु रूप इस प्रकार होना चाहिए, जिसमें व्यक्ति के अलग-अलग शारीरिक अंग मिलकर एक स्वस्थ एकीकृत संपूर्णता (Healthy unified whole or integrated body) का अनुभव करा सकें। शरीर की समस्थैतिकी में शरीर का तापमान व रक्तदाब सामान्य होना चाहिए। शरीर की समस्थैतिकी में शरीर का रक्तदाब 120-80 के मध्य, तापमान, 98.50 f, ग्लूकोज का सामान्य स्तर, जल की पर्याप्त मात्रा, ऑक्सीजन का संतुलित उपयोग एवं पाचन का सामान्य होना आवश्यक होता है।

(ङ) शारीरिक नियंत्रण

मस्तिष्क और मन के नियंत्रण के निर्धारक आनुवंशिक एवं वातावरणीय तत्त्व होते हैं। प्रथम पक्ष आनुवंशिक रूप में उसका मस्तिष्क होता है एवं दूसरा पक्ष मस्तिष्क की स्वाभाविक क्रियाओं व इन पर पड़नेवाले वातावरण से संतुलन

स्थापित करना होता है। आनुवंशिक तत्त्वों में बुद्धि रुचियाँ, मानसिक तर्क, ध्यान, स्मृति, कल्पना व सृजनात्मकता, संवेग तथा यौन प्रवृत्तियाँ आदि सम्मिलित होती हैं। वातावरणीय तत्त्वों में सामाजिक, पारिवारिक, शैक्षिक, सांस्कृतिक, नैतिक एवं मानवीय तत्त्वों का महत्त्वपूर्ण योगदान होता है। इन आनुवंशिक एवं वातावरणीय तत्त्वों से व्यक्ति का व्यक्तित्व नियंत्रित होता है।

मनोवैज्ञानिक निर्धारक (Psychological Determinants) : मनोविज्ञान के क्षेत्र में किए गए पर्यवेक्षण एवं शोध के आधार पर व्यक्ति निर्धारण के कुछ ऐसे तत्त्व होते हैं, जिनका संबंध जैविक न होकर मनोवैज्ञानिक होता है तथा जो व्यक्तित्व के शीलगुणों एवं चित्तप्रवृतियों को प्रभावित करते हैं, उन्हें मनोवैज्ञानिक निर्धारक कहते हैं। प्रमुख मनोवैज्ञानिक निर्धारक तत्त्व इस प्रकार हैं—

(क) बौद्धिक निर्धारक (Intellectual Determinants)

(ख) सांवेगिक निर्धारक (Emotional Determinants)

(ग) आकांक्षा एवम उपलब्धि संबद्ध निर्धारक (Aspirations and Achievement Determinants)

(घ) यौन निर्धारक (Sex Determinants)

(क) बौद्धिक निर्धारक (Intellectual Determinants)

उपलब्धि क्षमता का व्यक्तित्व से सीधा संबंध होता है। व्यक्ति की बौद्धिक लब्धता के आधार पर उसका मूल्यांकन सुनिश्चित होता है। विचलित बुद्धि, अर्थात् सामान्य से अधिक या कम बुद्धि के व्यक्तियों के अध्ययन से अनेक निष्कर्ष निकाले गए हैं और पाया गया है कि अधिक तथा सामान्य से कम दोनों की बौद्धिक क्षमता का प्रभाव व्यक्तित्व पर पड़ता है। इन दोनों तरह के स्तर से आत्मप्रत्यय (Self-concept) प्रभावित होता है। अधिकतर यह देखने में आता है कि विचलित बुद्धिवाले यह समझते हैं कि लोग उन्हें भिन्न समझते हैं। इसलिए उनकी सोच भी ऐसी ही हो जाती है और समाज में इनका व्यवहार दोस्ताना नहीं हो पाता है, फलस्वरूप उनका व्यवहार प्रतिकूल सामाजिक मनोवृत्ति (Unfavourable Social Attitude) को बढ़ावा देने लगता है।

जो लोग सामान्य से कम बुद्धि के होते हैं, उन्हें समाज एवं परिवार द्वारा प्रायः पसंद नहीं किया जाता है, जिससे उनमें आत्महत्या की भावना पनपती है। इसके विपरीत जो लोग तीव्र बुद्धि के होते हैं, उन्हें समाज एवं परिवार द्वारा पसंद किया जाता है और भविष्य में ऐसे लोग हीनताबोध से मुक्त, दूसरों को सहयोग करनेवाले

तथा उपाय कुशल होते हैं। इसलिए ऐसे लोग समाज द्वारा दी गई जिम्मेदारियों को निभाने में सक्षम होते हैं। ऐसे लोग अपने अन्य सहयोगियों की तुलना में अधिक सक्षम, सांवेगिक रूप से स्थिर, उत्तरदायी और महत्त्वाकांक्षी समझे जाते हैं। मनोवैज्ञानिकों का मानना है कि जिन लोगों में सामान्य से कम बुद्धि होती है, उनका व्यक्तित्व विकास थोड़ा प्रतिकूल तरह का होता है। इस तरह उनमें अनेक शीलगुण देखने को मिलते हैं, यथा—नकारात्मकता, असहिष्णुता, झाँसापट्टी तथा सांवेगिक संघर्ष। औसत से कम बौद्धिक क्षमतावाले व्यक्तियों में आत्मकेंद्रितता, बुजदिली तथा दमन की प्रधानता होती है। मानसिक रूप से मंदित व्यक्ति में ये तीनों गुण और भी अधिक मात्रा में उपस्थित होते हैं। ऐसे व्यक्तियों में खराब आत्मसूझ तथा सामाजिक सूझ (Social Insight) की कमी होती है। ऐसे व्यक्तियों के चिंतन एवं व्यवहार में स्पष्ट अंतर देखने को मिलता है, जो दूसरों को उनके प्रति प्रतिकूल मनोवृत्ति विकसित करने के लिए बाध्य कर देता है। हालिंग वर्थ ने सन् 1975 में अपने प्रयोग द्वारा इसे सिद्ध भी किया था।

(ख) सांवेगिक निर्धारक (Emotional Determinants)

किसी व्यक्ति के व्यक्तित्व पर संवेगों का भी प्रभाव पड़ता है। संवेग का स्वरूप कैसा भी हो, वह व्यक्ति के व्यक्तित्व को प्रभावित करता है। अनेक बार यह परिस्थितिजन्य होता है। यदि कोई व्यक्ति जिंदगी की अधिकांश परिस्थितियों में कुंठा का अनुभव करता है तो वह अधिक आवेगशील एवं विद्वेषी व्यवहार करेगा। आशावादी व्यक्ति आत्मविश्वासी होता है और सकारात्मक दृष्टिकोण रखता है। इसी तरह से जो व्यक्ति अपनी आदतों के अनुसार ईर्ष्यालु होता है, उसे दूसरों पर शक अधिक होता है। मनोवैज्ञानिकों ने अपने अध्ययन के द्वारा निष्कर्ष निकाले हैं कि ऐसे व्यक्तियों में संवेग, सांवेगिक असंतुलन, सांवेगिक वंचन, अत्यधिक प्यार, सांवेगिक अभिव्यक्ति, सांवेगिक विरेचन तथा सांवेगिक तनाव की अधिकता होती है। इन सभी अध्ययनों के द्वारा यह भी ज्ञात हुआ है कि ऐसे व्यक्ति पर इन सांवेगिक पहलुओं का प्रत्यक्ष एवं अप्रत्यक्ष दोनों तरह का प्रभाव पड़ता है। डॉ. अरुण कुमार सिंह का मानना है कि संवेग का व्यक्तित्व पर अप्रत्यक्ष प्रभाव इस बात से होता है कि व्यक्ति दूसरे के सामने सांवेगिक व्यवहार को किस तरीके से देखता है तथा उसके साथ कैसा व्यवहार करता है, यह अंशत: इस बात पर निर्भर करता है कि वह उसके साथ किस तरह का सांवेगिक संबंध स्थापित करता है। जिंदगी के किसी भी क्षण में जब व्यक्ति यह महसूस करता है कि उसे अन्य लोगों द्वारा अस्वीकृत कर

दिया गया है तो अपने तक सीमित रहते हुए वह अन्य व्यक्तियों से दोस्ताना संबंध स्थापित नहीं कर पाता है। हिलगार्ड एवं होलमैन द्वारा सन 1989 में यह अध्ययन किया गया।

(ग) आकांक्षा एवं उपलब्धि संबद्ध निर्धारक (Aspirations and Achievement Determinants)

जब कोई व्यक्ति अपने वर्तमान स्तर से ऊपर उठकर अधिक प्राप्त करने की लालसा रखता है तो मनोवैज्ञानिकों ने इसे आकांक्षा की संज्ञा दी है। आकांक्षा सामान्य तौर पर अभिलाषा के अर्थ में दिन-प्रति-दिन की जिंदगी में प्रयुक्त होती है, लेकिन दोनों में पर्याप्त अंतर है। आकांक्षा में वर्तमान लक्ष्य से बहुत ऊपर की चीज प्राप्त करने की विशिष्ट इच्छा होती है, जबकि अभिलाषा में मात्र वर्तमान लक्ष्य प्राप्त करने की साधारण इच्छा होती है। इसलिए आकांक्षा एक ऐसा लक्ष्य है, जिसे व्यक्ति अपने उन कार्यों के लिए निर्धारित करता है, जिनकी व्यक्तिगत सार्थकता अधिक होती है या जिसमें अहं आवेष्टित होता है।

व्यक्ति द्वारा निर्धारित आकांक्षा का स्वरूप धनात्मक, अर्थात् सफलता प्राप्त करने की इच्छा, नकारात्मक, अर्थात् असफलता से दूर रहने की इच्छा, तात्कालिक, अर्थात् निकट भविष्य में लक्ष्य प्राप्त करने की इच्छा, सुदूर, अर्थात् भविष्य में लक्ष्य प्राप्त करने की इच्छा, अवास्तविक, अर्थात् व्यक्ति की क्षमता से परे हो सकता है। आकांक्षा में सफलता और असफलता की स्थिति में दोनों का मानव मन पर सकारात्मक एवं नकारात्मक प्रभाव पड़ता है। मनोवैज्ञानिक ईल्लिस सन 1989 के अनुसार, "चूँकि प्रत्येक व्यक्ति को जिंदगी की किसी-न-किसी परिस्थिति में किसी-न-किसी कारण से सफलता-असफलता हाथ लगती है, इसलिए व्यक्ति को असफलता सहनशीलता (failure tolrence) का गुण विकसित करना चाहिए या असफलता से शिक्षा लेकर अपनी अनुभूतियों को अधिक मजबूत करना चाहिए, ताकि उसे इस तरह की असफलता से अधिक-से-अधिक नुकसान न हो सके।"

(घ) यौन निर्धारक (Sex Determinants)

मनोवैज्ञानिकों द्वारा किए गए शोधों से यह स्पष्ट हुआ है कि यौन से संबंधित कारकों का व्यक्तित्व विकास पर काफी गहरा प्रभाव पड़ता है। यौनिकता का प्रभाव व्यक्तित्व पर प्रत्यक्ष एवं अप्रत्यक्ष दोनों रूपों में पड़ता है। स्कीन फेल्ड ने 1965 में कहा था कि व्यवहार पर पड़नेवाले सभी तरह के प्रभावों में महत्त्वपूर्ण प्रभाव प्रत्यक्ष

या अप्रत्यक्ष रूप से व्यक्ति के यौन का होता है।

यौन के कई पहलू हैं, जिनका व्यक्तित्व पर सीधा प्रभाव पड़ता है, उनमें से कुछ प्रमुख रूप इस प्रकार हैं—

- लैंगिकता में अभिरुचि का प्रभाव
- लैंगिकता के प्रति मनोवृत्ति का प्रभाव
- लैंगिक विभिन्नता का प्रभाव
- लैंगिक उपयुक्तता का प्रभाव
- लैंगिक भूमिकाओं का प्रभाव।

इन सबका प्रभाव व्यक्ति के व्यक्तित्व को निश्चित करता है। स्पष्ट रूप से कहा जा सकता है कि व्यक्तित्व के मनोवैज्ञानिक निर्धारण के कई कारक हैं, लेकिन व्यक्तित्व पर यौन कारकों से भी प्रभाव पड़ता है।

3. पर्यावरणीय निर्धारक तत्त्व (Environmental determining factors)

पर्यावरणीय निर्धारक व्यक्ति के निजी जीवन में उपस्थित रहते हैं और व्यक्तित्व के विकास की दिशा को प्रभावित करते हैं। पर्यावरणीय निर्धारक तत्त्वों को सामाजिक-सांस्कृतिक निर्धारक भी कहा जाता है, क्योंकि ये सभी कारक व्यक्ति की सामाजिक-संस्कृति (Social Culture) में उपस्थित रहते हैं। इन्हें तीन श्रेणियों में विभाजित किया गया है—

(i) सामाजिक निर्धारक (Social Deterninants)
(ii) शैक्षिक निर्धारक (Educational Deterninants)
(iii) पारिवारिक निर्धारक (Family Deterninants)

(i) सामाजिक निर्धारक (Social Deterninants)

सामाजिक समूह हर एक व्यक्ति को अपने जीवन में दो चीजों की ओर अवश्य ध्यान दिलाता है और उन्हें सिखाता है कि सामाजिक होने की उम्मीद तथा एक अनुमोदित सामाजिक भूमिका सीखने की उम्मीद होनी चाहिए। इन दोनों भूमिकाओं के द्वारा समाज व्यक्ति से यह अपेक्षा करता है कि उससे उसका हर सदस्य समाज द्वारा स्वीकृत व्यवहार सीखे। दूसरे तरह के व्यवहार में व्यक्ति सामाजिक भूमिका के तहत एक पिता, पत्नी, शिक्षक एवं छात्रनेता आदि की भूमिका को सीखता है। एक व्यक्ति का व्यवहार जब सामाजिक प्रत्याशा के अनुकूल रहेगा तथा वह समूह द्वारा अनुमोदित

भूमिका का उचित तरीके से निर्वहन करेगा तो उसे पर्याप्त सामाजिक अनुमोदन तथा स्वीकृति प्राप्त होती है। इससे उसके व्यक्तित्व विकास पर भी सकारात्मक प्रभाव पड़ता है। इसके अलावा आत्मिक सामाजिक अनुभूतियाँ, सामाजिक वंचना, सामाजिक स्वीकृति, पूर्वाग्रह एवं विभेद, सामूहिक पद, सामाजिक गतिशीलता आदि ऐसे कारक हैं, जो व्यक्तित्व को प्रभावित करते हैं।

(ii) शैक्षिक निर्धारक (Educational Deterninants)

शैक्षिक निर्धारक व्यक्ति की पूरी जिंदगी के निर्धारण में अहम भूमिका को निरूपित करते हैं। शैक्षिक निर्धारण में बच्चों की सीखने की प्रक्रिया को दो भागों में बाँटा जा सकता है—पारिवारिक वातावरण तथा स्कूल का वातावरण। परिवार के वातावरण में माता-पिता तथा परिवार के दूसरे सदस्यों द्वारा बच्चों को शिक्षित किया जाता है। इसके बाद स्कूली शिक्षा के अंतर्गत शिक्षकों द्वारा उन्हें संसाधित किया जाता है। मनोवैज्ञानिकों द्वारा किए गए अध्ययन के अनुसार शिक्षण संस्थानों के कारकों का व्यक्तित्व पर विशेष प्रभाव पड़ता है—ऐसे प्रमुख कारक हैं—स्कूल जाने की तत्परता, आरंभिक स्कूली अनुभूतियाँ, स्कूल का सांवेगिक वातावरण, स्कूल के विषय, शिक्षक की मनोवृत्ति तथा व्यवहार, शैक्षिक सफलता, पाठ्यक्रमेतर क्रियाएँ, मित्र-प्रिय साथियों की मान्यताएँ तथा शिक्षा के प्रति मनोवृत्ति। ये ऐसे शैक्षिक निर्धारक हैं, जिनका व्यक्तित्व के भविष्यगत आयामों पर प्रभाव पड़ता है। इन शैक्षिक निर्धारकों से व्यक्तित्व का आत्म संप्रत्यय सीधे तौर पर प्रभावित होता है तथा उनमें प्रभाव के अनुरूप अनुकूल या प्रतिकूल शीलगुण विकसित होते हैं। इन निर्धारकों में आरंभिक स्कूली अनुभूतियाँ, शैक्षिक संस्थान का सांवेगिक वातावरण, शैक्षिक सफलता, पाठ्यक्रमेतर क्रियाएँ, शिक्षक की मनोवृत्ति तथा व्यवहार तुलनात्मक रूप से अधिक महत्त्वपूर्ण होते हैं।

(iii) पारिवारिक निर्धारक (Family Deterninants)

परिवार का व्यक्ति के व्यक्तित्व पर जन्म से लेकर मृत्यु तक विशेष प्रभाव पड़ता है। परिवार के सांवेगिक आधार पर संबंध होते हैं, जिनका प्रत्यक्ष एवं अप्रत्यक्ष दोनों तरीके से प्रभाव पड़ता है। पारिवारिक वातावरण एक-दूसरे के साथ तादात्म्य तथा दूसरों के व्यवहार, पैटर्न तथा मनोवृत्तियों को अनुसरण करने का अवसर प्रदान करता है। इससे व्यक्तित्व का विकास होता है। मनोवैज्ञानिकों ने कुछ विशेष पहलुओं को उजागर करते हुए उन स्पष्ट कारकों को बताया है,

जो व्यक्तित्व को प्रभावित करते हैं। इनमें घर का सांवेगिक वातावरण, क्रमसूचक स्थान, परिवार का आकार, पारिवारिक भूमिकाएँ, पारिवारिक संगठन तथा विचलित पारिवारिक पैटर्न ऐसे कारक हैं, जो व्यक्ति के व्यक्तित्व पर गहरा प्रभाव डालते हैं। इन कारकों को ध्यान में रखते हुए व्यक्तित्व के आत्म संप्रत्यय विकास को बहुत हद तक मोड़ा जा सकता है।

उपर्युक्त तथ्यों के आधार पर स्पष्ट है कि व्यक्तित्व विकास में जैविक तथा अजैविक कारक, पर्यावरणीय एवं मनोवैज्ञानिक कारक विशेष भूमिका का निर्वहन करते हैं और व्यक्तित्व इन सभी कारकों का योग होता है। जैविक तथा अजैविक कारक मिलकर संपूर्ण व्यक्तित्व का निर्माण करते हैं, जो पर्यावरणीय एवं मनोवैज्ञानिक कारकों की भूमिका पर निर्भर करते हैं। व्यवहारवाद के जनक जे.बी. वाटसन ने व्यक्तित्व विकास में एकपक्षीय पर्यावरणीय कारकों को जैविक कारकों की तुलना में अधिक महत्त्वपूर्ण बतलाया है। जे.बी. वाटसन के अनुसार, "मुझे एक बच्चा दे दीजिए, चाहे उसमें जैसी अंत:शक्ति (potencial) हो, मैं अपनी इच्छानुसार उसे एक डॉक्टर, एक अभियंता, एक भिखारी या एक चोर बना सकता हूँ।" स्पष्ट है कि वाटसन ने व्यक्तित्व विकास के निर्धारण के इस दावे में पर्यावरण तथा मनोवैज्ञानिक कारकों को जैविक कारकों की तुलना में अधिक महत्त्वपूर्ण बतलाया है; हालाँकि आधुनिक मनोवैज्ञानिक वाटसन के इस दावे को बहुत महत्त्व नहीं देता और व्यक्तित्व के निर्धारण में जैविक कारकों को पर्याप्त महत्त्व देता है। इसका प्रमुख सूत्र इस प्रकार है—

व्यक्तित्व = जैविक कारक × मनोवैज्ञानिक कारक × पर्यावरणीय कारक

व्यक्तित्व का मूल्यांकन-(आत्म प्रतिवेदन)

व्यक्ति के अंतर्मन को जानने-समझने की प्रक्रिया में समाज का प्रत्येक व्यक्ति संबद्ध होता है। व्यक्ति जब किसी से मिलता है तो उसे जानने का प्रयास करता है, वह व्यक्ति से अंत:क्रिया करके उसके व्यक्तित्व का अनुभव एवं आकलन करता है। इसी आकलन के आधार पर हम भविष्य का अनुमान लगा सकते हैं कि अमुक व्यक्ति भविष्य में क्या कर सकता है। व्यक्ति अपने व्यक्तिगत जीवन में अपने पूर्वानुभवों, प्रेक्षणों, वार्त्तालापों और दूसरों द्वारा प्राप्त सूचनाओं पर विश्वास करते हैं, इस उपागम के आधार पर दूसरों को समझना अनेक कारकों से प्रभावित हो सकता है, जो व्यक्ति के निर्णयों को अतिरंजित कर वस्तुनिष्ठता को कम कर सकते हैं। इसलिए हमें व्यक्ति के मूल्यांकन और व्यक्तित्व के विश्लेषण के लिए

अपने अनुभवों व प्रयासों को और अधिक संगठित करने की आवश्यकता है। किसी व्यक्ति के व्यक्तित्व की यथार्थ समझ के लिए सोद्देश्य औपचारिक प्रयास को व्यक्तित्व मूल्यांकन (Personality assessment) कहा जाता है।

व्यक्तित्व का मूल्यांकन उन प्रक्रियाओं से है, जिनका उपयोग लोगों के मूल्यांकन या उनके मध्य विभेदन के लिए किया जाता है। मूल्यांकन का उद्देश्य लोगों के व्यवहारों को न्यूनतम त्रुटि और अधिकतम परिशुद्धता के साथ समझना और उसके प्रति यथार्थ भविष्यवाणी करना है।

मनोवैज्ञानिकों ने अलग-अलग तरीकों से व्यक्तित्व का मूल्यांकन करने का प्रयास किया है। सामान्यतः सबसे अधिक उपयोग की जानेवाली तकनीकों के अंतर्गत मनोमितिक परीक्षण (Psychomentic tests), आत्म-प्रतिवेदन माप (Self report Measures), प्रक्षेपी तकनीकें (Projective techniques) और व्यवहारपरक विश्लेषण (Behaviour analysis) आते हैं। इन तकनीकों के मूल विभिन्न सैद्धांतिकी उन्मुखताओं में है, इसलिए ये तकनीकें व्यक्तित्व के विभिन्न पक्षों पर प्रकाश डालती हैं। व्यक्तित्व के मूल्यांकन से संबंधित प्रमुख विधियाँ निम्नलिखित हैं।

आलपोर्ट ने व्यक्तित्व मूल्यांकन की सर्वोत्तम विधि व्यक्ति के बारे में पूछने को बताया। आलपोर्ट का यह दृष्टिकोण आत्म प्रतिवेदन मापों के मूल्यांकन का आधार बना। इस मूल्यांकन में प्रयोज्यों को किसी प्रकार की निर्धारण मापनी पर अपनी शाब्दिक अनुक्रियाएँ देनी पड़ती हैं। इस विधि में प्रयोगकर्ता को अपनी भावनाओं के बारे में वस्तुनिष्ठ रूप से प्रतिवेदन देना होता है। प्रयोज्य की अनुक्रियाओं को उनके मूल रूप में स्वीकार कर लिया जाता है। इन अनुक्रियाओं को मात्रात्मक अंक दिए जाते हैं एवं परीक्षण के लिए विकसित मानकों के आधार पर उनका विश्लेषण किया जाता है। कुछ मनोवैज्ञानिक आत्म प्रतिवेदनों का संक्षिप्त विवरण नीचे दिया जा रहा है—

मिनेसोटा बहुपक्षीय व्यक्तित्व सूची (एम.एम.पी.आई.)

इस आत्म-प्रतिवेदन सूची को व्यक्तित्व मूल्यांकन में व्यापक रूप से प्रयोग किया जाता है। इस परीक्षण को हाथवे (Hathaway) और मैकिन्ले (Mckinley) ने मनोरोग-निदान के लिए सहायक उपकरण के रूप में प्रयोग किया। यह परीक्षण व्यक्ति के विभिन्न मनोविकारों को पहचानने में कारगर साबित हुआ है। यह परीक्षण परिशोधित एम.एम.पी.आई. 2 के रूप में मौजूद है। इस

परीक्षण में 567 कथन हैं। प्रयोगकर्ता को अपने कथन के 'सही' अथवा 'गलत' होने के विषय में निर्णय लेना होता है। यह परीक्षण 10 उपमापनियों में विभाजित है, जो स्वकाय दुश्चिंता, रोग, अवसाद, हिस्टीरिया, मनोविकृति, विसामान्य, पुरुषत्व, स्त्रीत्व, व्यामोह, मनोदौर्बल्य, मनोविदलता, उन्माद और सामाजिक अंतर्मुखता के निदान करने का प्रयत्न करता है। इस परीक्षण पर आधारित मल्लिक (Mallick) एवं जोशी (Joshi) ने जोधपुर बहुपक्षीय व्यक्तित्व सूची (जे.एम.पी.आई.) विकसित किया, जो एम.एम.पी.आई. की तरह विकसित है।

आइजेंक व्यक्तित्व प्रश्नावली (ई.पी.क्यू.)

मनोवैज्ञानिक आइजेंक ने इस परीक्षण को विकसित किया। यह परीक्षण आरंभ में व्यक्तित्व के दो आयामों अंतर्मुखता-बहिर्मुखता (Introverted extraverted) और सांवेगिक स्थिरता-अस्थिरता (emotionally stable emotionally unstable) का मूल्यांकन करता था। इस परीक्षण में व्यक्तित्व विशेषक आयामों की संख्या 32 है। आइजेंक ने बाद में एक तीसरा आयाम मनस्तापिता (Psychaticism) को इस परीक्षण में जोड़ा। यह तीसरा आयाम व्यक्ति के मनोविकारों से संबंधित था। यह व्यक्ति की दूसरों के प्रति भावनाओं में कमी, लोगों के साथ अंत:क्रिया करने का एक कठोर तरीका और सामाजिक परंपराओं की अवज्ञा करने की प्रवृत्ति का प्रतिनिधित्व करता है। इस आयाम पर अधिक अंक प्राप्त करनेवाले व्यक्ति आक्रामक, अहंकेंद्रित और समाज-विरोधी होते हैं, वर्तमान में इस परीक्षण का व्यापक रूप में प्रयोग हो रहा है।

सोलह व्यक्तित्व कारक प्रश्नावली (16 पी.एफ.)

सोलह व्यक्तित्व कारक परीक्षण कैटेल के द्वारा विकसित हुआ। कैटेल ने अपने अध्ययनों के आधार पर व्यक्तित्व का वर्णन करनेवाले कारकों के एक बृहत् समुच्चय की पहचान की और बाद में मूल व्यक्तित्व संरचना की पहचान के लिए कारक विश्लेषण का उपयोग किया। इस परीक्षण में घोषणात्मक कथन दिए गए हैं, जिसमें प्रयोज्य इसके विशिष्ट स्थिति के प्रति दिए गए विकल्पों के समुच्चय से किसी एक विकल्प का चयन कर अनुक्रिया करता है। यह परीक्षण उच्च विद्यालय स्तर के विद्यार्थियों एवं वयस्कों के लिए किया जाता है। यह परीक्षण व्यावसायिक निर्देशन, व्यावसायिक, अन्वेषणात्मक एवं व्यावसायिक परीक्षण के लिए विशेष उपयोगी है।

प्रक्षेपी तकनीक

व्यक्तित्व परीक्षण की आत्मपरक विधियाँ प्रत्यक्ष होती हैं, जिनमें व्यक्ति से सीधे उसके बारे में सूचनाएँ प्राप्त करके जानकारी प्राप्त करने की कोशिश की जाती है। इस विधि में व्यक्ति स्पष्ट रूप से जानता है कि उसका मूल्यांकन किया जा रहा है। इन विधियों में लोग आत्मचेतन का अनुभव करते हैं और अपनी निजी भावनाओं, विचारों और अभिप्रेरणाओं को व्यक्त करने में हिचकिचाते हैं। मनोविश्लेषणात्मक सिद्धांत के अनुसार मानव व्यवहार का एक बड़ा भाग मानव की अवचेतन अभिप्रेरणाओं द्वारा नियमित होता है। व्यक्तित्व मूल्यांकन की प्रत्यक्ष विधियों द्वारा मानव के अवचेतन पक्ष का विश्लेषण नहीं हो सकता। इसलिए ये विधियाँ व्यक्तित्व के वास्तविक वर्णन करने में असफल हो जाती हैं। इसलिए अवचेतन व्यवहार को अप्रत्यक्ष विधियों द्वारा मापा जाता है। प्रक्षेपी तकनीक अप्रत्यक्ष विधियों में आती है। अप्रत्यक्ष प्रक्षेपी तकनीक का विकास अवचेतन अभिप्रेरणाओं और भावनाओं के मूल्यांकन के लिए किया जाता है। यह तकनीक इस अभिग्रह पर आधारित है कि कम संरचित अथवा असंरचित उद्दीपक अथवा स्थिति व्यक्तियों को उस स्थिति पर अपनी भावनाओं, इच्छाओं और आवश्यकताओं के प्रक्षेपण करने का अवसर प्रदान करता है। इसके बाद विशेषज्ञों द्वारा इन प्रक्षेपणों की व्याख्या की जाती है। वर्तमान में विभिन्न प्रकार की प्रक्षेपी तकनीकें विकसित की गई हैं, जिनमें व्यक्तित्व के मूल्यांकन के लिए विभिन्न प्रकार की उद्दीपक सामग्रियों और स्थितियों का उपयोग किया जाता है।

प्रमुख आत्मपरक परीक्षणों का वर्णन ऊपर किया जा चुका है, इसके अलावा व्यक्तित्व परीक्षण के कुछ दूसरे परीक्षण भी हैं, जो व्यक्तित्व के विशिष्ट आयामों (नियंत्रण, स्थान, आशावाद, सत्तावाद इत्यादि) का मूल्यांकन करते हैं।

उपर्युक्त आत्मपरक प्रतिवेदनों के परीक्षण में अनेक समस्याएँ या न्यूनताएँ पाई जाती हैं। सामाजिक वांछनीयता उनमें से प्रमुख है। उत्तरदाता में सामाजिक दृष्टि से वांछनीय तरीके से एकांशों के प्रति अनुक्रिया देने की प्रवृत्ति होती है। दूसरी प्रमुख समस्या अनुमनन (Acquiescence) की आती है। प्रयोज्य में एक प्रवृत्ति पाई जाती है। वह एकांशी अथवा प्रश्नों की विषय-वस्तु से निरपेक्ष होकर सहमत हो जाता है। प्राय: देखा जाता है कि प्रयोज्य एकांशों के प्रति 'हाँ' की अनुक्रिया देता है। इन विशेषताओं से व्यक्तित्व के मूल्यांकन की विश्वसनीयता कम हो जाती है।

इस विश्वसनीयता के कायम रखने के लिए मनोवैज्ञानिक परीक्षण और व्यक्तित्व की समझ के लिए उच्च स्तरीय कौशल और प्रशिक्षण की आवश्यकता

होती है, जब तक आप किसी विशेषज्ञ के सचेत पर्यवेक्षण में इष्टतम स्तर तक इन कौशलों को अर्जित न कर लें, तब तक इन परीक्षणों की व्याख्या करने के जोखिम से बचना चाहिए।

प्रक्षेपी तकनीकें मनोमित्तिक परीक्षणों से अनेक प्रकार से भिन्न होती हैं। इनमें वस्तुनिष्ठ तरीके से अंक प्रदान नहीं किए जाते हैं। इनमें गुणात्मक विश्लेषण की आवश्यकता होती है, जिसके लिए कठिन परीक्षण अपेक्षित है।

रोर्शा मसिलक्ष्म परीक्षण

रोर्शा मसिलक्ष्म परीक्षण हर्मन रोर्शा (Hermann Rorschach) द्वारा विकसित किया गया। इस परीक्षण में 10 मसिलक्ष्म या स्याही के धब्बे होते हैं, उनमें से पाँच काले और पाँच सफेद रंगों के होते हैं। कुछ लाल स्याही के और बाकी तीन पेस्टल रंगों के होते हैं। ये धब्बे एक विशिष्ट आकृति या आकार के साथ सममितीय रूप से दिए जाते हैं। प्रत्येक धब्बा 70×100 के आकार का होता है, जो सफेद कार्ड के केंद्र में छपा होता है। ये धब्बे मूल रूप में कागज के पन्ने पर स्याही गिराकर फिर उसे आधे पर मोड़कर बनाए जाते हैं। इसलिए इन्हें 'मसिलक्ष्म परीक्षण' कहा जाता है। इन कार्डों को प्रयोज्यों को व्यक्तिगत रूप में दो चरणों में दिखाया जाता है। पहले चरण को निष्पादन मुख्य अथवा उपयुक्त कहते हैं। उपयुक्त में प्रयोज्यों को कार्ड दिखाए जाते हैं। उनसे पूछा जाता है कि कार्ड में वे क्या देख रहे हैं। दूसरे चरण को पूछताछ कहा जाता है, जिसमें प्रयोज्य से यह पूछा जाता है कि कहाँ, कैसे और किस आधार पर कोई विशिष्ट अनुक्रिया उनके द्वारा की गई है। इन तकनीकों में उद्दीपकों (जैसे शब्द, मसिलक्ष्म या स्याही धब्बा) के साथ प्रयोज्य को अपने साहचर्यों को बताने की आवश्यकता होती है। कुछ में चित्रों को देखकर कहानी लिखनी होती है, कुछ में वाक्यों को पूरा करने की आवश्यकता होती है, कुछ में आरेखों द्वारा अभिव्यक्ति अपेक्षित होती है और कुछ में उद्दीपकों के एक बृहत् समुच्चय में से उद्दीपकों का वरण किया जाता है।

प्रक्षेपी तकनीकों में प्रयुक्त उद्दीपकों और अनुक्रियाओं की प्रवृत्ति में पर्याप्त भिन्नताएँ पाई जाती हैं, इसके बावजूद इनमें कुछ समान विशेषताएँ भी पाई जाती हैं—

1. इस परीक्षण में प्रयुक्त उद्दीपक सापेक्ष रूप से अथवा पूर्णतः असंरचित और अनुप्रयुक्त ढंग से परिभाषित होते हैं।

2. इस तकनीक से जिस व्यक्ति का मूल्यांकन किया जाता है, उसे इसके उद्देश्य अंक प्रदान करने की विधि और व्याख्या के विषय में नहीं बताया जाता।
3. उस व्यक्ति को यह भी सूचित कर दिया जाता है कि कोई भी अनुक्रिया सही या गलत नहीं होती।
4. मूल्यांकन किए जानेवाले व्यक्ति की अनुक्रिया व्यक्तित्व के एक महत्त्वपूर्ण पक्ष को प्रकट करनेवाली समझी जाती है।
5. अंक प्रदान करना और व्याख्या करना, लंबा (अधिक समय लेनेवाला) और कभी-कभी आत्मनिष्ठ होता है।

इसके अंतर्गत प्रयोज्य की अनुक्रियाओं का एक विस्तृत विवरण तैयार किया जाता है। उसकी अनुक्रियाओं को एक सार्थक संदर्भ में रखने के लिए बिल्कुल ठीक या सटीक निर्णय करना आवश्यक होता है। इस परीक्षण के उपयोग और व्याख्या करने के लिए एक व्यापक प्रशिक्षण की आवश्यकता होती है। इस परीक्षण के लिए दिए गए प्रदत्तों की व्याख्या करने के लिए कंप्यूटर तकनीकों को विकसित किया जाता है।

कथानक संप्रत्यक्षण परीक्षण (टी.ए.टी.)

यह परीक्षण मॉर्गन (Morgan) एवं मरे (Murray) द्वारा विकसित किया गया है। यह परीक्षण मसिलक्ष्म परीक्षण की अपेक्षा थोड़ा अधिक संरचित परीक्षण है। इस परीक्षण में 30 काले और सफेद रंगों के सचित्र कार्ड और एक कार्ड खाली (सादा) होता है। यह सचित्र कार्ड एक या अधिक लोगों की अलग-अलग स्थितियों को चित्रित करता है। प्रत्येक चित्र को कार्ड पर मुद्रित कर लिया जाता है, कुछ कार्डों का उपयोग वयस्क पुरुष एवं महिलाओं पर किया जाता है, वहीं कुछ का उपयोग बालक, बालिकाओं एवं कुछ कार्डों को संयुक्त रूप में प्रयुक्त किया जाता है। एक प्रयोगकर्ता के लिए 20 कार्ड उपयुक्त माने जाते हैं, लेकिन कम-से-कम 5 कार्डों पर भी परीक्षण को सफलतापूर्वक किया जा सकता है।

इस परीक्षण की प्रक्रिया में प्रयोज्य के सामने एक-एक कार्ड को प्रस्तुत किया जाता है। प्रयोगकर्ता को चित्र में प्रस्तुत स्थिति का एक कहानी के माध्यम से वर्णन करने को कहा जाता है। किस कारण यह स्थिति उत्पन्न हुई, इस क्षण क्या घटित हो रहा है, भविष्य में क्या घटित होगा और चित्र में प्रस्तुत विभिन्न पात्र क्या अनुभव और चिंतन कर रहे हैं। इस परीक्षण से प्राप्त अक्रियाओं के मापन के लिए

अंक प्रदान करने की एक मानक प्रक्रिया उपलब्ध है। बच्चों एवं वृद्धों के लिए भी इसे रूपांतरित कर लिया गया है। इस हेतु उमा चौधरी द्वारा किया गया भारतीय (टी.ए.टी.) परीक्षण उपलब्ध है।

रोजेनज्विग का चित्रगत कुंठा अध्ययन (पी.एफ. अध्ययन)

प्रसिद्ध मनोवैज्ञानिक रोजेनज्विग (Rosenzweig) द्वारा इस परीक्षण को यह जानकारी प्राप्त करने के लिए विकसित किया गया कि कुंठा उत्पन्न करनेवाली स्थिति में लोग कैसे आक्रामक व्यवहार अभिव्यक्त करते हैं। इस परीक्षण में व्यक्ति की विभिन्न स्थितियों को जानने के लिए व्यंग्य चित्रों का उपयोग किया जाता है। इस परीक्षण में एक व्यक्ति किसी दूसरे व्यक्ति को कुंठित करते हुए अथवा किसी कुंठात्मक दशा के प्रति दूसरे व्यक्ति का ध्यान आकर्षित करते हुए दिखाया जाता है। प्रयोज्य से यह जानकारी ली जाती है कि दूसरा व्यक्ति (कुंठित) क्या कहेगा अथवा क्या करेगा। प्रयोज्य की अनुक्रियाओं का विश्लेषण आक्रामकता के प्रकार एवं दिशा के आधार पर किया जाता है। इस बात की जाँच करने का प्रयास किया जाता है कि क्या कुंठा उत्पन्न करनेवाली वस्तु अथवा कुंठित व्यक्ति के संरक्षण अथवा समस्या के रचनात्मक समाधान पर बल दिया गया। प्रयोज्य की आक्रामकता की दिशा, पर्यावरण के प्रति अथवा स्वयं के प्रति हो सकती है। इस परीक्षण में यह भी संभव होता है कि स्थिति को टाल देने अथवा उसके महत्त्व को घटा देने के प्रयास में आक्रामकता की स्थिति समाप्त भी हो जाएगी। पारीक (Pareek) ने भारतीय जनसंख्या पर उपयोग के लिए इस परीक्षण को रूपांतरित किया है।

वाक्य समापन परीक्षण

यह परीक्षण व्यक्ति की अंतर्निहित अचेतन अभिप्रेरणाओं को अभिव्यक्त करने के लिए प्रयोग किया जाता है। इस परीक्षण में प्रयोज्य को अनेक अपूर्ण वाक्यों को पूरा करने को कहा जाता है। वाक्य का आरंभिक भाग प्रयोज्य के समक्ष पहले एवं वाक्य का अंतिम भाग बाद में पूरा करने को कहा जाता है। इस परीक्षण का अभिमत है कि वाक्य के अंतिम भाग को प्रयोज्य जिस तरह समाप्त करता है, वह उसकी अभिवृत्तियों, अभिप्रेरणाओं और द्वंद्वों को प्रतिबिंबित करता है। यह परीक्षण प्रयोज्यों को ऐसे अनेक अवसर प्रदान करता है कि वे अपनी अंतर्निहित अचेतन अभिप्रेरणाओं को अभिव्यक्त कर सकें। वाक्य परीक्षण के कुछ प्रतिदर्श एकांशों को नीचे दिया जा रहा है—

1. मेरे पिता
2. मुझे सबसे अधिक भय
3. मेरी माँ के बारे में सबसे अच्छी बात है कि
4. मुझे इस बात पर गर्व है कि

यह एक सरल व व्यावहारिक परीक्षण है, जिसमें प्रयोज्य को कागज के एक पन्ने पर चित्र बनाने के लिए कहा जाता है। चित्रण को बेहतर बनाने के लिए उसे रबड़ भी दी जाती है। चित्र बनाने के बाद प्रयोज्य से एक विपरीत लिंग के व्यक्ति का चित्र बनाने को कहा जाता है, अंत में प्रयोज्य से उस व्यक्ति के बारे में कहानी लिखने को कहा जाता है, मानो वह किसी कहानी या उपन्यास का पात्र हो, इसका एक उदाहरण निम्नलिखित है—

1. चित्र में मुद्रित मुखाकृति का लोप यह संकेत करता है कि व्यक्ति किसी उच्चस्तरीय द्वंद्व से अभिभूत है अथवा अंतर्वैयक्तिक संबंध को टालने का प्रयास कर रहा है।
2. गरदन पर आलेखीय बल देना, आवेगों के नियंत्रण के अभाव का संकेत करता है।
3. आनुपातिक रूप से बड़ा सिर, आंगिक रूप से मस्तिष्क रोग एवं सिरदर्द के प्रति दुश्चिंता को सूचित करता है।

इस प्रकार प्रक्षेपी तकनीकों की सहायता से व्यक्तित्व का विश्लेषण बड़े ही रोचक ढंग से किया जा सकता है। यह परीक्षण मानव की अचेतन अभिप्रेरणाओं, गहन द्वंद्वों और संवेगात्मक, मनोग्रंथियों को समझने में सार्थक होता है। इन तकनीकों में व्यक्त अनुक्रियाओं की व्याख्या के लिए परिष्कृत कौशलों और विशिष्ट प्रशिक्षण की आवश्यकता होती है। इसके अतिरिक्त अंक प्रदान करने की विश्वसनीयता और व्याख्याओं की वैधता से संबंधित कुछ समस्याएँ भी होती हैं, किंतु व्यावसायिक मनोवैज्ञानिकों ने इन तकनीकों को नितांत उपयोगी माना है।

व्यवहारपरक विश्लेषण

व्यवहारपरक विश्लेषण से विभिन्न स्थितियों में व्यक्ति का व्यवहार जानकर हम उसके व्यक्तित्व के बारे में सार्थक सूचनाएँ प्राप्त कर सकते हैं। व्यक्ति के व्यावहारिक विश्लेषण का मापन व्यवहारपरक विश्लेषण के द्वारा ही संभव है। इस परीक्षण की प्रेक्षक रिपोर्ट में जो प्रदत्त होते हैं, वे निम्नलिखित हैं—

1. साक्षात्कार (Interview)
2. प्रेक्षण (Observation)
3. निर्धारण (Determination)
4. नाम निर्देशन (Nomination)।

उपर्युक्त तत्त्व स्थितिपरक परीक्षणों से प्राप्त होते हैं। इन प्रक्रियाओं का क्रमवार विवरण इस प्रकार है—

1. साक्षात्कार (Interview)

व्यक्तित्व के मूल्यांकन के लिए साक्षात्कार एक सामान्यत: प्रयुक्त होनेवाली विधि है। इसमें प्रयोज्य व्यक्ति से बातचीत करके कुछ विशिष्ट प्रश्न पूछे जाते हैं। साक्षात्कार के नैदानिक स्वरूप में साधारणतया गहन रूप से साक्षात्कार लिया जाता है।

साक्षात्कार के इस रूप में उत्तरदाता से व्यक्त अनुक्रिया के परे भी दृष्टि रखी जाती है। इसमें मूल्यांकन के उद्‌देश्य को विशेष महत्त्व दिया जाता है। इसी के आधार पर साक्षात्कार असंरचित अथवा संरचित हो सकता है—

(क) असंरचित साक्षात्कारों (Unstructured Interviews) में साक्षात्कारकर्ता किसी व्यक्ति से अनेक प्रश्न पूछकर उसके प्रति एक छवि विकसित करने का प्रयत्न करता है। एक व्यक्ति साक्षात्कार में जिस प्रकार अपने आपको प्रस्तुत करता है अथवा प्रश्नों के उत्तर देता है, उससे उसका व्यक्तित्व उद्‌घाटित होता है। इस साक्षात्कार में सामान्य प्रश्नों को पूछा जाता है।

(ख) संरचित साक्षात्कारों (Structured Interviews) में अत्यधिक विशिष्ट प्रकार के प्रश्नों को पूछा जाता है, इसके साथ ही एक नियत व निश्चित प्रक्रिया का पालन किया जाता है। यह साक्षात्कार में शामिल एक से अधिक व्यक्तियों की वस्तुनिष्ठ तुलना करने के लिए किया जाता है। इस प्रकार निर्धारण मापनियों का उपयोग मूल्यांकन की और अधिक वस्तुनिष्ठता में वृद्धि करता है।

2. प्रेक्षण (Observation)

व्यवहारपरक विश्लेषण में प्रेक्षण विधि का उपयोग एक अत्यंत परिष्कृत प्रक्रिया है। इस विधि को अशिक्षित लोगों हेतु उपयोग नहीं किया जा सकता। साथ ही इसको अप्रशिक्षित लोगों द्वारा उपयोग में नहीं लाया जा सकता। इस विधि में प्रेक्षक का व्यवहार, विशिष्ट प्रशिक्षण और किसी व्यक्ति विशेष के व्यक्तित्व के

मूल्यांकन के लिए व्यवहारों के विश्लेषण के बारे में विस्तृत मार्गदर्शी सिद्धांत अपेक्षित होते हैं।

इस विधि में एक नैदानिक मनोवैज्ञानिक अपने सेवार्थी की उसके परिवार के सदस्यों और गृहवीक्षकों या अतिथियों के साथ होनेवाली अंत:क्रिया का प्रेक्षण कर सकता है। इस परीक्षण द्वारा सावधानी से अभिकल्पित प्रेक्षण के साथ एक नैदानिक अपने सेवार्थी के व्यक्तित्व के बारे में पर्याप्त अंतर्दृष्टि विकसित कर सकता है।

बार-बार और व्यापक प्रयोग के बावजूद प्रेक्षण विधि में कुछ सीमाएँ भी पाई जाती हैं।

(अ) प्रेक्षण की विधियों द्वारा उपयोगी प्रदत्त के संग्रह के लिए उचित व्यावहारिक प्रशिक्षण कठिन और समय साध्य होता है।

(आ) इस विधि के वैध प्रदत्त प्राप्त करने के लिए मनोवैज्ञानिकों में भी परिपक्वता आवश्यक होती है।

(इ) साक्षात्कार में प्रेक्षक की उपस्थिति मात्र परिणामों को दूषित कर सकती है, उसके व्यवहार को प्रभावित कर सकती है, जिससे प्राप्त प्रदत्त अनुपयोगी हो सकते हैं।

3. निर्धारण

निर्धारण का उपयोग शैक्षिक एवं औद्योगिक वातावरण के व्यक्तित्व के मूल्यांकन के लिए किया जाता है। यह परीक्षण उन लोगों से किया जाता है, जिन्हें वह घनिष्ट रूप से जानता है और उसके साथ लंबे समय से अंत:क्रिया कर चुके हैं अथवा जिनको प्रेक्षण करने का अवसर मिल चुका है। इस विधि में योग्यता निर्धारक व्यक्तियों को उनके व्यवहारपरक गुणों के आधार पर कुछ वर्गों में बाँट देते हैं।

इन वर्गों में विभिन्न संख्याएँ या वर्णनात्मक शब्द हो सकते हैं। इस परीक्षण में प्राय: यह पाया गया है कि संख्या में अथवा सामान्य वर्णनात्मक विश्लेषणों का निर्धारण मापनियों में उपयोग प्राय: योग्यता निर्धारक के लिए आशंका उत्पन्न करता है। इसके लिए आवश्यक है कि विशेषकों को सावधानीपूर्वक लिखी गई व्यवहारपरक स्थितियों के आधार पर स्पष्ट रूप से परिभाषित किया जाए।

निर्धारण विधि की प्रमुख सीमाएँ निम्न हैं—

(क) इस विधि में योग्यता निर्धारक प्राय: कुछ अभिनतियों को प्रदर्शित करते हैं, जो विभिन्न विशेषकों के बारे में उनके निर्णय को प्रभावित करते हैं। इसमें से अधिकांश लोग एक अनुकूल व प्रतिकूल विशेषक

से अत्यधिक प्रभावित हो जाते हैं। इस प्रवृत्ति को परिवेश प्रभाव (Ambient Effect) कहते हैं।

(ख) इस विधि के योग्यता निर्धारकों में यह भी विशेषता पाई जाती है कि वह व्यक्तियों को या तो छोर की स्थितियों को परिहार कर मापनी के मध्य में रखता है (मध्य सवर्ग अभिनति) या फिर मापनी के मध्य सवर्गों का परिहार कर (आत्यंतिक अनुक्रिया अभिनति) छोर की स्थितियों में रखता है।

4. नाम निर्देशन (Nomination)

परीक्षण की यह विधि प्राय: समकक्षी मूल्यांकन प्राप्त करने में उपयोग की जाती है। इस विधि का प्रयोग उन लोगों के साथ किया जाता है, जिनमें दीर्घकालीन अंत:क्रिया होती रही हो तथा वह एक-दूसरे को अच्छी तरह जानते-समझते हों।

नाम निर्देशन का प्रयोग प्रत्येक व्यक्ति से समूह के एक अथवा एक से अधिक व्यक्तियों के वरण का चयन करने के लिए कहा जाता है, जिसके अथवा जिनके साथ वह कार्य कर चुका है, उसके अन्य क्रियाकलाप, जैसे—पढ़ना, खेलना किसी अन्य क्रिया में सहभागी होना पसंद करेगा। इस विधि में चुने गए व्यक्तियों के वरण के विशिष्ट कारणों के बारे में पूछा जा सकता है। यह विधि व्यक्ति के व्यक्तित्व व उसके व्यवहारपरक गुणों को समझने के लिए प्राप्त नाम निर्देशकों का विश्लेषण करने में प्रयोग की जाती है। यह विधि विश्वसनीय होती है, किंतु यह व्यक्तित्व अभिनतियों से प्रभावित हो सकती है।

स्थितिपरक परीक्षण

मानव के व्यक्तित्व का मूल्यांकन करने के लिए विभिन्न प्रकार के स्थितिपरक परीक्षण निर्मित किए जाते हैं। इसमें सबसे प्रचलित परीक्षण स्थितिपरक दबाव परीक्षण (Situational Stress Test) है। यह परीक्षण उस सिद्धांत पर आधारित है, जिसके तहत किसी व्यक्ति की दबावमय स्थितियों में उसके व्यवहार का परीक्षण किया जाता है। इस विधि में एक व्यक्ति को दिए गए एक कृत्य का निष्पादन कुछ ऐसे दूसरे लोगों के साथ करना होता है, जिनको उस व्यक्ति के साथ असहयोग करने और उसके निष्पादन में हस्तक्षेप करने का अनुदेश दिया गया होता है। इस परीक्षण में भूमिका निर्वाह सम्मिलित होता है, जो उस व्यक्ति से करने के लिए कहा जाता है, उसके बारे में शाब्दिक प्रतिवेदन भी कर सकता है। इसमें स्थिति

वास्तविक भी हो सकती है अथवा इसे एक वीडियो खेल के द्वारा उत्पन्न भी किया जा सकता है।

प्रमुख पद

मानववादी उपागम, बहिर्मुखता, प्रमुख विशेषांक, अहं, आद्यप्रारूप, सेवार्थी-केंद्रित चिकित्सा, गुदीय अवस्था, केंद्रीय विशेषांक, सामूहिक अचेतन, इदम, आत्मसम्मान, प्रक्षेपी तकनीकें, उपागम, मनोगतिक उपागम, हीनता मनोग्रंथि, कामप्रसुप्ति काल, इडिपस मनोग्रंथि, आत्म-नियमन, प्रक्षेपण, प्ररूप उपागत, अचेतन इत्यादि।

व्यक्तिगत देखभाल और स्वच्छता

भारतीय संस्कृति और विश्व वाङ्मय में स्वास्थ्य को सभी संपत्तियों से बड़ी संपत्ति माना गया है। अकसर देखा गया है कि जब हमारे व्यक्तिगत जीवन में या पूरे समूह पर कोई संकट आता है, तब ही मानव उसके प्रति सचेत होता है, जबकि इससे पहले वह उनके प्रति ध्यान ही नहीं देता है। वैश्विक आँकड़े इस बात के साक्षी रहे हैं कि मानव द्वारा जब-जब स्वास्थ्य समस्याओं को अनदेखा किया गया है, तब-तब उसे स्वास्थ्य संबंधी अनेक विकट समस्याओं का सामना करना पड़ा है।

यदि व्यक्तिगत देखभाल या आत्मनिखार की बात की जाए और आम आदमी इसके प्रति तनिक भी ध्यान दें और नियमित रूप से अपनी दिनचर्या में अपने आसपास वातावरण की सफाई करने के साथ-साथ स्वयं के शरीर की नियमित देखभाल करे तो उसके जीवन में कोई स्वास्थ्य संबंधी समस्या प्रवेश कर ही नहीं सकती है। अच्छे स्वास्थ्य एवं बेहतर दिनचर्या के लिए शरीर की नियमित देखभाल के अलावा और कोई विकल्प नहीं हो सकता है। शरीर की बेहतर देखभाल के लिए यह आवश्यक है व्यक्ति नियमित रूप से अपने दाँतों में ब्रश करे, साथ ही मसूड़ों की देखभाल करता रहे, केशों को स्वस्थ एवं मजबूती प्रदान करने के लिए प्राकृतिक वस्तुओं का ही बालों में प्रयोग करे। प्रतिदिन स्नान भी अच्छे स्वास्थ्य के लिए बहुत जरूरी है। वर्तमान कोरोनाकाल ने यह सबको अवगत करा दिया है कि मानव शरीर में कोई बीमारी न हो, इसके लिए आवश्यक है कि व्यक्ति अपने हाथों की समयांतराल पर सफाई करता रहे एवं उन्हें सैनेटाइज करता रहे। शरीर से जीवाणु या बैक्टीरिया को हटाने के लिए इससे बेहतर तरीका नहीं हो सकता है।

मानव शरीर में अनेक जीवाणु पाए जाते हैं, जो शरीर को स्वस्थ रखने के लिए आवश्यक होते हैं, किंतु इनकी अधिकता अकसर व्यक्ति को बीमार भी बना देती है। चिकित्सकों की मान्यता है कि कुछ जीवाणु हमारी प्रतिरोधक क्षमता को बढ़ाते हैं और रोगों से लड़ने में हमारी रक्षा करते हैं। अनेक जीवाणु ऐसे होते हैं, जो शरीर में अधिक समय तक जीवित रहते हैं, लेकिन इनका अधिक समय तक शरीर के अंदर जीवित रहना बेहद हानिकारक हो सकता है। इनकी अधिकता भी मानव शरीर को बीमार कर सकती है। यदि आम आदमी अपनी व्यक्तिगत देखभाल पर ध्यान दे तो बीमारियों को समय से पहले रोका जा सकता है।

स्वास्थ्य संबंधी सर्वेक्षण एवं शोध इस बात को प्रमाणित करते हैं कि दुनिया में पचपन प्रतिशत लोग ही अपने व्यक्तिगत स्वास्थ्य के प्रति सक्रिय एवं जागरूक हैं। इन व्यक्तियों के स्वास्थ्य संबंधी सर्वेक्षण में यह पाया गया है कि ये व्यक्ति अपने व्यक्तिगत जीवन में व्यक्तिगत देखभाल को वरीयता क्रम में प्रथम स्थान देते हैं। इस जागरूकता के आधार पर उनकी पारिवारिक पृष्ठभूमि के साथ-साथ अन्य कारण जिम्मेदार रहे हैं, यथा—

- ऐसे व्यक्तियों को बचपन से ही व्यक्तिगत जागरूकता की जानकारी दी गई होगी।
- ऐसे व्यक्ति अपने आसपास के लोगों की नजरों में स्वयं को आकर्षक एवं सुंदर दिखने के लिए इस नुस्खे को अमल में लाए होंगे।
- इन व्यक्तियों ने यह भी महसूस किया होगा कि स्वच्छता और व्यक्तिगत देखभाल न करने के कारण वे असमय बीमार हो सकते हैं।

मनोवैज्ञानिक तौर पर यह देखा गया है कि स्वस्थ जीवन और अच्छे स्वास्थ्य के लिए हमारे सामाजिक संबंध भी महत्त्वपूर्ण भूमिका का निर्वहन करते हैं। हर व्यक्ति व्यक्तिगत स्तर पर यदि अपने हाथों, चेहरे, मुँह और बालों की नियमित सफाई करते हुए व्यक्तिगत देखभाल एवं अच्छा मानक रखता है तो वह अपने शरीर से संक्रमण, बीमारी और बदबूदार गंध के प्रसार को कम करता है। यदि व्यक्ति ऊपर दी गई सभी बातों का सख्ती से पालन करता है तो उसे स्कूल, कॉलेज या कार्यालयों में किसी भी तरह की स्वास्थ्य संबंधी परेशानी नहीं हो सकती है।

यदि व्यक्ति व्यक्तिगत रूप से अपने निजी जीवन में स्वास्थ्य एवं व्यक्तिगत देखभाल पर ध्यान दे तो वह स्वस्थ जीवन जी सकता है और अपने जीवन में निहित सफलता को अर्जित कर सकता है।

सफलता हेतु वेशभूषा

अपनी चर्चित पुस्तक 'हाऊ टू विन फ्रेंड्स ऐंड इंफ्लुएंस पीपल' में सफलता हेतु वेशभूषा के लिए निम्न पहलुओं का जिक्र करते हुए डेल कार्नेगी लिखते हैं—"कॅरियर में सफलता हासिल करने के लिए व्यक्तिगत वेशभूषा एक महत्त्वपूर्ण कारक है।" न्यूयॉर्क के एक बड़े डिपार्टमेंटल स्टोर के रोजगार प्रबंधक ने अच्छे व्यक्तित्व के बारे में यहाँ तक कहा है कि बुझे चेहरे (सोबर फेस) वाले पी-एच. डी. कर चुके व्यक्ति को अपने यहाँ रखने की जगह वे खुशनुमा चेहरेवाली ऐसी लड़की को सेल्सगर्ल रखना चाहेंगे, जिसने भले ही अपनी स्कूली शिक्षा भी पूरी न की हो। एक बहुत पुराने विज्ञापन में कहा जाता था, "वस्त्रों से व्यक्तित्व निखरता है और हम वस्त्रों को निखारते तथा बेचते हैं।"

किसी व्यक्ति के निजी जीवन में सफलता हेतु वेशभूषा का विशेष महत्त्व होता है। वेशभूषा से तात्पर्य बाहरी रूप से अच्छा दिखना या दिखने से पड़नेवाले प्रभाव से होता है, जो साक्षात्कार में सफलता हेतु महत्त्वपूर्ण भूमिका का निर्वहन करता है। अभ्यर्थी की वेशभूषा के चयन का साक्षात्कार मंडल पर विशेष प्रभाव पड़ता है, जो उसे बाहरी एवं भीतरी तरह से परख रहे होते हैं। यह विशेष मायने रखता है कि कोई अभ्यर्थी अपने साक्षात्कार के दौरान अपनी ड्रेस सेंस से चयन मंडल को किस तरह प्रभावित करता है। वे बिंदु, जो उसकी वेशभूषा व चाल-ढाल द्वारा उसके समग्र व्यक्तित्व को प्रभावित करते हैं या कर सकते हैं, इस प्रकार हैं—

- सफलता अर्जित करने के लिए व्यक्ति के कपड़े व्यवस्थित होने चाहिए।
- व्यक्ति की केश-सज्जा समुचित एवं उत्तम होनी चाहिए।
- चेहरे के हाव-भाव शालीन होने चाहिए।
- चलने व साक्षात्कार हाल या चयन मंडल के समक्ष प्रवेश करने का तरीका प्रभावशाली होना चाहिए।
- साक्षात्कार मंडल के समक्ष उठने-बैठने की मुद्रा शालीन होनी चाहिए।
- साक्षात्कार के समाप्त होने के पश्चात् साक्षात्कार मंडल के समक्ष वापस आने का तरीका प्रभाव डालनेवाला होना चाहिए।

एक कहावत है कि पहला प्रभाव ही अंतिम प्रभाव होता है, यदि कोई व्यक्ति किसी दूसरे व्यक्ति से मिलता है तो उसकी बातचीत एवं चलने-फिरने तथा विदा लेने के व्यवहार को लोग सदैव याद रखते हैं। सफलता के लिए यह बहुत ही उपयोगी साबित होता है—प्रसिद्ध मनोवैज्ञानिक फ्रायड के शब्दों में कहें तो, जैसा आप बनना चाहते हैं, वैसा ही दिखने का प्रयास करें। आप अपने आपको दर्पण

जिस रूप में देखकर खुश होते हों, आपको देखने वाले भी उसे देखकर उतना ही खुश होंगे। यही अच्छी प्रस्तुति या अपीयरेंस है।

किसी भी व्यक्ति या अभ्यर्थी के कपड़े हमेशा महत्त्वपूर्ण होते हैं। सही वेशभूषा अभ्यर्थी के व्यक्तित्व को निखारती है। व्यक्ति के कपड़े व्यवस्थित ढंग से सिले हुए होने चाहिए एवं पुराने तरह के नहीं होने चाहिए, अर्थात् ये बहुत भड़काऊ और अत्यधिक फैशनेबल भी नहीं होने चाहिए, वस्त्र औपचारिक या फॉर्मल होने चाहिए। पहने जानेवाले कपड़े संबंधित अभ्यर्थी के व्यक्तित्व के अनुरूप होने चाहिए, ताकि उसके व्यक्तित्व से मेल रख सकें। साफ एवं अच्छे तरह से प्रेस किए हुए कपड़े अधिक सजने-सँवरने की अपेक्षा अभ्यर्थी के सफलता के द्वार बेहतर तरीके से खोल सकता है।

जो ड्रेस महिला एवं पुरुष अभ्यर्थियों के व्यक्तित्व के अनुरूप उचित लगे, उसे ही धारण करना ठीक रहता है। अकसर यह देखा गया है कि महिलाओं हेतु साड़ी आदर्श पोशाक मानी जाती है, लेकिन साक्षात्कार में जाते समय यदि कोई महिला अभ्यर्थी प्रथम बार साड़ी पहनती है तो वह काफी असहज महसूस करती है, जो उसके साक्षात्कार पर नकारात्मक प्रभाव डालता है। इसलिए यह भी जरूरी है कि जो परंपरागत पोशाक अभ्यर्थी पहनता आ रहा है, जिसे पहनने में सादगीपन आता हो, उसे ही पहनने से साक्षात्कार मंडल के समक्ष सही प्रभाव डाला जा सकता है। इसके साथ ही यह भी आवश्यक है कि जब आप चयन मंडल के समक्ष उपस्थित हों तो आपके द्वारा अनावश्यक सामग्री, यथा—डायरी, पैड, आलपिन, पर्स आदि न हो तथा आपकी जेबों में अनावश्यक चीजें न हों तो आप असहज नहीं होंगे।

इसमें कोई दो राय नहीं कि एक चुस्त-दुरुस्त एवं साफ-सुथरी वेशभूषा किसी भी व्यक्ति या अभ्यर्थी की सफलता के अवसर को बढ़ा देती है। इस लोकोक्ति से अधिकतर लोग सहमत होंगे कि 'जैसा देश वैसा भेष', अर्थात् ऐसे कपड़े पहनो, जो परिवेश के अनुकूल हों, जो व्यक्ति के प्रभावशाली व्यक्तित्व को और अधिक निखारकर इसे सहज अनुभव करा सके।

एक अच्छी व्यवस्थित ड्रेस के साथ व्यक्ति के जूते साफ-सुथरे एवं आवाज रहित होने चाहिए। साक्षात्कार हेतु जाते समय या औपचारिक अवसरों पर चमड़े के जूते पहनने चाहिए, जिन्हें अच्छी तरह से पॉलिश किया जाना चाहिए। ऐसे जूते पहनने चाहिए, जो पैंट के साथ सुंदर दिखें। इसके साथ ही मौसम के अनुकूल यदि कोट, पैंट व शर्ट पहनकर साक्षात्कार देने जाना है तो ऐसी स्थिति में उसके अनुकूल टाई का उचित प्रयोग भी आपकी वेशभूषा के साथ चार चाँद लगा देगा। यदि साक्षात्कार

मंडल के किसी सदस्य द्वारा अभ्यर्थी की ड्रेस सेंस पर प्रशंसा में कुछ शब्द कहे जाते हैं तो तुरंत आपको उन्हें धन्यवाद कहना बिल्कुल नहीं भूलना चाहिए। यदि इससे संबंधित नकारात्मक बातें भी कही जाती हैं तो उसे सहज रूप से लेना चाहिए, क्योंकि कई बार चयन मंडल आपके धैर्य की परीक्षा भी लेना चाहता है।

श्रृंगार तथा त्वचा की देखभाल

साक्षात्कार में सफलता हेतु श्रृंगार एवं त्वचा की सफाई का विशेष महत्त्व है। प्रकृति ने सभी महिलाओं एवं पुरुषों को एक निश्चित ढाँचे में ढालकर बनाया है और उसी में उन्हें अपनी क्षमता एवं समझ के अनुरूप स्वयं को ढालकर आगे बढ़ना भी होता है। व्यक्तिगत स्वच्छता के लिए यह आवश्यक है कि अभ्यर्थी को स्नान के पश्चात् ऐसे द्रव्यों का प्रयोग करना चाहिए, जो बहुत सुगंधित न हों और आवश्यकता से अधिक महक न देते हों। इसके साथ ही महिला अभ्यर्थियों को अपने श्रृंगार को कम से कम रखते हुए साफ-सुथरे कपड़ों को धारण कर चयन मंडल के समक्ष उपस्थित होना चाहिए। साक्षात्कार के समक्ष जाने से पहले अभ्यर्थी की गरदन, कोहनी, कान, घुटने, पैर आदि साफ होने के साथ ही नाखून भी अच्छी तरह से ट्रिम किए होने चाहिए, क्योंकि अभ्यर्थी के हाथ एवं मुँह आदि पर साक्षात्कार मंडल की दृष्टि बराबर रहती है।

केशों की देखभाल तथा औपचारिक दिखने हेतु केश-विन्यास

साक्षात्कार मंडल या चयन मंडल के समक्ष उपस्थित होने से पूर्व अभ्यर्थी को यह भली-भाँति तय करना होगा कि अच्छा दिखने के लिए उसके बाल साफ-सुथरे एवं करीने से कटे होने के साथ महिला अभ्यर्थियों के बाल जूड़े से सही ढंग से बँधे होने चाहिए। अभ्यर्थी के बाल अच्छी तरह से कंघी किए होने चाहिए। यह अच्छा हो कि प्रवेश करने से पहले आप छोटा सा दर्पण या मिरर साथ में रखें तथा प्रवेश करने से पूर्व एक बार बालों में कंघी अवश्य कर लें। अभ्यर्थी को यह ध्यान देना होगा कि साक्षात्कार के सप्ताह भर पहले ही अपने बालों को व्यवस्थित तरह से अवश्य कटवा लें, क्योंकि अकसर यह देखा जाता है कि तुरंत बाल कटाने से चेहरा उतना ग्रूमिंग नहीं कर पाता है, जितना ग्रूमिंग होना चाहिए। पुरुष अभ्यर्थी को अच्छा एवं सुंदर दिखने के लिए भलीभाँति शेव करनी चाहिए।

कुछ लोग अपनी परंपरागत पोशाक एवं परंपरागत मजबूरी के कारण यदि

बालों को नहीं कटवाते हैं तो उनकी पगड़ी साफ व उचित ढंग से व्यवस्थित होनी चाहिए। यह भी काफी महत्त्वपूर्ण साबित होगा कि संबंधित अभ्यर्थी चयन मंडल के समय उपस्थित हो तो उसकी पगड़ी का रंग उसके कपड़ों के साथ मेल खाता हो। ये ऐसी छोटी एवं महत्त्वपूर्ण बातें हैं, जिनके बल पर कोई भी अभ्यर्थी अपनी सफलता के अवसरों को बढ़ा सकता है।

आत्मनिखार में विभिन्न पहलुओं की भूमिका

व्यक्तिगत जीवन में सफलता अर्जित करने के लिए कुछ विशेष तत्त्वों की आवश्यकता होती है। यदि व्यक्ति अपने निजी जीवन में कुछ बातों को ध्यान दें तो वह अपने व्यक्तित्व को सँवार सकता है। पाश्चात्य चिंतक एडगर थौर्प एवं शोविक थौर्प ने व्यक्तित्व विकास हेतु तीन बातों की आवश्यकता को अति महत्त्वपूर्ण माना है। एक अच्छे व्यक्तित्व के लिए वेशभूषा व चाल-ढाल के साथ व्यक्ति का आत्मविश्वास भी उसे आगे ले जाने में विशेष मदद करता है। इसके साथ ही तीसरा पहलू मानसिक सतर्कता तथा दृढ़ता का है, जिसके बल पर कोई भी व्यक्ति अपने व्यक्तित्व को आगे ले जा सकता है।

सफलता हेतु वेशभूषा व चाल-ढाल

वैसे तो व्यक्तित्व ईश्वर द्वारा दिया वरदान है, लेकिन यदि व्यक्ति निजी जीवन में कुछ बातों पर ध्यान दे तो वह अन्य से बेहतर कर सकता है। वेशभूषा समाज एवं संस्कृति की पहचान मापने के लिए पर्याप्त महत्त्व रखती है। जो व्यक्ति जिस संस्कृति एवं समाज का प्रतिनिधित्व करता है, वह उसी के अनुसार अपनी ड्रेस एवं पहनावे को स्वीकार कर प्रयोग करता है। एक अच्छी ड्रेस सभी को आकर्षित करती है। वह चाहे भारतीय पहनावा हो या पाश्चात्य। हाँ, इसके लिए आवश्यक है कि पूरी शालीनता से और समाज की परंपरागत व्यवस्था के तहत उसे धारण किया जाए। स्त्री हो या पुरुष, प्रत्येक के जीवन में उसकी वेशभूषा का महत्त्व समय-समय पर सुख-दुःख या त्योहारों के अवसर पर उसे विशेष पहचान दिलाता है, इसके साथ ही किसी से बात करते समय, किसी के साथ उठते-बैठते समय कुछ हद तक वेशभूषा आपके संपूर्ण व्यक्तित्व का निर्धारण करती है कि आपका व्यवहार कैसा है। आपकी चाल सैनिकों के समान गौरवपूर्ण तरह से तनकर सीधे व ओजपूर्ण ढंग से चलने से आपके भीतर के आत्मविश्वास को एवं सीधे चलने से आपकी निडरता और सभी बाधाओं को पार करते हुए जीवन में प्रगति करने के उत्साह को उजागर करती है।

आत्मविश्वास

वैसे आत्मविश्वास ऐसा फलक होता है, जिसके बल पर कोई व्यक्ति दुनिया की कोई भी वस्तु प्राप्त कर सकता है। यह स्वयं के द्वारा अर्जित विश्वास से मिलता है। शब्दकोश के अनुसार, 'आत्मविश्वास शब्द का अर्थ अपने आप पर विश्वास व आस्था से होता है। दूसरा अर्थ आत्म गौरव, आत्म सम्मान व आत्म आस्था भी होता है। इसमें कोई दो राय नहीं कि आत्मविश्वास एक अच्छे एवं मजबूत तथा टिकाऊ व्यक्तित्व के लिए सबसे महत्त्वपूर्ण एवं आवश्यक गुण होता है। किसी भी कार्य को कोई व्यक्ति कैसे करेगा, यह आत्मविश्वास द्वारा तय किया जाता है। आत्मविश्वास व्यक्ति के व्यक्तित्व को मजबूत करने के लिए, दुविधाओं, भय से बाहर निकालने व जीवन में प्रत्येक पल के लिए एक-एक सहायक दृष्टिकोण अपनाने में सहायक होता है। प्रसिद्ध चिंतक सैम्युअल जॉनसन भी इस बात को स्वीकार करते हैं कि उत्कृष्ट साधनाओं के लिए आत्मविश्वास पहली आवश्यकता है। स्पष्ट है कि आत्मविश्वास किसी व्यक्ति को बेहतर से बेहतरीन की ओर अग्रसर करने के लिए सबसे अच्छा मार्गदर्शक का कार्य करता है। इसके साथ ही किसी भी व्यक्ति के चरित्र एवं स्वयं पर विश्वास को शुद्ध करने के साथ ही उसे मजबूती एवं स्थिरता भी प्रदान करता है। जिस व्यक्ति में आत्मबल व दृढ़ता से बोलने की क्षमता है और किसी भी कार्य को पक्के आत्मनिश्चय, आत्मविश्वास व आत्मदृढ़ता से करने की इच्छा है तो ऐसे व्यक्ति को दुनिया की कोई वस्तु प्राप्त करने से नहीं रोका जा सकता है।

अब प्रश्न उठता है कि कोई व्यक्ति आत्मविश्वास को कैसे अर्जित करे, अपने निजी जीवन में इसका विकास किस तरह से विकसित करे, लेकिन यह भी सच है कि आत्मविश्वास कोई जादुई छड़ी नहीं है कि किसी के ऊपर घुमा दें और वह तुरंत उस व्यक्ति में प्रवेश कर जाए, लेकिन अनेक मनोवैज्ञानिकों ने इसे विकसित करने के लिए अनेक ऐसे विकल्प प्रस्तुत किए हैं, जिनके बल पर आत्मविश्वास अर्जित करने में सफलता पाई जा सकती है। कोई भी व्यक्ति इन दिशा-निर्देशों को अनुसरण कर आत्मविश्वास विकसित कर सकता है। डर की कमी, इच्छाशक्ति की अधिकता, सकारात्मक दृष्टिकोण एवं अपनी कमियों को पहचाननेवाला व्यक्ति अपने जीवन में उत्तरोत्तर उदात्त प्रगति कर सकता है।

डर आत्मविश्वास का जानी दुश्मन है। डर व्यक्ति को कमजोर बनाकर (अपंग) हिंसा की ओर अग्रसर कर सकता है। यह व्यक्ति के अंदर के साहस को कम कर उसकी तर्कशक्ति को पंगु बना देता है। यह व्यक्ति के अंदर तनाव पैदा

कर उसे एक तरह से फोबियाग्रस्त कर देता है और इससे उत्पन्न नकारात्मक सोच व्यक्ति को असफलता की ओर ले जाती है। इसलिए इस डर से उबारने के लिए व्यक्ति में आत्मविश्वास का होना लाजमी है। बर्ट्रेंड रसल के शब्दों में कहें तो "यह डर ही है, जो आदमी को पीछे खींचता है, जो लोग डर में जिए, उन्हें जीवन में उससे कम सम्मान मिला, जितने के अधिकारी वे स्वयं को मानते थे।" इसलिए यह आवश्यक है कि जीवन को बेहतर बनाने के लिए डर को स्वयं से बाहर निकालकर फेंकना होगा।

इच्छा एवं आत्मविश्वास का बहुत ही नजदीकी रिश्ता रहा है। व्यक्तित्व में निखार के लिए इच्छाशक्ति की मजबूती परम आवश्यक है। चिंतक गोयथे का मानना है कि "जिसके पास दृढ़ इच्छाशक्ति होती है, वह संसार को अपने अनुरूप मोड़ लेता है।" जब किसी व्यक्ति की इच्छाशक्ति कमजोर होती है तो उसे सफलता मिलने के आसार बहुत कम होते हैं। इसलिए व्यक्ति को अपने अंदर दृढ़ इच्छा शक्ति एवं गहराई से आत्मविश्वास अर्जित करने की आदत डालनी होगी, ऐसा करने से वह निश्चित रूप से अपने जीवन में निहित लक्ष्य को अर्जित कर सकता है। विक्टर ह्यूगो ने कहा भी है कि "लोगों में ताकत की कमी नहीं होती, उनमें इच्छा की कमी होती है।"

एक अच्छे व्यक्तित्व को निखारने में सकारात्मक दृष्टिकोण एवं आत्मविश्वास की महती भूमिका होती है। यदि व्यक्ति में कार्य करने के प्रति सकारात्मक विश्वास है तो उसके लिए कोई कार्य कठिन नहीं है। व्यक्ति अपने सोचने के नजरिए को इस तरह विकसित करे तो वह भयमुक्त हो सकता है। 'हम यह कार्य कर सकते हैं', यही दृष्टिकोण जीवन के प्रति सकारात्मक सोच की ओर ले जाता है। वास्तव में यही डर दूर भगाने व आपके भीतर आत्मविश्वास पैदा करने के लिए एक मूलमंत्र जैसा है। इस बात को वाल्टर डेल स्कॉट ने स्वीकार भी किया है कि "कोई भी परिस्थिति अपने आपमें विपदा नहीं होती है, जिससे हमें डरना पड़े। यह तो हमारी प्रतिक्रिया है, जो इसे एक विषादपूर्ण या उल्लासपूर्ण बनाती है। इसी प्रकार कारोबार में सफलता या असफलता मानसिक सामर्थ्य की बजाय सांसारिक दृष्टिकोण पर अधिक निर्भर करती है।

व्यक्ति को सफलता पाने के लिए अपनी क्षमताओं और कमियों को पहचानते हुए अपना ईमानदारी से मूल्यांकन करना होगा। यदि आप अंतर्मुखी और शर्मीले स्वभाव के हैं या किसी पूर्वाग्रह से ग्रस्त या कोई ऐसी विकृत मानसिकता के शिकार हैं, जो आपको बदनाम कर सकती है तो उससे उबरने का प्रयास करें और अपने

अंदर साहस, आत्मविश्वास तथा सामाजिकता लाने का प्रयास करें। हीनभावना को दरकिनार करते हुए अधिक-से अधिक लोगों का विश्वास अर्जित करने की कोशिश करें। वास्तव में आत्मविश्वास एवं सकारात्मक सोच किसी भी व्यक्ति को जीवन पथ में आगे ले जाने हेतु सहायक हो सकती है।

व्यक्तित्व के आत्मनिखार हेतु मानसिक सतर्कता तथा दृढ़ता की भूमिका का विशेष महत्त्व होता है। मानसिक सतर्कता व्यक्तित्व के निखार में अहम भूमिका का निर्वहन करती है। सतर्कता से तात्पर्य तैयार रहने एवं किसी भी वस्तु या व्यक्ति के प्रति समझ से जुड़ा मामला होता है। किसी भी व्यक्ति में यह योग्यता होनी चाहिए कि उससे यदि कोई कुछ पूछे तो वह उन प्रश्नों को भली-भाँति समझ सके। एडगर थौर्प व शोविक थौर्प मानसिक सतर्कता को परिभाषित करते हुए लिखते हैं—"सोचने, परिस्थिति को समझने, दूसरों के दृष्टिकोण को पकड़ने तथा अपने सजग मस्तिष्क व सटीक जवाबों के साथ तैयार रहते हुए प्रतिक्रिया करना मानसिक सतर्कता है।"

मानसिक सतर्कता के लिए किसी भी व्यक्ति में तीन बातों का होना अति आवश्यक है—यदि वह किसी भी बात को कर रहा है तो उसे शीघ्रता से सोचकर उसका अंत करे और बातचीत एवं व्यवहार में दूसरों के दृष्टिकोण को समझ सके तथा उसमें अपनी प्रतिक्रिया दे सके। व्यक्ति में मानसिक सतर्कता के लिए यह आवश्यक है कि वह शीघ्रता से निष्कर्ष पर पहुँचकर अपने निर्णय ले और उचित उत्तरों के साथ तैयार रहे। उस व्यक्ति में शांत दृष्टिकोण एवं सजग मस्तिष्क होने के साथ ही मानसिक चुस्ती और शीघ्रता से सामने वाले को समझने की शक्ति होना आवश्यक है।

सतर्कता किसी व्यक्ति या नेता का महत्त्वपूर्ण गुण है। जो उसे संगठन या लोगों को नियंत्रण करने के लायक बनाती है। साक्षात्कार तथा चयन बोर्ड में अभ्यर्थी की सतर्कता की पहचान की जाती है। इस जाँच/पहचान में चयन बोर्ड उन्हें भ्रमित करने या उलझाने वाले प्रश्न भी करते हैं। यदि अभ्यर्थी अपना सही दृष्टिकोण व्यक्त करता है तो इसके तहत सुनियोजित ढंग से उसकी वैचारिक धारणा या सोच को दूसरी दिशा की ओर मोड़ने की कोशिश की जाती है। इसके पीछे यह जाँचना होता है कि कोई अभ्यर्थी यदि किसी जिम्मेदारी वाली पोस्ट या पद पर चयनित हो जाता है तो वह उसके आनेवाली समस्याओं के प्रति कितना सतर्क रह सकता है।

मानसिक सतर्कता अभ्यास एवं अच्छे संपर्कों से अर्जित की जा सकती है। किसी भी व्यक्ति को मानसिक सतर्कता अर्जित करने के लिए उसे अपनी एकाग्रता बढ़ाने

एवं सामनेवाले से बातचीत पर ध्यान देना होगा। इसे विकसित करने के लिए यूट्यूब पर अपलोड वीडियो को देख-सुनकर या समाचारों को देख-सुनकर अपनी आदतें विकसित करनी होंगी। "जीवन में एकाग्रता एक वही पूँजी है।" राल्फ बाल्डो इमर्सन के शब्दों में कहें तो "हर व्यक्ति को अपनी एकाग्रता को बढ़ाकर यह मानसिक शक्ति अर्जित करनी होगी। हर व्यक्ति को मानसिक सजगता ग्रहण करने के लिए अपने आपमें तेजी से देखने-समझने की शक्ति का इजाफा करना होगा। यह शक्ति अपने आपको परिवेश की बारीकी में जुड़ने की आदत डालने से आ सकती है। बारीकी एवं सतर्कता से देखे व किए गए कार्य व्यक्ति को बहुत आगे ले जा सकते हैं।"

व्यक्तित्व को निखारने के लिए मानसिक सतर्कता के साथ दृढ़ता की महत्त्वपूर्ण आवश्यकता होती है। दृढ़ता के द्वारा व्यक्ति उचित सफलता प्राप्त कर सकता है। दृढ़ता में स्थिर राय, परिपक्व सोच व संवेगों या बाहरी दबावों से विचलित न होनेवाला दृष्टिकोण शामिल है। अपने जीवन में यदि कोई व्यक्ति किसी धारणा या राय पर कायम है तो यह मानसिक दृढ़ता उसे अंत तक सफलता की ओर ले जा सकती है। प्रसिद्ध चिंतक एडगर थौर्प व शोविक थौर्प किसी भी व्यक्ति में दृढ़ता के लिए चार तरह के गुणों का होना अनिवार्य मानते हैं—

1. धैर्य में दृढ़ता
2. मुद्राओं में दृढ़ता
3. राय में दृढ़ता और
4. सोच में दृढ़ता।

पौराणिक, ऐतिहासिक एवं समसामयिक साक्ष्य यह संकेत देते हैं कि यदि किसी व्यक्ति में मानसिक दृढ़ता है तो उसके व्यक्तित्व की पहचान सदियों तक रहती है। इसकी पहचान के लिए भारतीय एवं पाश्चात्य महापुरुषों की जीवनी आधार का कार्य करेगी।

मुख स्वच्छता

एक अच्छे व्यक्तित्व के लिए आवश्यक है कि वह पूर्ण रूप से स्वस्थ रहे। एक कहावत है कि स्वस्थ शरीर में स्वस्थ व्यक्तित्व का निर्माण होता है। यदि व्यक्ति का शरीर अस्वस्थ है तो वह व्यक्तित्व के विकास में अवरोधक का कार्य करता है। यदि कोई व्यक्ति अपने को सार्थक एवं आनंदमय बनाना चाहता है तो उसे अपने व्यक्तिगत जीवन में अच्छे स्वास्थ्य संबंधी नियमों का पालन करना होगा। इसके प्रति लापरवाही व्यक्ति के स्वास्थ्य को खराब करने के साथ ही उसकी

सफलता के द्वार भी बंद कर देती है। भारत सरकार एवं राज्य सरकारें विगत कुछ वर्षों से स्वच्छता पर विशेष ध्यान दे रही हैं। व्यक्तित्व विचार एवं निखार हेतु मुख स्वच्छता का विशेष महत्त्व है। यदि व्यक्तित्व का मुँह स्वच्छ नहीं है और उसके मुँह से बदबू आ रही है तो ऐसी परिस्थितियों में वह समाज एवं समूह में अपना सकारात्मक प्रभाव पैदा नहीं कर सकता है।

अपनी शुरुआती दिनचर्या में किसी भी व्यक्ति को मुलायम ब्रश के साथ दाँतों की सफाई करके दिन की अच्छी शुरुआत करनी चाहिए। हर दिन दो बार मुँह और दाँतों की सफाई विशेष रूप से सुबह एवं शाम को खाना खाने के बाद यह सफाई अवश्य करनी चाहिए। भोजन के उपरांत स्वच्छ जल से मुँह और दाँतों की सफाई करनी चाहिए। इससे दाँतों में फँसे अवशेष भोजन के कण साफ हो जाएँगे, जो मुँह में अनावश्यक सड़न पैदा करते हैं। नियमित और उचित तरह से ब्रश करने से दाँतों में जमनेवाली पीली परत भी नहीं जम पाती है। इसके साथ ही मसूड़े एवं जिह्वा की समुचित सफाई करना भी आवश्यक है। दाँतों की सफाई अहम होती है। अधिक मीठा खाने एवं दाँतों की उचित देखभाल न करने के कारण उनमें सड़न पैदा होती है और कीड़े लगने की संभावना होती है। दाँतों की मजबूती के लिए आवश्यक है कि व्यक्ति कैल्सियम एवं विटामिन, दूध, मूली, गाजर, बंदगोभी, हरे पत्ते वाली सब्जियाँ, आँवला, नीबू, टमाटर आदि का प्रतिदिन सेवन करे। ऐसा करने से दाँत मजबूत होते हैं।

मुख की स्वच्छता के लिए यह आवश्यक है कि व्यक्ति धूम्रपान एवं ऐसे पदार्थों का सेवन न करे, जिनसे शरीर में खाने वाला खाना न पचे और उसके मुँह से बदबू आने लगे। कोरोनाकाल को दृष्टिगत रखते हुए यह आवश्यक है कि हर एक व्यक्ति एक क्लीनिकल मास्क पहने, अगर व्यक्ति अत्यधिक प्रदूषित क्षेत्रों की यात्रा कर रहा है और नियमित आधार पर प्रदूषकों के संपर्क में आता है, जिससे उसके मुँह के माध्यम से (श्वास के द्वारा) अंदर गंदगी जाती है तो वह वहाँ जाते समय मास्क का अवश्य प्रयोग करे। इसलिए मास्क मुँह की स्वच्छता बनाए रखने में महती भूमिका का निर्वहन करता है।

बहुविकल्पीय प्रश्न

1. किस मनोवैज्ञानिक ने व्यक्ति को एक सामाजिक प्राणी के रूप में मान्यता प्रदान की है ?
   (क) आलपोर्ट (ख) शेल्डन
   (ग) विल्सन (घ) रुडोल्फ क्लेश
2. "व्यक्ति के अंदर उन मनोदैहिकशील गुणों के गत्यात्मक संगठन को व्यक्तित्व कहते हैं, जो उसके विशिष्ट व्यवहार तथा विचार को निर्धारित करते हैं।" यह किस विद्वान् द्वारा दी गई परिभाषा है ?
   (क) मूने (ख) अब्राहम मैंस्लो
   (ग) आलपोर्ट (घ) शेल्डन
3. Personality शब्द की उत्पत्ति किस शब्द से हुई है ?
   (क) Person (ख) Personal
   (ग) Persona (घ) इनमें से कोई नहीं
4. Personality शब्द की उत्पत्ति किस भाषा से हुई है ?
   (क) ग्रीक (ख) लैटिन
   (ग) स्पेनिश (घ) रूसी
5. व्यक्तित्व विकास का प्रमुख लक्षण है—
   (क) इंद्रिय निग्रह (ख) सिद्धि
   (ग) ज्ञान-प्राप्ति (घ) इनमें से कोई नहीं
6. व्यक्तित्व में संगतता से तात्पार्य है—
   (क) व्यक्ति का व्यवहार भिन्न-भिन्न होता है।
   (ख) प्रत्येक परिस्थिति में व्यक्ति का व्यवहार एक समान होता है।
   (ग) व्यक्ति का व्यवहार परिस्थिति पर निर्भर करता है।
   (घ) इनमें से कोई नहीं।
7. निम्नांकित में सुमेलित हैं—
   (क) एंडोमॉर्फी—गोलाकार, मोटा व नाटा शरीर
   (ख) एक्टोमॉर्फी—दुबला, पतला व लंबा शरीर
   (ग) मेसोमॉर्फी—सुगठित व सुडौल शरीर
   (घ) उपर्युक्त सभी

8. निम्नांकित में से किन गुणों के आधार पर व्यक्ति समाज में अपना स्थान बनाता है ?
   (क) व्यक्ति में आधारभूत प्रवृत्ति के कारण, केंद्रीभूत गुणों के आधार पर
   (ख) जिन गुणों के आधार पर व्यक्ति व्यवहार करता है
   (ग) व्यक्ति के मूल स्वभाव के विपरीत गुणों के आधार पर
   (घ) उपर्युक्त सभी
9. निम्नांकित में से मनोस्वभाव का गुण नहीं है—
   (क) अंतर्मुखी (ख) बहिर्मुखी
   (ग) उभयमुखी (घ) अधोमुखी
10. युंग के अनुसार भावुकता प्रधान काल्पनिकता से युक्त व्यक्तित्व है—
   (क) अंतर्मुखी (ख) बहिर्मुखी
   (ग) उभयमुखी (घ) अधोमुखी
11. निम्नांकित में से बहिर्मुखी व्यक्तित्व की विशेषताएँ हैं—
   (क) ये हाजिर जवाब और सक्रिय होते हैं
   (ख) ये कुशल और बुद्धिमान होते हैं
   (ग) ये आशावादी स्वभाव के होते हैं
   (घ) उपर्युक्त सभी
12. निम्नांकित में से उभयमुखी व्यक्तित्व की विशेषता नहीं है—
   (क) यथार्थवादिता
   (ख) बहिर्मुखी तथा अंतर्मुखी के मध्य के व्यक्तित्व
   (ग) ये मिश्रित गुणों से युक्त होते हैं
   (घ) बहिर्मुखी तथा अंतर्मुखी व्यक्तित्व से भिन्न व्यक्तित्व
13. गैलेन के अनुसार व्यक्ति कितने प्रकार के होते हैं—
   (क) दो (ख) तीन
   (ग) चार (घ) पाँच
14. निम्नांकित में गैलेन के अनुसार व्यक्ति का प्रकार नहीं है—
   (क) आशावादी
   (ख) निराशावादी
   (ग) उदास
   (घ) ऊर्ध्वमुखी

15. व्यक्तित्व के निर्धारक तत्त्व के अंतर्गत सम्मिलित है—
    (क) शारीरिक संरचना एवं स्वास्थ्य
    (ख) स्नायुमंडल
    (ग) समस्थैतिकी
    (घ) उपर्युक्त सभी
16. शारीरिक संरचना का प्रभाव व्यक्ति के किन गुणों पर पड़ता है—
    (क) आत्मविश्वास (ख) समायोजन क्षमता
    (ग) व्यवहार-कुशलता (घ) उपर्युक्त सभी
17. निम्नांकित में से मनुष्य के किस गुण को स्नायुमंडल नियंत्रित नहीं करता है—
    (क) आत्मविश्वास (ख) मानवीयता
    (ग) कर्तव्यनिष्ठा (घ) शारीरिक संरचना
18. निम्नांकित में समस्थैतिकी के अंतर्गत सम्मिलित है/हैं—
    (क) रक्तदाब (ख) तापमान
    (ग) ऑक्सीजन (घ) मस्तिष्क
19. मनुष्य के व्यक्तित्व को नियंत्रित करते हैं—
    (क) आनुवंशिकता (ख) वातावरणीय तत्त्व
    (ग) क तथा ख दोनों (घ) इनमें से कोई नहीं
20. किसी व्यक्ति के व्यक्तित्व की यथार्थ समझ के लिए सोद्देश्य औपचारिक प्रयास कहलाता है—
    (क) व्यक्तित्व मूल्यांकन (ख) व्यक्तित्व परीक्षण
    (ग) व्यक्तित्व विकास (घ) व्यक्तित्व प्रभाव
21. निम्नांकित में से व्यक्तित्व मूल्यांकन तकनीकें हैं—
    (क) मनोमितिक परीक्षण (ख) आत्म-प्रतिवेदन माप
    (ग) व्यवहारपरक विश्लेषण (घ) उपर्युक्त सभी
22. आलपोर्ट के अनुसार व्यक्तित्व मूल्यांकन की सर्वश्रेष्ठ विधि है—
    (क) प्रक्षेपी तकनीक
    (ख) आत्म-प्रतिवेदन
    (ग) पूछताछ करना
    (घ) व्यवहारपरक

23. मिनेसोटा बहुपक्षीय व्यक्तित्व सूची के विषय में असत्य है—
    (क) यह व्यवहारपरक विश्लेषण तकनीक में प्रयोग किया जाता है
    (ख) यह मनोविकारों को पहचानने में सफल होता है
    (ग) यह मनोरोग निदान में सहायक उपकरण के रूप में प्रयोग किया जाता है
    (घ) उपर्युक्त सभी
24. मिनेसोटा बहुपक्षीय व्यक्तित्व सूची की उपमापनियों में सम्मिलित हैं—
    (क) अवसाद (ख) मनोविकृति
    (ग) पुरुषत्व-स्त्रीत्व (घ) उपर्युक्त सभी
25. आइजैंक व्यक्तित्व प्रश्नावली में कितने आयाम हैं—
    (क) दो (ख) तीन
    (ग) चार (घ) पाँच
26. निम्नांकित में आइजैंक व्यक्तित्व प्रश्नावली का आयाम नहीं है—
    (क) उभयमुखता
    (ख) अंतर्मुखता-बहिर्मुखता
    (ग) सांवेगिक स्थिरता तथा अस्थिरता
    (घ) मनस्तापिता
27. निम्नांकित में सुमेलित नहीं है—
    (क) मिनेसोटा बहुपक्षीय व्यक्तित्व सूची-हाथवे और मैकिन्ने
    (ख) सोलह व्यक्तित्व कारक प्रश्नावली—कैटेल
    (ग) कथानक संप्रत्यक्षण परीक्षण—मॉर्गन
    (घ) रोर्सा मसिलक्ष्म परीक्षण—आइजैंक
28. व्यक्तित्व परीक्षण की किस तकनीक के अंतर्गत व्यक्ति को चित्र बनाने तथा कहानी लिखने हेतु कहा जाता है—
    (क) कथानक संप्रत्यक्षण परीक्षण
    (ख) वाक्य समापन परीक्षण
    (ग) व्यवहारपरक विश्लेषण
    (घ) रोर्सा मसिलक्ष्म परीक्षण

29. निम्नांकित में से किस परीक्षण का संबंध व्यवहार विश्लेषण से है—
(क) साक्षात्कार (ख) प्रेक्षण
(ग) निर्धारण (घ) उपर्युक्त सभी

30. हेलो इफेक्ट (Hello effect) का संबंध है—
(क) परिवेश से (ख) शारीरिक संरचना से
(ग) भौतिक परिस्थितियों से (घ) परीक्षण से

31. दीर्घकालीन अंत:क्रिया वाले व्यक्तियों का व्यक्तित्व परीक्षण किस विधि से किया जाता है—
(क) साक्षात्कार (ख) नाम निर्देशन
(ग) असंरचित साक्षात्कार (घ) इनमें से कोई नहीं

32. दबावपरक परिस्थितियों के आधार पर किया जानेवाला परीक्षण है—
(क) स्थितिपरक परीक्षण
(ख) प्रेक्षण
(ग) चित्रगत कुंठा अध्ययन
(घ) वाक्य समापन परीक्षण

33. चित्रगत कुंठा अध्ययन का प्रतिपादक है—
(क) आइजैंक (ख) मॉर्गन
(ग) रोजेनज्विग (घ) हर्मन रोर्शा

34. निम्नांकित में सुमेलित हैं—
(क) सहमतता—चिंतन, भाव, क्रियाओं में दया से लेकर प्रतिरोध के सातत्यता के आधार पर परीक्षण
(ख) कर्तव्यनिष्ठा—लक्ष्य निर्देशित व्यवहार में दिखाए गए अभिप्रेरण, संगठन एवं दृढ़ता के आधार पर परीक्षण
(ग) बहिर्मुखता—क्रिया के स्तर पर उत्तेजना तथा खुश रहने की क्षमता के आधार पर
(घ) उपर्युक्त सभी

35. 'कॅरियर में सफलता प्राप्त करने के लिए व्यक्तित्व एक महत्त्वपूर्ण कारक है।' यह किसका कथन है—
(क) डेल कार्नेगी (ख) रोजेनज्विग
(ग) मॉर्गन (घ) हर्मन रोर्शा

36. 'हाउ टू विन फ्रेंड्स ऐंड इफ्लुएंस पीपल' पुस्तक के लेखक हैं—
(क) डेल कार्नेगी (ख) रोजेनज्विग
(ग) आइजैंक (घ) हर्मन रोर्शा

37. 'जैसा आप बनना चाहते हैं, वैसा ही दिखने का प्रयास करें।' किसका कथन है—
(क) फ्रायड (ख) एडलर
(ग) युंग (घ) इनमें से कोई नहीं

38. आत्मनिखार हेतु आवश्यक है—
(क) उत्कृष्ट वेशभूषा
(ख) आत्मविश्वास
(ग) मानसिक सतर्कता एवं विकास
(घ) उपर्युक्त सभी।

39. सर्वोच्च लक्ष्य या सफलता की प्राप्ति हेतु पहली आवश्यकता है—
(क) उत्कृष्ट वेशभूषा
(ख) उत्तम स्वास्थ्य
(ग) आत्मविश्वास
(घ) मानसिक सतर्कता

40. निम्नांकित में से किन दिशा-निर्देशों का अनुसरण कर आत्मविश्वास विकसित किया जा सकता है—
(क) भय का अभाव
(ख) प्रबल इच्छाशक्ति
(ग) सकारात्मक दृष्टिकोण
(घ) उपर्युक्त सभी

41. निम्नांकित में से किस गुण से युक्त व्यक्ति संसार को अपने अनुरूप मोड़ने का सामर्थ्य रखता है—
(क) दृढ़ इच्छाशक्ति
(ख) सकारात्मक दृष्टिकोण
(ग) उत्तम स्वास्थ्य
(घ) मानसिक सतर्कता

42. "कोई भी परिस्थिति अपने आप में विपदा नहीं होती है। यह तो हमारी प्रतिक्रिया है, जो इसे विषादपूर्ण अथवा उल्लासपूर्ण बनाती है। व्यवसाय में सफलता या असफलता मानसिक सामर्थ्य के स्थान पर मानसिक दृष्टिकोण पर अधिक निर्भर करती है।" यह किसका कथन है—
   (क) वाल्टर डेल स्कॉट (ख) अल्फेड जैनर
   (ग) विक्टर ह्यूगो (घ) गोमथे
43. सोचने, परिस्थिति को समझने, दूसरों के दृष्टिकोण को पकड़ने तथा अपने सजग मस्तिष्क तथा सटीक उत्तरों के साथ तैयार रहते हुए प्रतिक्रिया करना कहलाता है—
   (क) आत्मविश्वास (ख) मानसिक सतर्कता
   (ग) इच्छाशक्ति (घ) सकारात्मकता
44. दृढ़ता के अंतर्गत सम्मिलित है—
   (क) धैर्य में दृढ़ता (ख) मुद्राओं में दृढ़ता
   (ग) विचार में दृढ़ता (घ) उपर्युक्त सभी
45. निम्नांकित में से साक्षात्कार के समय ध्यान रखने की आवश्यकता है—
   (क) केश सज्जा (ख) शालीनता
   (ग) वेशभूषा (घ) उपर्युक्त सभी
46. सर्वश्रेष्ठ व्यक्तित्व माना जाता है—
   (क) सुंदर शारीरिक संरचना (ख) विचार प्रधान
   (ग) स्थिर संवेगीय (घ) अहिंसात्मक
47. शरीर में उपस्थित द्रव्य और रस के आधार पर व्यक्तित्व का वर्गीकरण किया है—
   (क) आलपोर्ट (ख) हिप्पोक्रेटस
   (ग) गोयथे (घ) इनमें से कोई नहीं
48. व्यक्तित्व की विशेषताएँ हैं—
   (क) शारीरिक एवं मनोवैज्ञानिक घटक
   (ख) समय के साथ अपरिवर्तित
   (ग) परिस्थिति के प्रति अनुकूलनशील
   (घ) उपर्युक्त सभी

49. महात्मा गांधी की अहिंसा और हिटलर का नाजीवाद उदाहरण हैं—
   (क) वातावरण के साथ समायोजन के
   (ख) व्यवहारवाद एवं अधिनायकवाद के
   (ग) विशेष शीलगुण के
   (घ) बुद्धि लब्धि के

50. व्यक्तित्व का अर्थ है—
   (क) व्यक्तित्व व्यक्ति के रूप, गुण, अभिरुचि, सामर्थ्य, योग्यता व व्यवहार आदि का संगठन है, जो उसे अन्य व्यक्तियों से अलग करता है
   (ख) व्यक्तित्व का अर्थ व्यक्ति के वातावरण से अनुकूलन करने का ढंग है
   (ग) व्यक्तित्व व्यक्ति के व्यवहार की विशेषता है, जो उसके कार्य करने के तरीके एवं जीवन के रूप में उसकी विचारधारा के रूप में प्रकट होती है
   (घ) उपर्युक्त सभी

उत्तरमाला

1. (क), 2. (ग), 3. (ग), 4. (ख), 5. (ख), 6. (ख), 7. (घ), 8. (घ), 9. (घ), 10. (क), 11. (घ), 12. (घ), 13. (ग), 14. (घ), 15. (घ), 16. (घ), 17. (घ), 18. (घ), 19. (ग), 20. (क), 21. (घ), 22. (ग), 23. (क), 24. (घ), 25. (ख), 26. (क), 27. (घ), 28. (ख), 29. (घ), 30. (क), 31. (ख), 32. (क), 33. (ग), 34. (घ), 35. (क), 36. (क), 37. (क), 38. (घ), 39. (ग), 40. (घ), 41. (क), 42. (क), 43. (ख), 44. (घ), 45. (घ), 46. (ग), 47. (घ), 48. (घ), 49. (ग), 50. (घ)।

इकाई-2

साक्षात्कार हेतु तैयारी तथा समूह चर्चा

साक्षात्कार का अर्थ

साक्षात्कार एक प्रकार की मौखिक परीक्षा होती है, जिसमें आवेदक के ज्ञान व अपने आसपास की घटनाओं को जानने-समझने की क्षमता की व्याख्या की जाती है, इसके साथ ही आवेदक के बाहरी व्यक्तित्व में छिपे उसके भीतरी गुणों, जैसे—उसका व्यवहार, उसकी बातचीत के तरीके आदि को समझने की कोशिश की जाती है। साक्षात्कार एक सामाजिक प्रक्रिया है, जो दो व्यक्तियों की अंत:क्रिया पर आधारित होती है। साक्षात्कार से व्यक्ति के भीतरी गुणों की परख की जा सकती है, जो किसी अन्य विधि से आसानी से नहीं हो सकती। साक्षात्कार व्यक्तित्व के बौद्धिक पक्ष व सामाजिक गुणों का मूल्यांकन करता है।

साक्षात्कार लिखित परीक्षा का पूरक होता है, जिसमें परिस्थिति देखकर आवेदक से सामान्य प्रकार के एवं उसकी विशेषज्ञता से संबंधित प्रश्न पूछे जाते हैं, जिससे उस परिस्थिति विशेष में आवेदक के उत्तर से उसके व्यवहार को समझा जा सके। साक्षात्कार की प्रक्रिया में जब आवेदक उत्तर दे रहा होता है तो साक्षात्कर्ता उसकी विशेष प्रतिक्रिया व हाव-भाव का भी जायजा लेता है। इस प्रक्रिया में आवेदक के भीतरी गहरे तक उसके मन की अचेतन प्रक्रियाओं को समझने का अवसर मिलता है। साक्षात्कार की अंत:प्रक्रिया में आवेदक व साक्षात्कार लेनेवाले के बीच एक सामाजिक व सांस्कृतिक बंधन नहीं रह जाता, जिसके फलस्वरूप विचारों का आदान-प्रदान बहुत खुलकर होता है। विचारों के आदान-प्रदान में जितनी अधिक आत्मीयता होगी, उतनी ही गहन जानकारी मिलने में सहजता होगी। साक्षात्कार एक ऐसी प्रक्रिया है, जिसमें व्यक्ति के बाहरी व आंतरिक दोनों ही पक्षों की गहन जानकारी हो जाती है।

साक्षात्कार आवेदक के व्यक्तित्व के बाहरी व्यक्तित्व, बोलचाल आचरण,

भाव-भंगिमाएँ, मानसिक सतर्कता, विचार व चिंतन-प्रवाह, सोचने का तरीका व नेतृत्व के गुणों का मूल्यांकन करता है। साक्षात्कार के विषय में अपनी पुस्तक 'हाउ टू विन फ्रेंड्स ऐंड इंफ्लुएंस पीपल' में डेल कार्नेगी लिखते हैं कि "उन व्यक्तियों ने अपने जीवन में अधिक सफलता पाई है, जिन्होंने अपने ज्ञान के अतिरिक्त, लोगों से उन्हीं के अनुरूप बातचीत करना व उन्हें अपने विचार बेचना भी सीख लिया है।"

इस प्रकार साक्षात्कार वह विधि है, जिसमें साक्षात्कर्ता आवेदक से व्यक्तिगत रूप से मिलकर उससे प्रश्न पूछकर संबंधित विषय की जानकारी प्राप्त करने की कोशिश करता है। इसमें व्यक्तित्व के समग्र पहलुओं का मूल्यांकन हो जाता है। साक्षात्कर्ता आत्मविश्वासी, सक्षम, परिश्रमी, समर्पित, वफादार व काम पूरा कर सकनेवाले आवेदकों की तलाश करते हैं। वे आवेदक को बातचीत में घुमा-फिराकर उसके भीतर की परतों को खोलने की प्रयास करते हैं।

साक्षात्कार के प्रकार

(क) व्यवहार आधारित साक्षात्कार : व्यवहार आधारित साक्षात्कार में किसी आवेदक की विशिष्ट क्षमताओं का पता लगाया जाता है। इस साक्षात्कार में साक्षात्कर्ता प्रश्नों की एक विशेष सूची तैयार करता है, जो साक्षात्कार आवेदक की पृष्ठभूमि से संबंधित होती है। तमिश मेहता इसके विषय में लिखते हैं—"ऐसा लगता है कि जिस इंटरव्यू में जितनी ज्यादा जानकारियाँ शामिल थीं, वह इंटरव्यू उतना ही बढ़िया साबित हुआ।" तमिश मेहता ने व्यवहार आधारित साक्षात्कार में व्यक्तित्व की विशेष क्षमताओं के आकलन पर बल दिया है। वे व्यवहार आधारित साक्षात्कार के विषय में आगे कहते हैं—"जब मैं कोई व्यवहार आधारित इंटरव्यू शुरू करने लगता हूँ तो पहले मैं प्रक्रिया का खुलासा करता हूँ।" उनके कथन का तात्पर्य है कि वे आवेदक से कुछ विशेष प्रश्न पूछनेवाले हैं। इन विशेष प्रश्नों में आवेदक के अतीत एवं भावी परियोजनाओं से संबंधित प्रश्न होते हैं। तपिश मेहता व्यक्ति के व्यक्तित्व की जिन क्षमताओं की तलाश करना चाहते हैं, वे इन वाक्यों के माध्यम से प्रदर्शित हैं—

1. आप किसी ऐसी घटना के बारे में बताएँ, जिसमें आपको शोधकार्य लिखने में संदर्भ सामग्री का प्रयोग करना पड़ा हो।
2. आप ऐसी विशिष्ट घटना बताएँ, जब आपको सहकर्मी या सहपाठी ने सबके सामने आपके काम की आलोचना की थी। आपने क्या प्रतिक्रिया दी थी?
3. जब आप कई परियोजनाओं पर एक साथ काम कर रहे हैं तो आप उन्हें साथ-साथ कैसे चलाते हैं?

(ख) समूह साक्षात्कार : इस प्रकार के साक्षात्कार में एक ही समय में अनेक आवेदकों का साक्षात्कार लिया जाता है। इस प्रविधि में एक ही समय में कम खर्च में अधिक आवेदकों का साक्षात्कार हो जाता है। इसमें व्यक्तिगत पक्षपात की संभावना नहीं रहती। इसका उपयोग करते हुए कुछ कंपनियाँ आवेदकों के लिए ऐसा प्रबंध करती हैं कि वे इसके साथ ही कंपनी के कुछ स्टाफ सदस्यों से भी मिल सकें। साक्षात्कार की इस परिस्थति में भी सफलता उन्हीं मापदंडों पर निर्भर करती है, जिस पर व्यक्तिगत साक्षात्कार निर्भर है। एक समूह साक्षात्कार में उम्मीदवार में निम्नलिखित योग्यता अपेक्षित की जाती है—

1. कंपनी एवं उसके लक्ष्यों की जानकारी का प्रदर्शन कर सकें।
2. अपने रिज्यूम का सहजता से औचित्य दे सकें।
3. सामूहिक सकारात्मक दृष्टिकोण बनाए रख सकें ।
4. पहले प्रश्नकर्ता पैनल से व फिर अन्य पैनल सदस्यों से अच्छे ढंग से नजर मिलाकर बात कर सकें।

(ग) तकनीकी साक्षात्कार : साक्षात्कार के इस प्रकार में साक्षात्कर्ता एवं आवेदक आमने-सामने बैठकर बातचीत करते हैं। साक्षात्कर्ता आवेदक के विषय में अधिक-से-अधिक सही एवं उपयुक्त जानकारी करने का प्रयास करता है। वह आवेदक के विषय में सकारात्मक सूचनाएँ प्राप्त करने का प्रयास करता है। आवेदक के मूल्यांकन के फलस्वरूप वह योग्य आवेदकों के चयन की सिफारिश भी करता है।

तकनीकी साक्षात्कार में चयन मंडल को ऐसे आवेदकों की आवश्यकता होती है, जो कंपनी की जरूरतों के अनुसार प्रशिक्षित हों व ऐसी ही पृष्ठभूमि वाले हों। चयन मंडल से यह भी अपेक्षा की जाती है कि वह किन योग्यताओं को चाहेंगे। तकनीकी साक्षात्कार के आवेदकों से भी यह अपेक्षा होनी चाहिए कि वे साक्षात्कार के दौरान भर्तीकर्ता की नजर से नजर मिलाएँ व गर्मजोशी से हाथ मिलाने की आदत डालें, क्योंकि यह मानव स्वभाव है कि चयन मंडल पर आपकी पहली छाप आपकी कद्र करवाने में एक महत्त्वपूर्ण कारक बन सकती है। ऐसा इसलिए आवश्यक है कि केवल विषयगत व अकसर अचेतन मूल्यांकन ही आपको नौकरी नहीं दिला सकता।

(घ) कैंपस साक्षात्कार : कैंपस साक्षात्कार भर्ती प्रक्रिया श्रृंखला की एक महत्त्वपूर्ण कड़ी है। कैंपस साक्षात्कार में भी चयन मंडल व आवेदक आमने-सामने बैठकर बातचीत के जरिए एक सहज वातावरण में साक्षात्कार की प्रक्रिया पूरी

करते हैं। इसके लिए सबसे पहले आवेदकों को एक रिज्यूम बनाना चाहिए, जो उसे आमने-सामने साक्षात्कार तक ले जा सके। इसके अलावा आवेदक को अपने आचरण में व्यावसायिकता व शिष्टता बनाए रखनी चाहिए। कैंपस साक्षात्कार के कुछ बुनियादी प्रश्न हैं, जिनका प्रत्येक चयन मंडल के सदस्य उत्तर प्राप्त करना चाहते हैं—

1. उम्मीदवार क्या नौकरी चाहता है ?
2. क्या वह व्यक्ति काम कर सकता है ?
3. क्या वह व्यक्ति काम करेगा ?
4. क्या वह मौजूदा टीम के अनुकूल है ?

साक्षात्कार प्रविधि (आगमन, श्रवण एवं प्रस्थान)

वैसे साक्षात्कार व्यक्तित्व के परीक्षण करने की सरल एवं सहज प्रविधि है। इसके माध्यम से अभ्यर्थी से ऐसे तथ्यों के परीक्षण की माँग की जाती है, जिसे उसने अपने अध्ययन के दौरान सीखा-समझा हो और भविष्य में उसे क्रियान्वयन का आधार भी बनाता हो। इसलिए साक्षात्कार किसी दी गई परिस्थिति में मानव व्यवहार तथा उन सब गुणों को परखने की वैज्ञानिक तकनीक है, जो लिखित परीक्षा में सामने नहीं आती, जैसे कि हर वैज्ञानिक तकनीक की एक निश्चित प्रक्रिया होती है, साक्षात्कार भी मानव व्यवहार के वैज्ञानिक विश्लेषण होने के नाते, इसकी कदम-दर-कदम पर कुछ विशेष निश्चित प्रक्रिया होती है। साक्षात्कार प्रविधि को तीन चरणों में बाँटकर इसकी प्रक्रिया की सुविधानुसार वर्गीकरण व्यवस्था की जा सकती है। ये हैं—आगमन, श्रवण एवं प्रस्थान।

साक्षात्कार का प्रारंभ अभ्यर्थी के चयन मंडल के समक्ष आगमन से होता है। साक्षात्कार के परिचयात्मक चरण में अभ्यर्थी/प्रतियोगी छात्र से सामान्य अध्ययन से संबंधित प्रश्न किए जाते हैं, जो पारिवारिक पृष्ठभूमि से लेकर अध्ययन से संबंधित कुछ प्रोत्साहित करनेवाले प्रश्न हो सकते हैं। इन प्रश्नों के माध्यम से अनौपचारिक स्तर पर बातचीत की शुरुआत की जा सकती है। इसके पीछे अभ्यर्थी को सहज महसूस कराना भी हो सकता है। साक्षात्कार प्रारंभ करने (आगमन) की कुछ महत्त्वपूर्ण प्रविधियाँ हैं, जो अधिक लोकप्रिय हैं, जैसा कि पहले कहा जा चुका है कि साक्षात्कार का प्रारंभ साक्षात्कार प्रक्रिया का महत्त्वपूर्ण चरण माना जाता है। किसी भी साक्षात्कार के आयोजन हेतु तीन चरणों की विशेष भूमिका होती है—प्रथम, उम्मीदवार या अभ्यर्थी के साथ सामंजस्य

स्थापित करना; द्वितीय, प्रश्नों एवं चर्या के द्वारा अभ्यर्थी के बारे में जानकारी का आग्रह करना और तृतीय के तहत सटीक रूप से इसका लेखा-जोखा (रिकॉर्ड) सुरक्षित रखना।

साक्षात्कार की सर्वाधिक लोकप्रिय विधियों में उम्मीदवार या अभ्यर्थी के जीवनवृत्त से संबंधित प्रश्नों से साक्षात्कार की शुरुआत की जाती है, जब अभ्यर्थी या प्रतियोगी का साक्षात्कार हॉल में आगमन/प्रवेश होता है तो उसके आने से पहले ही उसकी व्यक्तिगत फाइल अध्यक्ष महोदय के समक्ष रख दी जाती है। तत्पश्चात् साक्षात्कार मंडल के सदस्य उसे उसके व्यक्तिगत नाम से संबोधित करते हैं, इससे एक सकारात्मक वातावरण का निर्माण होता है, जैसे—

'आइए, मिस्टर बच्चन जी'

'मिस्टर चौहान, आपका स्वागत है।'

'मिस्टर शुक्ला, कृपया अंदर आएँ और सीट ग्रहण करें।'

इस तरह आगमन के समय अभ्यर्थी का उचित नाम द्वारा संबोधन कर उसे सीट ग्रहण करने हेतु स्वीकृति दी जाती है। साक्षात्कार मंडल के समक्ष अभ्यर्थी की रुचि से संबंधित प्रश्नों की शुरुआत करने के पीछे बोर्ड एवं अभ्यर्थी के बीच सामंजस्य बैठाने की भावना निहित होती है। इसके साथ ही उनकी खोजी दृष्टि अभ्यर्थी के अंदर छिपी हुई प्रतिभा की पहचान करना भी है, जिसके बल पर अभ्यर्थी का योग्यतानुसार ईमानदारी से चयन हो सके।

साक्षात्कार के अगले क्रम में अभ्यर्थी से यह उम्मीद की जाती है कि वह सामान्य घटनाओं के प्रति कितना जिज्ञासु एवं सतर्क रहता है; हालाँकि ऐसे प्रश्नों का कोई निश्चित आधार और ढाँचा नहीं होता है, लेकिन ऐसे प्रश्नों के माध्यम से देश-विदेश में चल रही समसामयिक घटनाओं के प्रति अभ्यर्थी के दृष्टिकोण को जाना जा सकता है।

तत्पश्चात् शैक्षणिक विषयों के प्रश्न पूछने के पीछे साक्षात्कार मंडल की यह मंशा होती है कि अभ्यर्थी अपने विषय के प्रति कितना गंभीर रहा है, यदि अभ्यर्थी स्नातक स्तर पर साहित्य या मनोविज्ञान का विद्यार्थी रहा है तो साक्षात्कार मंडल उससे यह अपेक्षा करता है कि उसे अपने विषय के प्रति अच्छी जानकारी हो और साक्षात्कार मंडल यहाँ अभ्यर्थी से अपेक्षा करता है कि उसके जवाब सुलझे हुए एवं सटीक हों। इस तरह के प्रश्नों के पीछे अभ्यर्थी का विषय से संबंधित महत्त्वपूर्ण परिभाषाओं और अपने क्षेत्र की विशेषताओं से संबंधित बुनियादी अवधारणाओं के ज्ञान को मापना भी होता है।

अभ्यर्थी के संपूर्ण व्यक्तित्व का विश्लेषण करने हेतु चयन मंडल कभी-कभी अजीबोगरीब प्रश्न पूछकर अभ्यर्थी को उलझाने की कोशिश करते हैं, जिससे प्रतिकूल परिस्थितियों में वह कैसा व्यवहार करेगा? इसका मूल्यांकन तत्काल किए गए उत्तरों से किया जा सकता है कि तत्कालीन घटनाओं की प्रतिक्रियाओं के प्रति अभ्यर्थी कितना सतर्क रहता है, जैसे चयन मंडल के सदस्य पूछ सकते हैं कि आप ऊपर तक कैसे आए? यदि उम्मीदवार/अभ्यर्थी कहेगा कि सीढ़ियों से तो वे प्रति प्रश्न कर सकते हैं कि उसमें सीढ़ियों की कितनी संख्या है। ऐसे प्रश्नों के लिए अभ्यर्थी को तैयार रहना चाहिए व सक्रिय रहकर जानकारी एकत्र कर उसका सटीक जवाब देना चाहिए।

साक्षात्कार के द्वितीय चरण में चयन मंडल के सदस्य अभ्यर्थी से लगातार ऐसे क्रॉस या प्रतिप्रश्नों को पूछते हैं, जिससे यह पता लगाया जा सके कि वह समस्याओं के प्रति कितना सतर्क है। इसके माध्यम से वे उसके व्यवहार के प्रत्येक पक्ष का मूल्यांकन करने का प्रयास करते हैं। अभ्यर्थी से प्रतिप्रश्नों का पूछा जाना उसके व्यवहार को विश्लेषित करने का भी एक तरीका है। चयन मंडल के अध्यक्ष द्वारा प्रश्न पूछने के बाद उसके जवाब देने से पहले ही चयन मंडल के अन्य सदस्यों द्वारा अभ्यर्थी से तुरंत उत्तर की व्याख्या की माँग करना या उसी प्रश्न से संबंधित दूसरा प्रश्न पूछा जाना, जैसी युक्तियाँ अभ्यर्थी का ध्यान भंग करने के लिए प्रयोग में लाई जाती हैं। यह वह बिंदु होता है, जहाँ अभ्यर्थी की श्रवण क्षमता एवं मनोवैज्ञानिक तैयारी की जाँच की जाती है। ऐसी स्थिति में अभ्यर्थी को यह चाहिए कि अध्यक्ष द्वारा पूछे गए प्रश्न का उत्तर देने के साथ विनम्रतापूर्वक यह कहे कि 'सर, मैं अभी आपके प्रश्न तक आता हूँ। पहले मैं अध्यक्ष महोदय के प्रश्न का उत्तर दे दूँ। इस प्रकार का उत्तर अभ्यर्थी के आत्मविश्वास व प्रश्नों की बौछार से निपटने के लिए उसकी श्रवणशक्ति की योग्यता को प्रदर्शित करता है। उदाहरण के लिए, अध्यक्ष यह प्रश्न कर सकते हैं कि कोरोना या कोविड-19 की शुरुआत कहाँ से हुई और अभ्यर्थी के उत्तर देने से पहले दूसरा सदस्य बीच में ही दूसरा प्रश्न पूछ सकता है कि ऐसा कौन सा देश है, जहाँ कोरोना से सर्वाधिक मौतें हुईं, इसी बीच तीसरा सदस्य इसी के साथ यह भी प्रश्न कर सकता है कि भारत में इसकी रोकथाम के लिए सरकारें (केंद्र एवं राज्य) क्या प्रयास कर रही हैं। इन प्रश्नों में यह देखा जा सकता है कि ये सभी प्रश्न एक-दूसरे से जुड़े हुए हैं और एक के बाद दूसरा एवं तीसरा प्रतिप्रश्न पूछा गया है। ऐसी परिस्थिति में अभ्यर्थी को ध्यान से सुनकर एवं समझकर अध्यक्ष महोदय की तरफ मुखातिब होते हुए पहले प्रश्न का उत्तर देना चाहिए। इस

उत्तर के बाद दूसरे एवं तीसरे सम्मानित सदस्य की ओर देखते हुए उनके प्रश्नों के उत्तर दिए जाएँ तो चयन मंडल के समक्ष अभ्यर्थी का अच्छा प्रभाव पड़ेगा।

साक्षात्कार प्रक्रिया का अंतिम चरण अभ्यर्थी की साक्षात्कार प्रक्रिया के समाप्त होने पर उसके हॉल के बाहर निकलने का मूल्यांकन करने के साथ चयन संबंधी चर्चा से होता है। इस अंतिम चरण में अभ्यर्थी को अपने साक्षात्कार के प्रारंभ से अंत तक दिए गए उत्तरों के प्रति अपनी राय पर दृढ़ रहना होगा, क्योंकि चयन मंडल जान-बूझकर ऐसे दो-तीन प्रश्न पूछ सकता है, जिनसे अभ्यर्थी के दृष्टिकोण की स्थिरता व दृढ़ता की जाँच की जा सके। अभ्यर्थी को यह निश्चय करना होगा कि उसके ये उत्तर उसी दिशा में हों एवं वह उसी प्रकार की राय रखे, जैसी उसने साक्षात्कार की शुरुआत के समय व्यक्त की थी।

सबसे महत्त्वपूर्ण एवं धैर्य का परीक्षण का समय वह होता है, जब चयन मंडल के अध्यक्ष अपने सहयोगी सदस्यों से कह सकते हैं कि आपमें से किसी को अभ्यर्थी मिस्टर (अभ्यर्थी का नाम लेकर) से कुछ पूछना है, ऐसी स्थिति में यदि प्रश्न नहीं भी पूछे जाते हैं, तब भी अभ्यर्थी को धैर्यपूर्वक बैठकर उन सभी की प्रतिक्रियाओं की प्रतीक्षा करते रहना होगा और जाने से पहले अभ्यर्थी को अध्यक्ष के अंतिम आदेश की प्रतीक्षा करनी चाहिए, जब अध्यक्ष महोदय अभ्यर्थी से वापस जाने को कहें तो अभ्यर्थी को अध्यक्ष एवं उनके सहयोगी सदस्यों का आभार व्यक्त करते हुए चेहरे पर आत्मविश्वास, शालीनता और मुसकराहट के साथ वापस लौटना चाहिए। हाँ, इसमें यह ध्यान देने की बात है कि अभ्यर्थी को पीछे मुड़कर बिल्कुल नहीं देखना है और जाते वक्त दरवाजे को आराम से बंद करना भी नहीं भूलना है।

साक्षात्कार प्रक्रिया में अभ्यर्थी के व्यक्तित्व को मापने के अत्यंत महत्त्वपूर्ण तरीकों में वेशभूषा व डील-डौल, शैक्षणिक स्तर, बुद्धिमत्ता, संतुष्ट करने की योग्यता, आत्मविश्वास तथा सर्वांगीण व्यवहार आते हैं। चयन मंडल के सदस्य इनके द्वारा अभ्यर्थी का सम्यक् मूल्यांकन कर उसके प्रति अपनी टिप्पणी लिखकर अध्यक्ष के समक्ष प्रस्तुत करते हैं। इसके बाद अध्यक्ष अपने मूल्यांकन को सदस्यों के मूल्यांकन से मिलाकर जिन अभ्यर्थियों के अंक अंतिम रूप से वरीयता क्रम में रिक्त पदों के सापेक्ष अधिक होते हैं, उसके आधार पर अभ्यर्थी के चयन की सूची बनाते हैं और इसके पश्चात् चयनित अथवा सफल अभ्यर्थियों की घोषणा की जाती है। प्राय: यह घोषणा सभी अभ्यर्थियों के साक्षात्कार पूर्ण होने के कुछ दिन बाद की जाती है।

साक्षात्कार की तैयारी

साक्षात्कार का अर्थ एवं उसका उद्देश्य अभ्यर्थी के व्यक्तित्व के विविध पहलुओं का सम्यक विश्लेषण करना है। यह विश्लेषण अभ्यर्थी की उपयुक्तता के निर्धारण में महती भूमिका निभाता है। साक्षात्कार की तैयारी में विषयगत जानकारी के साथ व्यक्तित्व के समग्र पक्षों को भी ध्यान में रखा जाना चाहिए। साक्षात्कार की तैयारी के निम्नलिखित सोपान होते हैं—

साक्षात्कार के एक दिन पहले

- आवेदक को पहनकर जानेवाले उत्तम कपड़ों का चयन करना चाहिए। वह इस बात से आश्वस्त हो कि ये कपड़े पूरी तरह से स्वच्छ हैं, अच्छे से इस्तरी किए गए हैं और उनका कोई बटन आदि गुम नहीं है, उनकी सिलाई कहीं से खुली नहीं है और वे कहीं से फटे नहीं हैं। अभ्यर्थी को यह भी सुनिश्चित करना चाहिए कि उसकी चाल-ढाल भी साक्षात्कार के लिए जानेवाले पद के अनुकूल हो।
- अभ्यर्थी को यह सुनिश्चित करना चाहिए कि उसके जूते अच्छी तरह से पॉलिश किए हुए हों और जुराबें या मोजे का रंग कपड़ों से मेल खाता हो।
- यदि कोई अभ्यर्थी पगड़ी पहनता है तो उसे यह सुनिश्चित करना चाहिए कि वह साफ-सुथरी हो एवं उसके कपड़ों से मेल खाती हो।
- अभ्यर्थी को अपने सभी शैक्षिक प्रमाण-पत्र अंकतालिकाएँ तथा अन्य संबद्ध प्रपत्र एकत्र कर उन्हें एक साफ फोल्डर में क्रमानुसार लगा लेने चाहिए, ताकि साक्षात्कार के समय कोई भी प्रपत्र माँगे जाने पर वह उसे तुरंत उपलब्ध करा सके।
- अभ्यर्थी को यह भी सुनिश्चित करना चाहिए कि उसके पास जेब में कंघी हो और उसकी कलाई पर बँधी घड़ी सही समय दे रही हो, क्योंकि कई बार चयन मंडल के सदस्य अचानक आपसे कितना समय हुआ है, जैसा सामान्य सा प्रश्न भी पूछ सकते हैं।
- अभ्यर्थी को अपने जीवनवृत्त, अंकतालिका व प्रमाण-पत्रों को अच्छी तरह से पढ़ लेना चाहिए और इन पर पूछे जानेवाले प्रश्नों की सभी महत्त्वपूर्ण जानकारियाँ कंठस्थ कर लेनी चाहिए। कई बार प्रश्नकर्ता अभ्यर्थी से अंकतालिका में प्राप्त अंक प्रतिशत, श्रेणी, उत्तीर्ण करने का वर्ष, चयनित विषय जैसे प्रश्न भी पूछ सकते हैं।

- अभ्यर्थी को अपने सामान्य ज्ञान को एक बार पुनः जाँच लेना चाहिए तथा अपने क्षेत्र में घटित होनेवाली समस्त घटनाओं को एक बार पुनः ताजा कर लेना चाहिए।
- अभ्यर्थी को अपने साक्षात्कार पत्र को निकालकर उसे अंकतालिका तथा प्रमाण-पत्रों वाले फोल्डर में सबसे ऊपर रख लेना चाहिए। साक्षात्कार पत्र को पढ़कर एक बार अपने साक्षात्कार के समय को भी सुनिश्चित कर लेना चाहिए, ताकि साक्षात्कार में समय पर पहुँच सके।

साक्षात्कार के दिन की तैयारी

- अभ्यर्थी को साक्षात्कार वाले दिन का अखबार शुरू से अंत तक देख लेना चाहिए और उस दिन की महत्त्वपूर्ण सुर्खियाँ नोट कर लेनी चाहिए।
- यदि समय मिले तो रेडियो अथवा टी.वी. का अंतिम समाचार बुलेटिन देख-सुनकर जाना चाहिए।
- अभ्यर्थी को साक्षात्कार वाले दिन समय से थोड़ा पहले तैयार हो जाना चाहिए, ताकि अभ्यर्थी के पास फोल्डर तथा अन्य जरूरत की चीजें रखने हेतु काफी समय बचा रहे और वह आखिरी समय की भागदौड़ एवं तनाव से बच सके।

साक्षात्कार के दौरान

- अभ्यर्थी को साक्षात्कार देते समय परिचय पूछे जाने पर शिष्टतापूर्ण लहजे में मुसकान के साथ अपने विषय में संक्षिप्त सकारात्मक विवरण देना चाहिए। इस बात का ध्यान रखना चाहिए कि आपको अकारण अपनी प्रशंसा नहीं करनी है और जिन क्षेत्रों में आपकी रुचि व विशेषज्ञता है, उन्हीं पर जोर देना है, क्योंकि कई बार इसी से जोड़कर प्रश्न पूछ लिए जाते हैं।
- अभ्यर्थी को साक्षात्कार देते समय रुचि प्रदर्शित करने के लिए सकारात्मक भाव-भंगिमाओं का उपयोग करना चाहिए, क्योंकि सकारात्मक देहभाषा का साक्षात्कार में अत्यधिक महत्त्व होता है।
- अभ्यर्थी को साक्षात्कार देते समय मुसकराते हुए, यथासमय सहमति प्रदर्शित करते हुए, कई बार बिना शब्दों का प्रयोग किए संकेतों के माध्यम से साक्षात्कर्ता को संतुष्ट करना चाहिए।

- अभ्यर्थी को साक्षात्कार देते समय आवश्यकता पड़ने पर प्रक्रिया का अगला चरण पूछना चाहिए।
- साक्षात्कार की प्रक्रिया में अभ्यर्थी अपने आपको हीन समझने की भूल न करे। इसलिए सहजता व आराम से रहे।
- साक्षात्कार कक्ष में प्रवेश के बाद दरवाजा आराम से बंद करना न भूले।
- साक्षात्कार कक्ष में पहुँचने पर अध्यक्ष की मेज के सामने पहुँचकर उनका अभिवादन करे।
- साक्षात्कार कक्ष में अध्यक्ष की अनुमति के बिना न बैठे।
- साक्षात्कार की प्रक्रिया अध्यक्ष के निर्देशों से होने दे, अपने आप न शुरू करे।
- अध्यक्ष के कक्ष में बहुत तेज न बोले, जो भी बोले, वह स्पष्ट बोले, सभी सदस्यों को सुनाई देना चाहिए।
- साक्षात्कार के दौरान सहज व सामान्य रहें, कृत्रिम या अत्यधिक भाव-भंगिमाएँ न बनाएँ।
- दूसरों के बोलने में रुकावट न डालें। पहले अध्यक्ष व सदस्यों को अपना प्रश्न खत्म कर लेने दें। उनके प्रश्न के बाद यदि कुछ समझ में नहीं आया तो प्रश्न दोहराने का अनुरोध अभ्यर्थी कर सकता है।
- साक्षात्कार बोर्ड के अध्यक्ष व सदस्यों से कोई विवाद न करें।
- अपने उत्तर स्पष्ट व सुलझे हुए दें, यदि किसी प्रश्न के बारे में सुनिश्चित उत्तर आपके पास नहीं है तो सरलता से कहें कि सर क्षमा करें, मैं नहीं जानता।
- किसी प्रश्न से बचने की कोशिश न करें, यदि अध्यक्ष व सदस्यों ने दो-तीन प्रश्न एक साथ पूछ लिए तो उनके प्रश्न पूछने के क्रम में ही उत्तर दें।
- अपनी कमीज के बटनों को, बालों को या अन्य किसी चीज को न छेड़ते रहें, यह अभ्यर्थी की घबराहट प्रदर्शित करता है।
- अभ्यर्थी अपना पक्ष न बदले। अभ्यर्थी ने जिस तर्क की दिशा को चुना है, उस पर स्थिर रहे।
- अभ्यर्थी को साक्षात्कार के समाप्त होने पर साक्षात्कर्ता को धन्यवाद देना नहीं भूलना चाहिए।
- साक्षात्कार के समाप्त होने पर अभ्यर्थी ने जिनसे भी बात की हो, उन सबको धन्यवाद देना चाहिए।

जीवन-वृत्त लेखन

किसी व्यक्ति का जीवनवृत्त उसके जीवन का वैयक्तिक आँकड़ा होता है। इस जीवनवृत्त में उस व्यक्ति का व्यक्तिगत, पूर्ववृत्त, शिक्षा, अतिरिक्त गतिविधियाँ, कार्य अनुभव, पुरस्कार व अन्य संदर्भों का उल्लेख होता है। एक जीवनवृत्त में मुख्य रूप से जो बातें शामिल होती हैं, उनमें अभ्यर्थी का नाम, पता, जन्मतिथि, शैक्षणिक योग्यता, अतिरिक्त गतिविधियाँ व कार्य अनुभव आदि शामिल होते हैं। जीवनवृत्त के अंत में संदर्भ को रखा जाता है। जीवनवृत्त बनाते समय यह ध्यान रखना चाहिए कि वह संक्षिप्त हो, क्योंकि नियोक्ताओं के पास बड़े-बड़े जीवनवृत्त पढ़ने का समय नहीं होता। वह सरल, सहज व पढ़ने योग्य हो। जीवनवृत्त में अनावश्यक बातों, यथा पारिवारिक पृष्ठभूमि आदि को नहीं लिखना चाहिए। इसमें आवेदक का पक्ष सही ढंग से प्रस्तुत होना चाहिए। सूचनाओं को सही होना बहुत आवश्यक है तथा कोई सूचना बढ़ा-चढ़ाकर नहीं प्रस्तुत करनी चाहिए।

जीवनवृत्त में सबसे पहले शिक्षा के ब्योरे की एक सूची देनी चाहिए। इस भाग को दो उपशीर्षकों में विभाजित होना चाहिए। अकादमिक शिक्षा एवं तकनीकी शिक्षा। अकादमिक शिक्षा एवं तकनीकी शिक्षा के ब्योरे में कॉलेज-विश्वविद्यालय, श्रेणी व उत्तीर्ण प्रतिशत आदि का वर्णन होना चाहिए। अभ्यर्थी की स्नातक व स्नातकोत्तर डिग्री का भी उल्लेख होना चाहिए। तकनीकी शिक्षा की जानकारी व ब्योरे में यह ध्यान रखना चाहिए कि अभ्यर्थी जिस पद के लिए आवेदन कर रहा है, वह उससे संबंधित उत्तीर्ण किए गए कोर्सों की जानकारी अवश्य दे।

जीवनवृत्त की अगली कड़ी अतिरिक्त गतिविधियाँ होती हैं। अतिरिक्त गतिविधियों में अनावश्यक चीजों का उल्लेख न करें। यदि आपने अपनी कॉलेज टीम का राज्य स्तर पर प्रतिनिधित्व किया हो या आपके पास ऐसी कोई विशिष्टता हो, तभी उसका जीवनवृत्त में उल्लेख करें, वरना बेहतर होगा कि उसका जिक्र न करें और अपने जीवनवृत्त को बहुत लंबा करने से बचें।

जीवनवृत्त की अगली कड़ी में अभ्यर्थी को अपने कार्य अनुभव का ब्योरा लिखना चाहिए। इसमें सबसे पहले उसे अपनी वर्तमान नौकरी के बारे में एवं उसके बाद एक-एक कर पीछे चलते हुए अपने कॅरियर की शुरुआत तक जा सकते हैं। अभ्यर्थी को अपनी वर्तमान नौकरी के विषय में जानकारी अपेक्षाकृत अधिक विस्तार से देनी चाहिए। इसका कारण है कि साक्षात्कर्ता यह जानना चाहता है कि वर्तमान में आप क्या कर रहे हैं। यदि आपके पास कोई अनुभव नहीं है तो कॉलेज स्तर के ग्रीष्म ऋतु प्रशिक्षण जैसे छोटे विवरणों का उल्लेख करना

चाहिए। यह प्रशिक्षण महत्त्वपूर्ण जिम्मेदारियों का यकीन दिलाता है। कार्य अनुभव के उल्लेख में यह ध्यान रखना चाहिए कि आपका मजबूत पक्ष प्रदर्शित हो एवं कमजोर पक्ष ढक सके। नौकरी के दौरान ऐसी जिम्मेदारी का उल्लेख करें, जो बीच-बीच में आपको दी गई हो। इसके अतिरिक्त संस्था के विकास में अपनी भूमिका का संक्षेप में उल्लेख अवश्य करना चाहिए। कार्य अनुभव में ही आपको मिले सम्मान एवं पुरस्कारों का उल्लेख करना चाहिए। अच्छे जीवनवृत्त में 2-3 संदर्भ भी शामिल किए जाने चाहिए। इस सबके बाद यह सुनिश्चित करें कि नामों की वर्तनी बिल्कुल सही हो, इसमें किसी प्रकार की अशुद्धि नहीं होनी चाहिए।

यदि आप इलेक्ट्रॉनिक रिज्यूम बना रहे हैं तो प्लेन फोंट का प्रयोग करना चाहिए, ग्रॉफिक्स, बुलेट्स, बोल्ड या इटैलिक्स लाइट का प्रयोग नहीं करना चाहिए, कम शीर्षकों के लिए बोल्ड लेटर्स का प्रयोग करना चाहिए।

साक्षात्कार में सफलता पाने हेतु आवश्यक शिष्टाचार

चयन मंडल साक्षात्कार के माध्यम से अभ्यर्थी के पुस्तकीय ज्ञान को ही नहीं आँकता, बल्कि उसके चयन के लिए उसके व्यक्तित्व के बौद्धिक पक्ष, सामाजिक गुणों एवं आवश्यक शिष्टाचार का मूल्यांकन भी करता है। इसके अतिरिक्त साक्षात्कार मंडल अभ्यर्थी के भीतरी गुणों एवं व्यवहार का परीक्षण एवं परख भी करता है और पूर्णत: संतुष्ट होने पर अभ्यर्थी को चयनित करता है। इसके अंतर्गत आपसी बातचीत एवं एक-दूसरे के संपर्क में आने पर अभ्यर्थी की सोच, चाल-ढाल एवं वेशभूषा तथा कुछेक समय में किए जानेवाले व्यवहार के प्रति आवेदक की प्रतिक्रिया के साथ-साथ उसके संपूर्ण व्यक्तित्व की जाँच भी हो सकती है, जब अभ्यर्थी किसी प्रश्न का उत्तर दे रहा होता है, तब वह अपने हाव-भाव के द्वारा चयन मंडल को प्रभावित या अप्रभावित करता है। कई बार बड़े पदों के साक्षात्कारों में चयन मंडल में एक मनोवैज्ञानिक भी बैठता है, जो केवल आपके हाव-भाव एवं प्रतिक्रियाओं का मूल्यांकन कर अपनी रिपोर्ट देता है। यह रिपोर्ट भी चयन हेतु महत्त्वपूर्ण भूमिका निभाती है।

क्लोड का मानना है कि साक्षात्कार में अभ्यर्थी/आवेदक का शिष्टाचार या बरताव इस बात पर आधारित होना चाहिए कि उससे चयन मंडल के असंतुष्ट होने या अप्रभावित होने अथवा असहमत होने की संभावना न्यूनतम हो। क्लोड यह सुझाव भी देते हैं कि अभ्यर्थी को एक शब्द में सीधा उत्तर देने से बचना चाहिए।

उनका कहना है कि इससे चयन मंडल के समक्ष अभ्यर्थी की छवि उत्तम नहीं हो पाएगी। अभ्यर्थी किसी सवाल के पूछे जाने पर 'हाँ' या 'न' में उत्तर न देकर उसकी पृष्ठभूमि एवं विकास पर भी चर्चा करे तो बेहतर होगा।

यदि साक्षात्कार में आवश्यक शिष्टाचार के तीन आयामों पर अभ्यर्थी विशेष ध्यान दे तो उसकी सफलता के अवसर बढ़ सकते हैं। पहला, अभ्यर्थी का चयन मंडल के समक्ष बातचीत करने का तरीका शालीन होना चाहिए, जिससे उसके व्यक्तित्व का सकारात्मक मूल्यांकन आसानी से हो सकता है। चूँकि साक्षात्कार संवाद का माध्यम है और इसी के द्वारा अभ्यर्थी के व्यक्तित्व, संस्कार एवं परिवेश के प्रभाव का विश्लेषण हो सकता है, अत: साक्षात्कार में वार्त्ता की शैली का महत्त्व निर्विवाद है। बेन जॉनसन की एक प्रसिद्ध उक्ति है, जिसमें वे स्पष्ट कहते हैं, "आप बोलें, ताकि मैं आपको परख सकूँ।" यह उक्ति साक्षात्कार के संबंध में विशेष महत्त्व रखती है। किसी व्यक्ति की भाषा-शैली उसके आवश्यक शिष्टाचार का मापदंड होती है। साक्षात्कार में शिष्टाचार को आवाज की स्पष्टता, स्वर शैली, बोलने की गति, बोलने का तरीका व भाव-भंगिमा निश्चित करती है।

दूसरे, हर व्यक्ति का व्यवहार उसकी बोली से आँका जाता है। यदि साक्षात्कार में शब्दों को स्पष्टता से बोला जाए तो सामने वाले विशेषज्ञों पर उसका अच्छा प्रभाव पड़ता है। एडगर थौर्प व शोविक थौर्प का मानना है, "आपकी कोशिश होनी चाहिए कि सुननेवाला आपके बोले हर शब्द को सही-सही सुन सके, ताकि आपके दृष्टिकोण को वह स्पष्टता से समझ सके।" शब्दों व वाक्यों का प्रयोग सही तथा सुने जा सकने योग्य ऊँचा होना चाहिए, ताकि दूसरा व्यक्ति उनका सही अनुसरण कर सके। स्पष्ट का मतलब यहाँ यह है कि आप हर शब्द की स्वर ध्वनि जितनी स्पष्टता से बोल सकते हों, उतनी स्पष्टता से बोलें।

तीसरे, साक्षात्कार में बेहतर प्रभाव के लिए यह आवश्यक है कि अभ्यर्थी शब्दों का उच्चारण सही करे। उसकी आवाज जोशीली व सुनी जा सकने योग्य क्षमता से लैस होनी चाहिए। दृढ़ता, स्पष्टता और खनकती हुई आवाज में बोलकर किसी को भी प्रभावित किया जा सकता है। अभ्यर्थी को बोलते समय हाव-भाव मधुर रखना चाहिए तथा तेज आवाज में बोलने से बचना चाहिए।

अभ्यर्थी की भाव-भंगिमा भी साक्षात्कार मंडल के सदस्यों को प्रभावित करती है। इसके लिए आवश्यक है कि अभ्यर्थी साक्षात्कार मंडल के समक्ष वैचारिक परिकल्पना, भावनात्मक स्थिरता, व्यवहार-कुशलता, आत्मविश्वास, नेतृत्वशीलता, कर्तव्यनिष्ठा, सत्यश्रेष्ठता, विचारों की सामंजस्यता, सुदृढ़ विचार, अनुकूलनशीलता तथा सामूहिक

कार्य करने की क्षमता जैसे गुणों का प्रदर्शन प्रस्तुत करे, हालाँकि 40-45 मिनट में इन गुणों एवं क्षमताओं का पूर्णतः परीक्षण तत्काल नहीं हो सकता है, लेकिन अभ्यर्थी की भाव-भंगिमाओं से ऐसा लगना चाहिए कि ये समस्त गुण उसमें निहित हैं।

आजकल मोबाइल फोन तथा वीडियो कॉल के माध्यम से ऑनलाइन साक्षात्कार भी लिये जा रहे हैं। रुडयार्ड किपलिंग ने हालाँकि साक्षात्कार को अनैतिक तथा आक्रामक अपराध की संज्ञा दी है, लेकिन योग्यता की जाँच हेतु इसका महत्त्व हमेशा रहेगा।

अंत में यही कहा जा सकता है कि किसी भी बात के बारे में सहमति अथवा असहमति जताते हुए उसी के अनुसार अभ्यर्थी की मुद्राएँ भी होनी चाहिए। अभ्यर्थी को अपने विषय को अधिक प्रभावी बनाने के लिए बोलते समय हाथों को उसी अनुरूप हिलाना चाहिए, जब बातचीत का विषय गंभीर हो तो उसके लिए सौम्य अभिव्यक्ति देना उचित होगा। धन्यवाद करते समय या सराहे जाने पर मुसकराना न भूलें, लेकिन अपनी प्रशंसा पर मुसकराने के अलावा कोई अन्य प्रतिक्रिया न दें तो बेहतर प्रभाव पड़ेगा।

समूह चर्चा का अर्थ एवं प्रविधि

व्यक्ति के जीवन का एक बड़ा भाग समूह जीवन से जुड़ा होता है। सामूहिक जीवन से ही उसकी प्रेरणा, प्रतिक्रिया निर्धारित होती है। सामूहिक जीवन के अंतर्गत एक-दूसरे से बातचीत करना अर्थात् समूह चर्चा शामिल होती है। यह भी सही है कि समूह में एक व्यक्ति का व्यवहार एकल व्यक्ति के व्यवहार से अलग होता है। दैनिक जीवन में व्यक्ति अनेक सामाजिक गतिविधियों में भाग लेता है, इसलिए व्यक्ति का समूह व्यवहार बहुत ही महत्त्वपूर्ण हो जाता है। समूह चर्चा के विषय में मैक्लर तथा पेज लिखते हैं—"लोग आपसी मुद्दों पर आमने-सामने बैठकर बातचीत करते हैं, इस प्रक्रिया को समूह चर्चा कहते हैं।"

समूह चर्चा की अंत:क्रिया में समूह का प्रत्येक व्यक्ति अपना दृष्टिकोण रखता है और दूसरों के दृष्टिकोण को सुनता है। मैक्लर का कहना है, "एक समूह अध्ययन में यह बात बिल्कुल साफ नजर आती है कि समूह चर्चा में भाग लेनेवाले सदस्यों की पृष्ठभूमि अलग-अलग हो सकती है, लेकिन परिवारों में प्लेग्रुप्स से गैंग में या बड़े संगठनों में व्यक्तित्व को समझने के लिए व्यक्तियों की समान पृष्ठभूमि होना भी कम जरूरी तत्त्व नहीं है। इस समूह चर्चा में भाग लेनेवाले सदस्यों की पृष्ठभूमि भी समान होनी चाहिए।"

वर्तमान में व्यक्तित्व के समग्र मूल्यांकन के लिए समूह चर्चा बहुत आवश्यक है। साक्षात्कर्ता समूह चर्चा के माध्यम से आवेदक की योजनाबद्धता, तर्कशीलता, युक्तिसंगत प्रस्तुति की योग्यता तथा नेतृत्व गुणों का मूल्यांकन करता है। समूह चर्चा का उद्देश्य आवेदक के ज्ञान, स्पष्टता, संक्षिप्तता तथा प्रभावपूर्ण तरीके से उसकी बात रखने की विशिष्ट क्षमता एवं समूह में उस व्यक्ति के व्यवहार का मूल्यांकन करना है।

समूह चर्चा की विशेषताएँ

अभ्यर्थी के चयन के लिए प्रयोग में लाई जानेवाली समूह चर्चा की निम्नलिखित विशेषताएँ होती हैं—

1. बातचीत के रूप में,
2. वाद-विवाद से भिन्न,
3. परीक्षक की कोई दखलअंदाजी नहीं होती,
4. समूह चर्चा दिए गए विषय के आस-पास ही केंद्रित होती है।

समूह चर्चा आमने-सामने बैठाकर, बिना सोची-समझी एवं एक बहुआयामी प्रक्रिया होती है। समूह चर्चा की कोई तैयारी नहीं होती, किसी विषय पर भी समूह चर्चा प्रारंभ की जा सकती है। NDA और CDS की SSB परीक्षा तथा अन्य अनेक परीक्षाओं में इसका सफलतापूर्वक इस्तेमाल किया जाता है।

समूह चर्चा में वाद-विवाद नहीं होता। समूह चर्चा के दौरान समूह के सदस्यों को यह स्वतंत्रता रहती है कि वह दिए गए विषय पर अपना दृष्टिकोण स्पष्ट कर सकें। समूह में एक पक्ष समर्थन में होता है, दूसरा विरोध में। वाद-विवाद में एक अध्यक्ष या सभापति होता है। वह वक्ताओं के क्रम से बोलता है। समूह चर्चा वाद-विवाद से अलग है। समूह चर्चा अनौपचारिक होती है। इसके नियम वाद-विवाद के समान नहीं होते। इसमें कोई भी स्वतंत्र होकर अपनी राय व्यक्त कर सकता है। इसमें परीक्षक की अनावश्यक दखलअंदाजी नहीं होती। समूह चर्चा में सभी सदस्य आमने-सामने होते हैं। चर्चा विषय केंद्रित ही होती है, जिससे आवेदक भ्रमित नहीं होता। यह चर्चा सौहार्द एवं मैत्रीपूर्ण माहौल में होती है। समूह चर्चा में सभी प्रतिभागी समान पृष्ठभूमि के होते हैं और परीक्षक किसी प्रकार के पूर्वाग्रहों से ग्रस्त नहीं होता है।

समूह चर्चा के प्रकार

जब समूह के सभी सदस्य मिलकर किसी विषय पर विचारों का आदान-प्रदान करते हैं तो उसे समूह चर्चा कहते हैं। इस तकनीक के माध्यम से चयन

मंडल/साक्षात्कार मंडल के विशेषज्ञ अभ्यर्थियों के साथ बैठकर किसी विषय पर अभ्यर्थियों के मत को जानकर उनके बारे में अपना निर्णय लेते हैं। यदि सामूहिक परिचर्चा का प्रचलन न हो तो वर्ग विशेष एवं एक व्यक्ति की ही बात मान लेने के कारण गलत फैसला हो सकता है। वैसे परिचर्चा निर्धारित उद्देश्यों की प्राप्ति हेतु प्रयोग में लाई जानेवाली ऐसी प्रक्रिया है, जिसमें प्रतियोगियों, अभ्यर्थियों व चयन मंडल के माध्यम से होनेवाले पारस्परिक संवाद को उजागर करना होता है।

समूह चर्चा के निम्नांकित प्रकार होते हैं—औपचारिक चर्चा, अनौपचारिक चर्चा, बज चर्चा, सार्थक संरचनात्मक सामान्य चर्चा एवं शिक्षण बिंदुओं पर सामूहिक चर्चा, पैनल चर्चा इत्यादि।

समूह चर्चा का पहला चरण औपचारिक चर्चा से शुरू होता है। यह परिचर्चा पूर्व निर्धारित कार्यक्रम तथा उद्देश्यों की प्राप्ति हेतु आयोजित की जाती है। औपचारिक परिचर्चा के अपने निर्धारित नियम और उद्देश्य होते हैं। यह परिचर्चा प्रतियोगी परीक्षाओं के साथ ही शिक्षकों एवं छात्रों के मध्य भी आयोजित की जा सकती है।

अनौपचारिक चर्चा के अंतर्गत निर्धारित नियमों एवं सिद्धांतों का प्रयोग नहीं होता। यह प्रतियोगी अभ्यर्थियों, शिक्षकों एवं छात्रों तथा छात्र-छात्रों के बीच संपन्न हो सकती है।

यह चर्चा कुछ महत्त्वपूर्ण सत्रों के माध्यम से आयोजित की जाती है। ये बहुत ही कम समय में आयोजित होनेवाले छोटे और उद्देश्यपूर्ण चर्चावाले सत्र होते हैं, जो एक छोटे समूह द्वारा किसी विशेष विषय या प्रश्न पर आयोजित किए जाते हैं।

सार्थक संरचनात्मक सामान्य चर्चा किसी भी समूह में की जा सकती है। यह एक विशेष प्रकार के उद्देश्य को लेकर समूह में आयोजित की जाती है, जिसमें कक्षा एवं किसी प्रतियोगिता में भाग लेनेवाले विद्यार्थी शामिल हो सकते हैं।

शिक्षण बिंदुओं पर सामूहिक चर्चा के अंतर्गत कुछ विशिष्ट बिंदुओं पर सामूहिक चर्चा की जाती है। ये विशिष्ट बिंदु किसी सामाजिक समस्या से लेकर रोजगार सृजन अथवा सरकारी योजनाओं के क्रियान्वयन पर भी हो सकते हैं।

इन सब परिचर्चाओं के अतिरिक्त पैनल चर्चा भी अपना विशेष महत्त्व रखती है। इसमें निश्चित संख्या में चुने हुए, अर्थात् तीन-चार-छह व्यक्तियों अथवा अभ्यर्थियों के समूह में विचार-विनिमय होता है। प्रस्तुत समूह का आकार इतना विस्तृत होता है कि इसमें विविधता के लिए अवसर पर्याप्त रहते हैं। इसके साथ ही यह इतना छोटा भी होता है कि इसमें उद्देश्यपूर्ण विचारों का विनिमय भी हो सकता है। पैनल चर्चा प्राय: अपने-अपने विषय के क्षेत्रों के सम्मानित एवं प्रसिद्ध विद्वानों

के साथ आयोजित की जाती है, जिसमें ये विद्वान् किसी एक आभासी या भौतिक मंच पर अपने विचार व्यक्त करते हैं। उनके बीच सहमति एवं असहमति के बिंदु इस चर्चा के माध्यम से उभरकर सामने आते हैं।

सामूहिक चर्चा हेतु करणीय बिंदु

समूह चर्चा के माध्यम से भले ही किसी को प्रशिक्षित नहीं किया जा सकता है, लेकिन इस चर्चा के माध्यम से बातचीत करने के तरीकों को खुशगवार तथा प्रभावी बनाया जाता है। समूह चर्चा हेतु कुछ विशेष पहलुओं को विकसित करने में समय लगता है, लेकिन इसका एक सकारात्मक पहलू यह है कि समूह चर्चा के माध्यम से छात्र/अभ्यर्थीगण बोलने एवं सीखने में सक्षम हो जाते हैं। इसके लिए आवश्यक है कि अपने सहकर्मियों व सहपाठियों के साथ लगातार वार्त्ता करते रहें और इस प्रकार उनसे किसी विषय पर चर्चा कर आप अपना ज्ञान बढ़ा सकते हैं। इस चर्चा के माध्यम से अपने एवं अपने साथ रह रहे सहकर्मियों से अपने दृष्टिकोण व्यक्त करने के लिए कहा जा सकता है। इसके साथ महत्त्वपूर्ण एवं समकालीन मुद्दों पर समूह चर्चा का आयोजन किया जा सकता है, जिसमें वर्तमान मुद्दों व समाचारों पर चर्चा की जा सकती है। स्पष्टता यह कहा जा सकता है कि समूह चर्चा भले ही कोई अल्पकालीन कोर्स नहीं होता है, लेकिन कोई भी इसके छोटे-छोटे अनुभवों से सीख अवश्य सकता है।

समूह चर्चा के करने हेतु प्रमुख करणीय बिंदु इस प्रकार हैं—

प्रसिद्ध चिंतक ऐडगर व शेविक थौर्प ने समूह चर्या हेतु करणीय बिंदु इस प्रकार बताए हैं—

- समूह चर्चा के लिए आवश्यक है कि सभी विषय से जुड़े रहें।
- अपनी असहमति का न्यायोचित कारण दें।
- अपना तर्क देते हुए समूह के सभी सदस्यों की ओर देखें।
- उचित भाव-भंगिमा बनाएँ।
- स्पष्टता से बोलें, ताकि प्रत्येक व्यक्ति आपको सुन व समझ सके।
- दूसरे प्रतियोगियों को धैर्य से सुनें।

समूह चर्चा की सामान्य त्रुटियाँ

समूह चर्चा हेतु कुछ ऐसे महत्त्वपूर्ण बिंदु होते हैं, जिन्हें करने से व्यक्ति के व्यक्तित्व पर प्रश्नचिह्न लग सकते हैं। समूह चर्चा के दौरान यह गौर करने की बात है कि जब तक प्रतिभागी अपना तर्क पूरा न कर लें, तब तक उन्हें बीच में टोका न

जाए। समूह चर्चा वैसे तो बराबरी के स्तर पर होती है, ऐसे में कितने भी बड़े पद पर आसीन व्यक्ति से चर्चा क्यों न हो रही हो, न तो शरमाएँ और न ही घबराएँ। ऐडगर एवं शेविक थौर्प ने समूह चर्चा हेतु अभ्यर्थियों/प्रतियोगियों से कुछ न करने योग्य सामान्य त्रुटियों की ओर संकेत किया है—

- आप भावुकता से हरसंभव बचने की कोशिश करें तथा अपने दृष्टिकोण के पक्ष में बिना कोई कारण दर्शाए ही दूसरे प्रतिभागियों की कमियाँ/त्रुटियाँ न बताएँ या बेवजह आलोचना करना न शुरू करें।
- यदि आप अपने तर्क से अधिक-से-अधिक प्रतियोगियों को संतुष्ट कर सकते हों तो ऐसा अवश्य करना चाहिए।
- यदि किसी प्रतिभागी का तर्क गलत है तो भी आपको उसकी अनावश्यक बेइज्जती नहीं करनी चाहिए, न ही उसका मजाक उड़ाना चाहिए।
- चर्चा के दौरान विनम्र एवं शिष्ट बने रहने का प्रयास करें। अपनी बातचीत के दौरान आपको सदैव आदरसूचक शब्दों का प्रयोग करते रहना चाहिए, जैसे—आपका उत्तर बहुत ही सार्थक है, इसके लिए आप बधाई के पात्र हैं, आपका स्वागत है, सटीक टिप्पणी के साथ धन्यवाद, कृपया जारी रखें, मान्यवर आपको बहुत-बहुत धन्यवाद आदि वाक्यांशों का प्रयोग करते रहना चाहिए।
- चर्चा के दौरान धैर्य धारण करते रहें, सहनशीलता का परिचय दें, अनावश्यक चपलता का प्रदर्शन न करें। शिष्ट एवं संजीदा बने रहें।
- चर्चा के दौरान सकारात्मक पक्षों को स्वीकार करने की आदत डालनी चाहिए। किसी प्रतिभागी द्वारा प्रस्तुत किए जानेवाले अच्छे बिंदुओं को तुरंत स्वीकार कर लेना चाहिए।
- चर्चा के दौरान यह आवश्यक है कि सभी को समान रूप से बोलने का अवसर प्रदान किया जाए, नहीं तो चर्चा का महत्त्व निरर्थक साबित होगा।
- समूह चर्चा के लिए यह आवश्यक है कि जब तक कि दूसरे अभ्यर्थी आपको पूर्ण रूप से सहमति या संतुष्टि की स्थिति में न ला दें, तब तक अपनी दिशा न बदलें। यदि एक बार आप उनसे संतुष्ट हो जाते हैं तो सम्मानजनक तरह से उन्हें अपना समर्थन दे सकते हैं।
- पूरी चर्चा के दौरान यह आवश्यक है कि प्रतिभागियों के प्रति अपना व्यवहार मित्रवत् रखते हुए सहज रूप से मुसकराकर आलोचना स्वीकार करें।

बहुविकल्पीय प्रश्न

1. "उन व्यक्तियों ने अपने जीवन में अधिक सफलता प्राप्त की है, जिन्होंने अपने ज्ञान के अतिरिक्त लोगों से उन्हीं के अनुरूप बातचीत करना तथा उन्हें अपने विचार बेचना भी सीख लिया है।" यह किसका कथन है—
   (क) डेल कार्नेगी (ख) विल्सन
   (ग) मॉर्गन (घ) एडलर
2. निम्नांकित में से साक्षात्कार के प्रकार हैं—
   (क) व्यवहार आधारित साक्षात्कार
   (ख) समूह आधारित साक्षात्कार
   (ग) तकनीकी साक्षात्कार
   (घ) उपर्युक्त सभी
3. समूह साक्षात्कार में अपेक्षित योग्यता है—
   (क) कंपनी तथा उसके लक्ष्यों की जानकारी
   (ख) सामूहिक सकारात्मक दृष्टिकोण बनाने की क्षमता
   (ग) दृष्टि संबंध स्थापित करने की क्षमता
   (घ) उपर्युक्त सभी
4. आवेदक की विशिष्ट क्षमताओं का आकलन साक्षात्कार की किस विधि में किया जाता है—
   (क) समूह साक्षात्कार
   (ख) कैंपस साक्षात्कार
   (ग) व्यवहार आधारित साक्षात्कार
   (घ) तकनीकी साक्षात्कार
5. साक्षात्कार से पूर्व आवेदक को निम्नांकित में किन विषयों की तैयारी करनी चाहिए—
   (क) वेशभूषा का निर्धारण
   (ख) केश-सज्जा अथवा पगड़ी आदि की व्यवस्था
   (ग) स्वयं को व्यवस्थित करना
   (घ) उपर्युक्त सभी

6. निम्नांकित में से किस गतिविधि को साक्षात्कार के दिन नहीं करना चाहिए—
   (क) समाचार-पत्र का अवलोकन
   (ख) प्रपत्र व्यवस्थित करना
   (ग) व्यवस्थित वेशभूषा पहनना
   (घ) अंतिम समाचार बुलेटिन सुनना
7. साक्षात्कार के दौरान की जानेवाली गतिविधि है—
   (क) साक्षात्कार कक्ष में प्रवेश के पश्चात् दरवाजा बंद करें
   (ख) अध्यक्ष की अनुमति के बिना न बैठें
   (ग) साक्षात्कार का प्रारंभ अध्यक्ष के निर्देशों पर ही होने दें
   (घ) उपर्युक्त सभी
8. निम्नांकित में से साक्षात्कार के दौरान की जानेवाली गतिविधि है—
   (क) प्रश्नों के उत्तर पर विवाद अवश्य करें
   (ख) प्रश्नों से बचने का प्रयास न करें
   (ग) समय अवश्य देखते रहें
   (घ) अपना पक्ष साक्षात्कार मंडल के आधार पर बदल लें
9. जीवनवृत्त के निर्माण में ध्यान रखने वाले तथ्य हैं—
   (क) संक्षिप्तता
   (ख) सूचनाओं का सत्य होना आवश्यक है
   (ग) अनावश्यक तथ्यों को न रखें
   (घ) उपर्युक्त सभी
10. जीवनवृत्त में शैक्षिक विवरण के उपशीर्षक हैं—
   (क) अकादमिक शिक्षण (ख) व्यावसायिक शिक्षा
   (ग) क तथा ख दोनों (घ) न क तथा न ही ख
11. निम्नांकित में समूह चर्चा की विशेषता नहीं है—
   (क) यह वाद-विवाद से भिन्न है
   (ख) यह सामान्य बातचीत है
   (ग) यह परीक्षक के हस्तक्षेप से मुक्त होती है
   (घ) चर्चा विषय पर ही केंद्रित होनी चाहिए

12. निम्नांकित में समूह चर्चा की विशेषता है—
    (क) प्रत्येक व्यक्ति को अपना दृष्टिकोण स्पष्ट करने की स्वतंत्रता होती है
    (ख) सभी वक्ता क्रम से अपना पक्ष प्रस्तुत करते हैं
    (ग) चर्चा सौहार्दपूर्ण वातावरण में होती है
    (घ) उपर्युक्त सभी
13. समूह चर्चा हेतु करणीय बिंदु नहीं है—
    (क) अपनी असहमति का न्यायोचित कारण दें
    (ख) सहभागियों को अपना पक्ष अवश्य सुनाएँ
    (ग) उचित भाव-भंगिमा बनाएँ
    (घ) स्पष्ट वार्त्तालाप न करें
14. समूह चर्चा हेतु करणीय बिंदु हैं—
    (क) भावुकता से प्रतिक्रिया न दें
    (ख) प्रतिभागियों को संतुष्ट करने का प्रयास करें
    (ग) प्रतिभागियों का अपमान न करें
    (घ) उपर्युक्त सभी
15. निम्नांकित में साक्षात्कार प्रविधि का गुण है—
    (क) लचीलापन
    (ख) स्पष्टीकरण का अवसर
    (ग) पूरक प्रश्न पूछने की सुविधा
    (घ) उपर्युक्त सभी
16. यदि साक्षात्कारकर्ता अभ्यर्थी से कुछ मानक प्रश्नों को एक क्रम से पूछता है तो उसे क्या कहा जाता है—
    (क) संरचित साक्षात्कार
    (ख) असंरचित साक्षात्कार
    (ग) केंद्रित साक्षात्कार
    (घ) चयन साक्षात्कार
17. साक्षात्कार को निम्नांकित में से किस श्रेणी में रखा जाता है—
    (क) प्रेक्षण (ख) प्रक्षेपण
    (ग) वार्त्तालाप (घ) इनमें से कोई नहीं

18. संरचित साक्षात्कार में किस प्रश्नावली का प्रयोग किया जाता है—
(क) साक्षात्कार अनुसूची
(ख) साक्षात्कार प्रश्नावली
(ग) प्रेक्षण अनुसूची
(घ) इनमें से कोई नहीं

19. साक्षात्कार प्रविधि का चरण नहीं है—
(क) आगमन (ख) ग्रहण
(ग) चर्चा (घ) प्रस्थान

20. साक्षात्कार प्रारंभ की सबसे लोकप्रिय विधि है—
(क) व्यक्तिगत जीवन के प्रश्न
(ख) सीधे विषय के प्रश्न
(ग) राजनीतिक घटनाक्रम पर प्रश्न
(घ) इनमें से कोई नहीं

21. यदि साक्षात्कार के दौरान अध्यक्ष के पश्चात् दो अन्य सदस्य भी प्रश्न करते हैं तो अभ्यर्थी को क्या करना चाहिए—
(क) उसे बीच वाले सदस्य के प्रश्न का उत्तर देना चाहिए
(ख) उसे अंतिम सदस्य के प्रश्न का उत्तर देना चाहिए
(ग) उसे किसी प्रश्न का उत्तर नहीं देना चाहिए
(घ) उसे सर्वप्रथम अध्यक्ष के प्रश्न का उत्तर देने की अनुमति लेनी चाहिए

22. 'आप बोलें, ताकि मैं आपको परख सकूँ।' यह किसका कथन है—
(क) क्लोड (ख) बेन जॉनसन
(ग) जेसन (घ) इनमें से कोई नहीं

23. साक्षात्कार के दौरान शालीनता का अनुमान लगाया जाता है—
(क) आवाज की स्पष्टता से (ख) बोलने के तरीके से
(ग) शारीरिक भाव-भंगिमा से (घ) उपर्युक्त सभी

24. जीवनवृत्त में निम्नांकित में से कौन सी सूचनाएँ सम्मिलित हैं—
(क) शैक्षणिक योग्यता (ख) कार्यानुभव
(ग) अतिरिक्त गतिविधियाँ (घ) उपर्युक्त सभी

25. 'किसी दी गई परिस्थिति में मानव व्यवहार तथा उन सब गुणों को परखने की वैज्ञानिक तकनीक है, जो लिखित परीक्षा में सामने नहीं आते हैं।' इस कथन में किस विधि की ओर संकेत है—

(क) समूह चर्चा (ख) साक्षात्कार
(ग) अनौपचारिक चर्चा (घ) इनमें से कोई नहीं

26. साक्षात्कार की प्रक्रिया होती है—

(क) मौखिक (ख) लिखित
(ग) उपर्युक्त दोनों (घ) इनमें से कोई नहीं

27. "ऐसा लगता है कि जिस साक्षात्कार में जितने ज्यादा तथ्य, जितनी ज्यादा जानकारियाँ सम्मिलित होती हैं, वह साक्षात्कार उतना ही बेहतर सिद्ध होता है।" यह कथन किसका है—

(क) श्यामाचरण (ख) तमिश मेहता
(ग) अल्फ्रेड जेनर (घ) इनमें से कोई नहीं

28. निम्नांकित में जीवनवृत्त लेखन में सूचनाओं का क्रम होता है—

1. व्यक्तिगत सूचना 2. शैक्षणिक योग्यता
3. तकनीकी योग्यता 4. उपलब्धि

(क) 1, 2, 3, 4 (ख) 2, 3, 4, 1
(ग) 1, 4, 2, 3 (घ) 1, 2, 4, 3

29. निम्नांकित में से जीवनवृत्त बनाते समय ध्यान रखना चाहिए—

(क) सी.वी., करिकुलम वीटा, आदि शीर्षक का प्रयोग नहीं करना चाहिए
(ख) उपशीर्षकों को बड़े अक्षरों में नहीं लिखना चाहिए
(ग) जीवनवृत्त में नितांत व्यक्तिगत सूचना जैसे निकनेम आदि नहीं देना चाहिए
(घ) उपर्युक्त सभी

30. जीवनवृत्त में निम्नांकित में से सम्मिलित है—

(क) रुचियाँ
(ख) संदर्भ
(ग) कुशलता
(घ) उपर्युक्त सभी

31. साक्षात्कार के समय ध्यान देने वाले बिंदु हैं—
   (क) एक शब्द में उत्तर न दें
   (ख) हमेशा अपने उत्तर का समर्थन करें
   (ग) चापलूसी से बचें
   (घ) उपर्युक्त सभी
32. साक्षात्कार में यह पूछे जाने पर कि 'अपने बारे में बताएँ' के उत्तर में निम्नांकित में से क्या नहीं बताना चाहिए—
   (क) शैक्षणिक कौशल (ख) कार्य संबंधी कौशल
   (ग) रुचियाँ (घ) विशेष गुण
33. साक्षात्कार पर जाने के समय निम्नांकित में से किस-किस के विषय में जानकारी होनी आवश्यक है—
   (क) यात्रा प्रबंधन (ख) आवास व्यवस्था
   (ग) आवश्यक प्रपत्र (घ) उपर्युक्त सभी
34. साक्षात्कार में वर्तमान नियोक्ता को छोड़ने का कारण हो सकता है—
   (क) बेहतर अवसर
   (ख) वर्तमान नौकरी का रूढ़िगत ढाँचा
   (ग) इंटरव्यू लेने वाली कंपनी की प्रतिष्ठा
   (घ) उपर्युक्त सभी
35. साक्षात्कार के पूर्व साक्षात्कारकर्ता कंपनी अथवा संस्था के विषय में निम्नांकित में क्या जानना आवश्यक है—
   (क) संगठन के महत्त्वपूर्ण व्यक्ति
   (ख) मुख्य उत्पाद और सेवाएँ
   (ग) कंपनी का संगठनात्मक ढाँचा
   (घ) कंपनी में कार्य करनेवाले मित्र
36. समूह चर्चा के विषय में असत्य है—
   (क) समूह चर्चा में उम्मीदवारों की संख्या निर्धारित नहीं होती है
   (ख) प्रत्येक उम्मीदवार को क्रम संख्या प्रदान की जाती है
   (ग) निर्धारित भाषा का ही प्रयोग किया जाता है
   (घ) उम्मीदवार का नाम बताना अनिवार्य होता है

37. समूह चर्चा के दौरान उम्मीदवार को क्या प्रदर्शित नहीं करना चाहिए—

(क) समन्वय क्षमता (ख) नेतृत्व योग्यता

(ग) व्यंग्यात्मक क्षमता (घ) सकारात्मकता

38. इलेक्ट्रॉनिक रिज्यूम के विषय में ध्यान रखने योग्य तथ्य हैं—

(क) प्लेन फोंट का प्रयोग करें

(ख) ग्राफिक्स, बुलेट्स, लाइंस, बोल्ड, इटैलिक्स, अंडरलाइंस का प्रयोग न करें

(ग) शीर्षकों के लिए बोल्ड लैटर्स का प्रयोग करें

(घ) उपर्युक्त सभी

39. साक्षात्कार के पश्चात् निम्नांकित में कौन सी गतिविधि न करें—

(क) साक्षात्कारकर्ता से हाथ मिलाने की पहल न करें

(ख) कमरा छोड़ते समय मुड़कर अवश्य देखें

(ग) दरवाजा अवश्य बंद कर दें

(घ) धन्यवाद अवश्य दें।

40. मानसिक सतर्कता के अंतर्गत सम्मिलित है—

(क) शीघ्रता से विचार करना

(ख) शीघ्र प्रतिक्रिया करना

(ग) उचित तर्कों को प्रस्तुत करना

(घ) उपर्युक्त सभी

41. निम्नांकित में से साक्षात्कार का उद्देश्य नहीं है—

(क) संबंध स्थापित करना

(ख) आवेदक का दृष्टिकोण समझना

(ग) अनुमान लगाना

(घ) उपर्युक्त सभी

42. "किसी अपरिचित के जीवन के भीतरी पहलुओं का किसी सीमा तक अनुमान लगाने के एक प्रक्रियाबद्ध तरीके को इंटरव्यू कहा जा सकता है।" यह कथन किस विद्वान् का है—

(क) फ्रॉयड (ख) एडल्ट

(ग) युंग (घ) एल्टन मेमो

43. साक्षात्कार किस परीक्षा का पूरक है—
(क) लिखित परीक्षा (ख) मौखिक परीक्षा
(ग) शारीरिक परीक्षा (घ) कौशल परीक्षा

44. इंटरव्यू शब्द की उत्पत्ति किस भाषा से हुई है—
(क) लैटिन (ख) ग्रीक
(ग) फ्रेंच (घ) अंग्रेजी

45. फोन अथवा वीडियो के माध्यम से होनेवाला साक्षात्कार कहलाता है—
(क) टेलीफोन इंटरव्यू (ख) साक्षात्कार
(ग) ऑनलाइन इंटरव्यू (घ) इनमें से कोई नहीं

46. साक्षात्कार में निम्नांकित में से किनके मध्य संवाद होता है—
(क) साक्षात्कारकर्ता (ख) साक्षात्कारदाता
(ग) क तथा ख दोनों (घ) इनमें से कोई नहीं

47. इंटरव्यू शब्द की उत्पत्ति किस शब्द से हुई है—
(क) Enter-Valr (ख) Anker View
(ग) Inter Volr (घ) इनमें से कोई नहीं

48. समूह साक्षात्कार को कहा जाता है—
(क) पैनल इंटरव्यू (ख) समूह साक्षात्कार
(ग) बोर्ड इंटरव्यू (घ) समूह चर्चा

49. निम्नांकित में से असंरचित साक्षात्कार का उदाहरण है—
(क) पैनल साक्षात्कार (ख) समूह साक्षात्कार
(ग) व्यवहारवादी साक्षात्कार (घ) इनमें से कोई नहीं

50. रुडयार्ड किपलिंग ने साक्षात्कार के विषय में कहा था—
(क) अनैतिक
(ख) बहुत खराब
(ग) अनैतिक तथा आक्रामक अपराध
(घ) इनमें से कोई नहीं

उत्तरमाला

1. (क), 2. (घ), 3. (घ), 4. (ग), 5. (घ), 6. (ख), 7. (घ), 8. (ख), 9. (घ), 10. (ग), 11. (ख), 12. (घ), 13. (ख), 14. (घ),

15. (घ), 16. (ग), 17. (क), 18. (क), 19. (ग), 20. (क), 21. (घ), 22. (ख), 23. (घ), 24. (घ), 25. (ख), 26. (क), 27. (ख), 28. (क), 29. (घ), 30. (घ), 31. (घ), 32. (ग), 33. (घ), 34. (घ), 35. (घ), 36. (घ), 37. (ग), 38. (घ), 39. (ख), 40. (घ), 41. (घ), 42. (ग), 43. (क), 44. (ग), 45. (ग), 46. (ग), 47. (क), 48. (ग), 49. (ख), 50. (ग)।

□

इकाई–3

देहभाषा और व्यवहार

मानव व्यवहार की अवधारणा

मनुष्य दैनिक क्रियाकलाप में जिस प्रकार की क्रिया–प्रतिक्रिया करता है अथवा प्रतिदिन वह जिस प्रकार का आचरण अपने व्यक्तिगत एवं सामाजिक जीवन में करता है, उसे मानव–व्यवहार कहते हैं। चूँकि व्यक्ति एक सामाजिक प्राणी है, अत: उसके सर्वत्र प्रयुक्त व्यवहारों एवं कृत्यों का समाज द्वारा समय–समय पर मूल्यांकन किया जाता है तथा इसके अनुसार ही उसके चरित्र को परिभाषित किया जाता है, अत: मानव व्यवहार किसी व्यक्ति के मूल्यांकन का सर्वप्रमुख कारक होता है।

प्रो. चार्ल्स टैटम ने मानव व्यवहार का अध्ययन करने के बाद यह निष्कर्ष निकाला है कि मानव व्यवहार का सीधा संबंध जीवविज्ञान, अनुभव तथा संस्कृति से होता है। उनका मानना है कि जीवविज्ञान और परिवेश किसी व्यक्ति के मानव–व्यवहार के सृजन के लिए सर्वाधिक महत्त्वपूर्ण हैं। आशा–निराशा की भावना, परिवेश, सभ्यता एवं संस्कृतियों का प्रभाव, एक समय में कई कार्य कर लेने की क्षमता जैसे मानव व्यवहारों के पीछे ये कारक ही उत्तरदायी होते हैं। मानव व्यवहारों में आनुवंशिक निर्मिति, व्यक्तिगत जीवन–मूल्य, स्वभाव आदि की भी महत्त्वपूर्ण भूमिका होती है।

कुछ विशेषज्ञ मानव व्यवहार को व्यक्ति के गुणों से जोड़कर देखते हैं, जबकि कुछ इसे अकादमिक उत्कृष्टता की यात्रा से संबंधित करते हैं एवं कुछ विशेषज्ञ इसे मनोविज्ञान तथा मनुष्य की प्रेरक शक्ति का परिचायक कहते हैं। वास्तविकता यह है कि मानव व्यवहार इन समस्त गुणों से मिलकर बनता है।

वैज्ञानिक दृष्टिकोण से मानव व्यवहार को प्रमुख रूप से तीन अवयवों का संयुक्त परिणाम माना जा सकता है—कृत्य, अनुभूति और भावनात्मकता का

प्रदर्शन। ये तीनों अलग-अलग दिशाओं में संचालित नहीं होतीं, वरन् इन तीनों के संयुक्त प्रयासों से मानव व्यवहार प्रदर्शित होता है। उदाहरण के लिए, जब हम किसी व्यक्ति से मिलते हैं तो अपने मस्तिष्क का प्रयोग करते हुए उसके प्रति अपने पूर्व अनुभवों का विश्लेषण करते हैं और अनुभूति या भावनात्मकता के अनुसार उससे मिलकर प्रसन्नता अथवा घृणा का अनुभव करते हैं या अपरिचित दुःखी व्यक्ति के प्रति सहानुभूति भी इसी प्रकार व्यक्त करते हैं।

मनोविज्ञान, जीवविज्ञान, शिक्षाशास्त्र, नृविज्ञान, चिकित्सा विज्ञान आदि विषयों के अंतर्गत मानव व्यवहार का अध्ययन किया जाता है। मानव का व्यक्तिगत एवं सामूहिक व्यवहार अनेक मानकों के आधार पर निर्धारित होता है, जिनमें पूर्व अनुभव या धारणा, मूल्यों के प्रति उसका दृष्टिकोण, व्यक्तिगत अभिरुचि, संस्कार, सामाजिक दृष्टिकोण, सामाजिक-आर्थिक स्थिति, राष्ट्र के मूल्यों के प्रति उसकी प्रतिक्रिया आदि सम्मिलित होते हैं।

मानव व्यवहार के प्रकार : मानव व्यवहार को मुख्यतः चार भागों में वर्गीकृत किया गया है—

1. व्यक्तित्व आधारित मानव व्यवहार
2. रुचि आधारित मानव व्यवहार
3. स्वभाव आधारित मानव व्यवहार
4. भावना आधारित मानव व्यवहार

व्यक्तित्व आधारित मानव व्यवहार व्यक्ति विशेष के व्यक्तित्व पर आधारित होता है। एक व्यक्ति के व्यक्तित्व से सहज अनुमान लगाया जा सकता है कि उसका मानव व्यवहार कैसा होगा। उदाहरण के लिए, कुछ लोग धैर्यवान होंगे, कुछ धैर्यहीन, कुछ शांतिप्रिय होंगे तो कुछ क्रोधी, लेकिन आप किसी के व्यक्तित्व को देख लेने मात्र से उसके विषय में धारणा नहीं बना सकते। किसी के व्यक्तित्व को पहचानने के लिए उसके साथ समय बिताना पड़ता है, उसके साथ लगातार बातचीत करनी पड़ती है और तब किसी निष्कर्ष पर पहुँचा जा सकता है। कुछ व्यक्तित्व दूसरों के साथ मित्रवत् व्यवहार प्रदर्शित करते हैं तो कुछ अंतर्मुखी होते हैं और लगातार मिलने तथा बात करने के बाद खुल जाते हैं। इसके अतिरिक्त व्यक्तित्व के निर्माण हेतु कई अन्य कारक भी होते हैं, जिनसे किसी का व्यक्तित्व निर्मित होता है। कई बार वेशभूषा जैसी साधारण दिखनेवाली वस्तु भी व्यक्तित्व का दर्शन बन जाती है।

रुचि आधारित मानव व्यवहार किसी के मानव व्यवहार में अहम भूमिका का निर्वहन करता है। किसी व्यक्ति के गुणों या अवगुणों के प्रति रुचि, अरुचि,

आकर्षण या विकर्षण से भी मानव व्यवहार निर्मित होता है। व्यक्ति उसी के प्रति ध्यान देता है, जिससे उसकी रूचि मिलती है या वह जिसके गुणों से प्रभावित होता है। इसी प्रकार इसके विपरीत नकारात्मक स्वभाव के कारण किसी का किसी व्यक्ति विशेष के प्रति मानव व्यवहार उदासीनतापूर्ण, रुखा अथवा वार्त्तालाप से परहेज करनेवाला भी हो सकता है।

स्वभाव आधारित मानव व्यवहार व्यक्तित्व और रुचि की भाँति मानव व्यवहार के निर्धारण में महत्त्वपूर्ण भूमिका निभाता है। स्वभाव सही अथवा गलत या उचित अथवा अनुचित भी हो सकता है। यह सामनेवाले के व्यवहार से भी कई बार प्रदर्शित होता है। कोई शांत व्यक्ति भी अधिक उकसाए जाने पर क्रोधित हो सकता है और क्रोधी व्यक्ति भी सामनेवाले के स्वभाव अथवा व्यवहार के पश्चात् शांत हो सकता है। सकारात्मक सोच और स्वभाव के व्यक्ति का सर्वत्र स्वागत और सम्मान किया किया जाता है, जबकि नकारात्मक सोचवाले व्यक्ति समाज में निराशा की काली रात लेकर आते हैं, जिससे प्रकारांतर से समाज और मानवता का अहित होता है।

भावनाएँ मानव व्यवहार के निर्धारण हेतु अत्यधिक उपयोगी होती हैं, अत: स्वाभाविक है कि भावना आधारित मानव व्यवहार भी अत्यंत महत्त्वपूर्ण है। जीवन में अनेक बार ऐसे अवसर आते हैं कि मनुष्य भावनाओं में बहकर व्यवहार प्रदर्शित करता है और ऐसे कार्य कर देता है, जिन्हें वह सामान्य परिस्थितियों में न करता। ये भावनाएँ असीम हर्ष एवं विषाद के कारण विकसित होती हैं। उदाहरण के लिए, कई बार क्रोधित होकर कोई व्यक्ति किसी संज्ञेय अपराध को अंजाम दे देता है और बाद में अपने कृत्य पर पछताता है। सकारात्मक भावना प्रधान मानवीय व्यवहार से व्यक्ति खुले मन से कार्य करता है, वह रिस्क लेने को तैयार रहता है, इसी प्रकार से नकारात्मक भावना प्रधान मानवीय व्यवहार से व्यक्ति के मन में विध्वंस, एकाकीपन अथवा पश्चात्ताप की भावना उपजती है।

व्यक्तिगत तथा सामूहिक व्यवहार

व्यक्तिगत व्यवहार किसी व्यक्ति विशेष के, समूह विशेष अथवा परिस्थिति विशेष के अनुरूप किए गए बरताव का परिणाम होता है। दूसरे शब्दों में, कोई व्यक्ति किस प्रकार का व्यवहार करता है, उसे उसका व्यक्तिगत व्यवहार कहते हैं। व्यक्तिगत व्यवहार के लिए कुछ व्यक्तिगत गुण उत्तरदायी होते हैं, जिनके कारण वह दैनिक जीवन में अथवा आपात परिस्थितियों में बरताव करता है। ये व्यवहार

आंतरिक गुणों के कारण अथवा बाह्य गुणों के परिणामस्वरूप निर्धारित होते हैं। जिन आंतरिक गुणों से व्यक्तिगत व्यवहार निर्धारित होता है, उनमें माता-पिता अथवा वंशजों से प्राप्त गुण आते हैं। दूसरे शब्दों में, जन्म के साथ वंशानुगत रूप से एक व्यक्ति को प्राप्त वे गुण, जिनसे व्यक्ति का व्यक्तिगत व्यवहार निर्धारित होता है, वे आंतरिक गुण के अंतर्गत रखे जाते हैं। बाह्य गुणों के अंतर्गत व्यक्ति की आँखों का रंग, नाक की संरचना, धर्म अथवा संप्रदाय, कान की लंबाई, कद, गठन आदि आते हैं, किंतु इनका किसी व्यक्ति के व्यक्तिगत व्यवहार निर्धारण में सीमित महत्त्व होता है।

व्यक्ति के व्यक्तिगत व्यवहार निर्धारण में उसके दृष्टिकोण, मूल्यों, व्यक्तित्व, स्वभाव, परिवेश आदि सभी की यथेष्ट भूमिका रहती है।

सामूहिक व्यवहार कई व्यक्तियों द्वारा निर्मित समूह द्वारा किए गए एक समान व्यवहार को प्रदर्शित करता है। हम सभी जानते हैं कि लोग मिलकर समूह की रचना करते हैं, फिर वे उस समूह का अंग बन जाते हैं। ये समूह किसी कार्य अथवा व्यवहार को प्रभावित करते हैं, अतः सामूहिक व्यवहार के महत्त्व की उपेक्षा नहीं की जा सकती। इन समूहों से ही समाज, संस्था आदि की रचना होती है, अतः सामूहिक व्यवहार का अध्ययन अत्यंत महत्त्वपूर्ण है। एल्टन मेमो तथा उनके साथियों ने सन् 1920 में हॉथोर्न प्रयोग करने के बाद यह निष्कर्ष निकाला कि उत्पादकता बढ़ाने में सामूहिक व्यवहार का अत्यधिक प्रभाव पड़ता है।

एम.ई. शॉ ने सामूहिक व्यवहार की महत्ता को प्रतिपादित करते हुए इसकी परिभाषा दी है, जिसमें वे कहते हैं, "जब दो या दो से अधिक लोग मिलकर वार्त्तालाप करते हैं और एक-दूसरे को अपने तर्कों से प्रभावित करने का प्रयास करते हैं तथा किसी सर्वसम्मत निष्कर्ष पर पहुँचते हैं तो इसे सामूहिक व्यवहार कहा जाता है।"

मनुष्य सामूहिक व्यवहार इसलिए करता है अथवा करना चाहता है, क्योंकि स्वभावतः वह सामाजिक प्राणी है, इसलिए वह किसी-न-किसी दृष्टिकोण वाले समूह से जुड़ना पसंद करता है।

आजकल आधुनिक औद्योगिक संगठनों के प्रबंध-तंत्रों ने एक नए शब्द का प्रयोग करना शुरू किया है, जिसे वे 'औद्योगिक लोकतंत्र' का नाम देते हैं, जिसके अंतर्गत वे टास्क फोर्स या कार्य बल का गठन करते हैं, परियोजना हेतु टीम बनाते हैं, ताकि कार्य संस्कृति में पारदर्शिता तथा सामूहिक व्यवहार को प्रोत्साहित किया जा सके।

सामूहिक व्यवहार की विशेषताएँ

1. सामूहिक व्यवहार सामूहिक निर्णय को प्रदर्शित करता है, अतः कई बार अच्छी तरह सोच-विचार करने के बाद लिये गए सामूहिक निर्णय बेहतर सिद्ध होते हैं। विश्व में लोकतंत्र की अवधारणा की बुनियाद सामूहिक व्यवहार पर ही टिकी हुई है।
2. अनेक बार किसी महत्त्वपूर्ण कार्य को पूर्ण करने के लिए अलग-अलग क्षेत्र के विशेषज्ञों के सामूहिक प्रयासों की आवश्यकता होती है, ऐसे में सामूहिक व्यवहार अत्यंत उपयोगी सिद्ध होता है।
3. व्यक्तिगत निर्णय कई बार गलत सिद्ध हो सकते हैं, किंतु सामूहिक निर्णयों में गलती की संभावना अपेक्षाकृत कम होती है।
4. सामूहिक व्यवहार में नवोन्मेषी दृष्टिकोण का पुट भी आ सकता है, जबकि व्यक्तिगत व्यवहार अपेक्षाकृत कम नवोन्मेषी हो सकता है।
5. एक सामूहिक व्यवहार निर्धारित करने के लिए लोग पहले परस्पर चर्चा करते हैं तथा एक-दूसरे के सुझावों को प्राप्त करने के बाद बेहतर व्यवहार प्रदर्शित करने का प्रयास करते हैं।
6. सामूहिक व्यवहार सदस्यों को संतुष्ट करने में महत्त्वपूर्ण सिद्ध होता है, क्योंकि व्यक्तिगत व्यवहार अथवा निर्णय से सभी का संतुष्ट होना प्रायः संभव नहीं होता और लोकतांत्रिक निर्णय को सभी स्वीकार करना भी होता है। सोशल मीडिया के वर्तमान दौर में सामूहिक व्यवहार की उपयोगिता और भी बढ़ गई है।

सामूहिक व्यवहार के प्रभावी होने हेतु आवश्यकताएँ

1. कोई सामूहिक व्यवहार जितना प्रभावी होगा, उसकी उत्पादकता उतनी ही बेहतर होगी।
2. जिस समूह में सदस्य नियमित उपस्थित होते हैं, वह समूह और उसका सामूहिक व्यवहार उतना ही सार्थक होगा।
3. सामूहिक व्यवहार का कार्यस्थल में सफलतापूर्वक प्रयोग होने से कार्य संतुष्टि मिलती है।
4. समूह के प्रति सदस्यों की जागरूकता एवं अभिरुचि से सफल एवं सार्थक सामूहिक व्यवहार प्रदर्शित किया जा सकता है।
5. सीखने से ज्ञान प्राप्त होता है, अतः सामूहिक स्थल पर अथवा एक से

अधिक लोगों के संपर्क में रहकर स्थापित सामूहिक व्यवहार ज्ञानार्जन में सहायक होता है।

6. सभी सदस्यों की समूह में उपस्थिति से समूह का सामूहिक व्यवहार अधिक प्रभावशाली बन सकता है।

आत्म-जागरूकता

वर्तमान दौर में आत्म-जागरूकता प्रबंधन के क्षेत्र में अत्यधिक महत्त्वपूर्ण मानी जाती है। आत्म-जागरूकता से अभिप्राय है खुद को स्वयं के प्रति जागरूक रखना। कबीर ने कहा भी है—

बुरा जो देखन मैं चला, बुरा न मिलिया कोय।
जो दिल खोज्या आपणा, मुझ सा बुरा न कोय॥

यह स्वयं के 'दिल की खोज' ही आत्म-जागरूकता है, जब हम स्वयं को समझने की ईमानदार कोशिश करते हैं तथा अपने जीवन का गहराई से विश्लेषण करते हैं और यह समझते हैं कि हमारा जीवन किस मोड़ पर आगे बढ़ रहा है तो यह प्रक्रिया ही 'आत्म-जागरूकता' कहलाती है। किसी व्यक्ति की आत्म-जागरूकता उस व्यक्ति की विशिष्टता का दर्पण होती है, जब हम किसी चुनौती अथवा समस्या के उपस्थित होने पर आत्मावलोकन करते हैं और निर्णय लेते हैं कि इस परिस्थिति में हम क्यों आए और इस परिस्थिति का सर्वश्रेष्ठ समाधान क्या हो सकता है तो इस प्रक्रिया में आत्म-जागरूकता का सहारा लेना पड़ता है।

आत्म-जागरूकता के अंतर्गत हम सतत ढंग से स्वयं के विचारों, अनुभवों एवं क्षमताओं का परिष्करण करते रहते हैं और विश्लेषण करते हैं कि किस परिस्थिति के आने पर हमें कैसे उससे निपटना है, किस प्रकार का व्यवहार करना है, कैसा अंदर और बाहर से महसूस करना एवं कराना है। इस पूरी प्रक्रिया को आत्म-जागरूकता के अंतर्गत रखते हुए हम अनुभवों तथा परिवेश से सीखते हुए तदनुरूप आचरण करते हैं।

आत्म-जागरूकता इसलिए भी महत्त्वपूर्ण है, क्योंकि इसके माध्यम से हम स्वयं की कमजोरियों को जान सकते हैं या जानने का प्रयास करते हैं, फिर उन कमजोरियों या कमियों से दूर करने की दिशा में आगे बढ़ते हैं, अंततः इनके दूर होने से सफलता हमारे कदम चूमने लगती है। आत्म-जागरूकता हमें यह भी बताती है कि हमारे अंदर किस प्रकार की प्रतिभा विद्यमान है, जिसे निखारकर हम जीवन में उसका सदुपयोग कर सकते हैं।

यदि आप कॅरियर निर्माण की आयु में हैं तो आत्म-जागरूकता आपके लिए अत्यधिक महत्त्वपूर्ण है, क्योंकि इससे आप अपने प्रकृति प्रदत्त कौशल को पहचानकर जीवन में सफलता प्राप्त कर सकते हैं। प्रत्येक व्यक्ति के जीवन में किसी-न-किसी मोड़ पर समस्याएँ एवं चुनौतियाँ आती रहती हैं, जिनके अनुरूप खुद को ढालकर तथा उसके अनुरूप आचरण करते हुए आप उनका सामना अपेक्षाकृत बेहतर तरीके से कर सकते हैं। आत्म-जागरूकता से आप अपने भविष्य की दिशा में भी अपेक्षित बदलाव कर सकते हैं।

आत्म-जागरूकता का उद्देश्य अपने 'स्व', अर्थात् अपने अंदर की ताकत को पहचानना है और अपनी कमजोरियों को चिह्नित करना है। इसके माध्यम से हम यह भी देखते हैं कि किसी समस्या के उपस्थिति होने पर हमारे अंदर किस प्रकार के विचार पनपते हैं और हम कैसा महसूस करते हैं।

आत्म-जागरूकता वस्तुत: एक कौशल है, जिसे हमें सतत अभ्यास से विकसित करना होता है। इसे किताबी ज्ञान से नहीं सीखा जा सकता, बल्कि जीवन संग्राम की चुनौतियों एवं समस्याओं का सामना बेहतर तरीके से करने के लिए इस कौशल को लगातार विकसित करना पड़ता है।

आत्म-जागरूकता विकसित करने की प्रक्रिया को जानने के लिए शोधकर्ता लुइस और ब्रुक्स गुन ने कुछ प्रयोग किए। उन्होंने सर्वप्रथम एक शिशु की नाक में एक लाल बिंदु लगाया और फिर उसे दर्पण दिखाया। उन्होंने पाया कि अधिकांश शिशुओं ने खुद को पहचान लिया और नाक पर लगे लाल बिंदु को स्पर्श करने लगे, क्योंकि वह उनके लिए अलग अनुभव था। इससे उन्होंने निष्कर्ष निकाला कि स्वयं के विषय में जागरूकता की भावना लगभग एक वर्ष की आयु में ही उभरने लगती है और डेढ़ वर्ष की आयु तक आते-आते काफी विकसित हो जाती है।

आत्म-जागरूकता को विकसित करने के लिए आवश्यक है कि हम लोगों के साथ वार्त्ता करने हुए, उनके साथ अपने व्यवहार में तथा निर्णय लेने की प्रक्रिया में सतत सुधार करें। इससे हम अपने मस्तिष्क की विचार-प्रक्रिया को सही दिशा में ले जा सकेंगे और आत्म-जागरूकता को स्वयं के अंदर बेहतर तरीके से विकसित कर सकेंगे। इसके अतिरिक्त हमें कल्पना करना चाहिए कि किसी परिस्थिति विशेष के आ जाने पर हम कैसा महसूस करेंगे, कैसी प्रतिक्रिया देंगे और उसका परिणाम क्या हो सकता है, अगर इस विश्लेषण के बाद हम अपनी परिस्थिति का सामना करेंगे तो बेहतर परिणाम आ सकते हैं। हमें अपने अतीत के जीवन का भी लगातार

मूल्यांकन करना होगा कि हमने अपने जीवन की पिछली भूलों और सफलताओं से क्या सबक हासिल किया और पिछली परिस्थिति में हमने वह निर्णय क्यों लिया, उस निर्णय का हमारे जीवन पर क्या प्रभाव पड़ा तथा अब दोबारा वही स्थिति आने पर हमें क्या करना उचित होगा।

आपके आसपास के इष्ट-मित्र, सगे-संबंधी, सहकर्मी आपके बारे में किस प्रकार की धारणा रखते हैं, इसका भी सतत मूल्यांकन करना होगा, क्योंकि इससे आपको ज्ञात होगा कि आपको स्वयं में किस प्रकार के सुधार लाने की आवश्यकता है, क्या सीखने की आवश्यकता है और किन बदलावों से आपके प्रति लोगों की धारणाएँ बेहतर हो सकती हैं। ये निष्कर्ष हमारे व्यवहार के उन पक्षों को भी हमें बता सकते हैं, जिन्हें कई बार हम स्पष्ट रूप से नहीं देख पाते। ये हमारे जीवन के 'अंध बिंदु' या 'ब्लाइंड स्पॉट' होते हैं, जिनकी पहचान करने से आत्म-जागरूकता द्वारा अपनी कमियों को दूर किया जा सकता है। आप अपने दैनिक व्यवहारों, विचारों, प्रतिक्रियाओं तथा भावनाओं का अभिलेख या रिकॉर्ड रखते हुए इनके विषय में लगातार लिख सकते हैं। डायरी लेखन इसमें अत्यंत महत्त्वपूर्ण भूमिका निभाता है। आजकल सोशल मीडिया पर लिखकर भी लोग ऐसा कर सकते हैं, लेकिन निजी जीवन की सभी घटनाओं को सार्वजनिक करना उचित नहीं है, अतः सोशल मीडिया का इस्तेमाल करते समय स्वविवेक का परिचय दें और केवल उन्हीं परिस्थितियों को सोशल मीडिया पर साझा करें, जिनसे आपको कोई नुकसान न होता हो।

एक विद्यार्थी के लिए आत्म-जागरूकता अत्यंत महत्त्वपूर्ण है, क्योंकि आत्म-जागरूकता आपको एक नेतृत्व प्रदान करने योग्य गुणों का संवाहक बनने में सहायता करती है। इसके लिए आवश्यक है कि आप प्रारंभ से ही योजनाबद्ध कार्य करें और अपने लक्ष्यों को अपने मस्तिष्क में सुस्पष्ट रखें। समयबद्ध ढंग से कार्य करने तथा परिवेश का सदुपयोग करने से प्राप्त आत्म-जागरूकता जीवनपथ में सहायक सिद्ध हो सकती है।

व्यवहार एवं देहभाषा

जब हम बगैर बोले शरीर की भंगिमाओं के माध्यम से अभिव्यक्त करते हैं तो उसे 'देहभाषा' कहते हैं। हम जाने-अनजाने दैनिक संचार में कई बार बिना बोले देहभाषा की सहायता से अपनी बात को दूसरों तक पहुँचाते हैं। हमारे चेहरे की भाव-भंगिमाओं से जो बात हम बोलना नहीं चाहते, उसे भी दूसरों तक बड़ी

आसानी से पहुँचा देते हैं। एक शोध में यह पाया गया है कि हम अपने सभी प्रकार के संचार या वार्त्तालाप का 60-65 प्रतिशत अंश देहभाषा के माध्यम से लोगों तक पहुँचाते हैं। इससे स्वतः ही देहभाषा के महत्त्व का अंदाजा लगाया जा सकता है।

इस संदर्भ में यह महत्त्वपूर्ण है कि देहभाषा को सही ढंग से प्रस्तुत करना तो आवश्यक है ही, उतना ही आवश्यक यह है कि दूसरा उसे आसानी से समझ पाने में सक्षम हो। अच्छे वक्ता और अभिनेता कई बार देहभाषा के माध्यम से ही बोलने की अपेक्षा अधिक प्रभावशाली परिणाम प्राप्त कर लेते हैं।

देहभाषा को समझने के लिए एक उदाहरण लेते हैं। यदि हम मुसकराते हुए चेहरे के साथ लोगों के सामने आते हैं तो यह अभिव्यक्ति दर्शाती है कि हम प्रसन्न हैं, इसके विपरीत यदि हम उदास चेहरे के साथ सार्वजनिक स्थान पर आते हैं तो यह हमारे दुःखी होने का परिचायक है। चेहरे की भाव-भंगिमाओं से व्यक्ति की जिन मानसिक स्थितियों का पता चलता है, उनमें निम्नलिखित हैं—

1. प्रसन्नता
2. बड़ी आँखों को दरशाते हुए प्रसन्नता, अर्थात् अत्यधिक प्रसन्नता
3. मुसकराती हुई आँखों के साथ प्रसन्नता
4. एक आँख बंद कर मुसकराना
5. संतुष्टि का चेहरा
6. जीभ निकालकर हँसता हुआ चेहरा
7. जीभ निकालकर भोजन के स्वादिष्ट होने का भाव
8. मजाकिया चेहरा
9. संदिग्ध का आभास कराता चेहरा
10. मूर्खता का भाव
11. सनक का भाव
12. निराशा का भाव
13. असमंजस का भाव
14. पीड़ा का भाव
15. थकान का भाव
16. रोने का भाव
17. विजयी भाव
18. पराजित भाव

19. क्रोध का भाव
20. चीखने का भाव
21. भय का भाव
22. घृणा का भाव
23. सोचने का भाव
24. न बोलने का भाव
25. तटस्थ भाव
26. रुआँसा भाव
27. उत्तेजना का भाव
28. आश्चर्य का भाव
29. इच्छा का भाव

एक व्यक्ति के चेहरे की भाव-भंगिमाओं से कई बार भाषा के अवरोधक को पार करके संचार में सफलता हासिल की जा सकती है, अर्थात् यदि हम किसी व्यक्ति की भाषा से परिचित नहीं हैं तो भी हम संकेतों के माध्यम से अपनी बात उस तक पहुँचा सकते हैं।

चेहरे के अंतर्गत आँखें, भौंह, मुख, होंठ, नाक आदि के संचालन से वांछित संचार किया जाता है। इसके अतिरिक्त हाथों और अंगुलियों के संचालन, सिर के दोनों ओर हिलाने (ऊपर-नीचे तथा दाएँ-बाएँ), पैरों आदि से भी देहभाषा का सफल संचार किया जाता है।

आजकल मुख भाव-भंगिमाओं को प्रदर्शित करने के लिए सोशल मीडिया के मंचों पर लिखने के स्थान पर रोजाना नए-नए 'इमोजी' या 'इमेटिकॉन' का प्रयोग किया जा रहा है, जिन्हें देखकर हम उस व्यक्ति की मानसिक स्थिति का अनुमान कर लेते हैं, जिसने इनको साझा किया है। अब तो हिंदी भाषा में भी 'हिमोजी' नाम से इमोजी आ गए हैं। दिल्ली की स्वर्गीया डॉ. अपराजिता शर्मा हिंदी में हिमोजी बनाकर अनेक नई भाव-भंगिमाओं से हिंदी को समृद्ध कर रही थीं।

शोधकर्ताओं ने अध्ययन में पाया है कि कुछ देहभाषा व्यवहार ऐसे होते हैं, जो संपूर्ण विश्व में एक समान ढंग से किए जाते हैं, जैसे—क्रोध, हँसी, खुशी, भय, आश्चर्य तथा दुःख। शोध से यह भी पता चलता है कि लोगों के चेहरे तथा भाव-भंगिमाओं से उनकी बुद्धि के स्तर का भी पता किया जा सकता है।

एक अध्ययन में यह भी पाया गया है कि जिन लोगों के छोटे चेहरे होते हैं और अपेक्षाकृत सुडौल नाक होती है, वे बेहद बुद्धिमान होते हैं। मुसकराते चेहरे

की भाव-भंगिमा दरशाने वाले लोग बुद्धिमान होते हैं। प्राय: आँखों को 'आत्मा की खिड़की' कहा जाता है और बोलती हुई आँखों वाले व्यक्ति को अच्छा माना जाता है। कविवर बिहारीलाल ने नायिका की देहभाषा, विशेषकर आँखों की भाषा के संबंध में एक शानदार दोहा लिखा है—

कहत नटत रीझत खिझत, मिलत खिलत लजियात।
भरे भौंन में करत हैं, नैनन ही सौं बात॥

इससे स्पष्ट हो जाता है कि नेत्रों की भाव-भंगिमाओं से बिना बोले कितनी अभिव्यक्तियाँ की जा सकती हैं।

जब आप किसी व्यक्ति से बात करते हैं तो वार्त्तालाप के दौरान आँखों की मुद्राओं का बहुत महत्त्व होता है। एक व्यक्ति दूसरे व्यक्ति की आँख में आँख डालकर यदि बात करता है तो इससे उसके आत्मविश्वास का पता चलता है। कई बार आँखें कम या अधिक झपकाने से भी बात करनेवाले के व्यक्तित्व तथा उसके मन की भावनाओं का पता चलता है, जब कोई व्यक्ति आँख मिलाकर बात करने के स्थान पर वार्त्तालाप के दौरान नजरें झुका रहा है या नजरें चुरा रहा है तो इससे पता चलता है कि वह व्यक्ति असहज महसूस कर रहा है या शर्मिंदगी का भाव महसूस कर रहा है। बार-बार प्रयासपूर्वक पलकें झपकाने का मतलब है कि वह व्यक्ति अपने आँखों की भंगिमा को नियंत्रित करने का प्रयास कर रहा है, ताकि उसके मन की बात छुपी रह सके।

मुँह के भावों से भी व्यक्ति के व्यवहार को जाना जा सकता है। उदाहरण के लिए, निचले होंठ को चबाने का मतलब है चिंता, भय अथवा असुरक्षा का भाव होना। मुँह को हाथों से ढकने का अर्थ है—शांत रहने का प्रयास करना। यदि कोई व्यक्ति बेवजह खाँसता है तो इसका अर्थ है—कोई व्यक्ति ध्यान आकर्षित कराने का प्रयास कर रहा है अथवा असहमति के भाव को स्वीकार करने का दिखावा कर रहा है।

इसी प्रकार मुसकराना भी देहभाषा के मजबूत संकेतकों में गिना जाता है। इसे भी कई अर्थों में व्यवहार में लाया जाता है। कोई मुसकराहट वास्तविक हो सकती है तो कोई कृत्रिम, कभी-कभी दु:ख को छिपाने के लिए कृत्रिम हँसी हँसने का प्रयास किया जाता है तो कई बार मुसकराहट व्यंग्यपूर्ण भी हो सकती है।

देहभाषा के व्यवहार को समझने के लिए मुँह और होंठ के सामंजस्य को समझना आवश्यक है। यदि कोई अपने दोनों होंठों को कसकर रखता है कि यह अरुचि, अविश्वास तथा अस्वीकार्यता का प्रतीक हो सकता है। इसी प्रकार होंठ

चबाने से ज्ञात होता है कि ऐसा करनेवाला व्यक्ति चिंतित है और दबाव या तनाव का अनुभव कर रहा है, जब कोई व्यक्ति अपने मुँह को ऊपर की ओर थोड़ा खुला रखता है तो इसका तात्पर्य है कि व्यक्ति प्रसन्न है और आशावादी है, दूसरी तरफ यदि कोई व्यक्ति अपने नीचे के मुँह को थोड़ा खुला रखता है तो इसका अर्थ है कि वह दु:खी अथवा निराश है।

कुछ अन्य भाव-भंगिमाएँ भी देहभाषा के लिए अत्यंत महत्त्वपूर्ण हैं, जैसे—अँगूठा ऊपर उठाने का अर्थ है—किसी बात को अनुमोदित करना, लेकिन भारत में अँगूठा दिखाने को नकारात्मक अर्थ में लिया जाता है और इसका अर्थ किसी काम को करने से मुकर जाने के लिए प्रयुक्त किया जाता है। इसी प्रकार तनी हुई मुट्ठी एकजुटता या कभी-कभी क्रोध का प्रदर्शन करने के लिए प्रयोग की जाती है। नीचे झुका हुआ अँगूठा किसी कार्य को अनुमोदित न करने अथवा किसी की बात की आलोचना करने के संदर्भ में प्रयुक्त होता है। एक-दूसरे के अँगूठे को स्पर्श करने से या अँगूठा और तर्जनी को वृत्ताकार घुमाकर अन्य तीन उँगलियों को आगे बढ़ाने से 'ओके' या 'सब ठीक है' का भाव व्यक्त किया जाता है; हालाँकि यूरोप के कुछ देशों में इसका अर्थ यह है कि तुम मेरे लिए निरर्थक हो। कुछ दक्षिण अमेरिकी देशों में यह प्रतीक अश्लीलता में गिना जाता है। इसी प्रकार दोनों हाथ जोड़कर रखने को भारत में 'नमस्ते' या अभिवादन के रूप में प्रयोग किया जाता है, जिसे कोविड संक्रमण के दौरान विश्व भर में हाथ मिलाने से बचने के लिए प्रयोग में लाया जा रहा है। हाथ मिलाना यूरोपीय तथा अमेरिकी देशों में अभिवादन का तरीका है, जिसे कोविड संक्रमण से बचने के लिए अब विश्व भर में निरुत्साहित किया जा रहा है। इसी प्रकार कंधे-से-कंधा मिलाना और गले लगाना भी अभिवादन के प्रतीक हैं। अन्य प्रतीकों में अंगुलियों से अंग्रेज़ी का 'वी' (V) अक्षर बनाना 'विजय का प्रतीक' या 'विक्टरी साइन' माना जाता है, हालाँकि ब्रिटेन और ऑस्ट्रेलिया जैसे देशों में हाथ का पिछला हिस्सा आगे रखकर 'वी' चिह्न बनाना भड़काऊ संकेत माना जाता है।

बाँहों और पैरों का भी देहभाषा के व्यवहार में पर्याप्त महत्त्व है। दोनों बाँहों को एक-दूसरे से क्रॉस करना सुरक्षात्मकता का प्रतीक है। किसी व्यक्ति के पास से अपने दोनों पैरों को क्रॉस करते हुए दूर चले जाने का अर्थ है कि आप उस व्यक्ति से या तो घृणा करते हैं अथवा आप उस व्यक्ति के साथ बैठने में खुद को असहज महसूस कर रहे हैं। इसके विपरीत बाँहों को फैलाने का अर्थ है कि आप स्वयं को नेतृत्व करने की स्थिति में दिखा रहे हैं या आप किसी का स्वागत कर

रहे हैं। इसके विपरीत बाँहों को सिकोड़कर रखने का मतलब है कि आप स्वयं को समेट रहे हैं या फिर आप ध्यानाकर्षण से बचना चाहते हैं। यदि कोई व्यक्ति खड़े होकर अपने दोनों हाथों को अपने नितंबों पर रखता है तो इसका अर्थ है कि या तो वह व्यक्ति अत्यधिक क्रुद्ध है या फिर वह व्यक्ति किसी कार्य को करने के लिए तैयार है अथवा वह सामनेवाले के नियंत्रण में है। अपने दोनों हाथ पीछे की ओर ले जाने का अर्थ है कि वह व्यक्ति या तो बोर महसूस कर रहा है या क्रोधित है या फिर वह चिंतित है। यदि कोई व्यक्ति बार-बार अपनी अंगुलियों में अंगुलियाँ डाल रहा है या अंगुलियाँ चटका रहा है तो इसका अर्थ है कि वह व्यक्ति या तो बोरियत महसूस कर रहा है या फिर वह चिंचित और क्रोधित है। दोनों पैरों को एक-दूसरे पर रखने का मतलब है कि वह व्यक्ति चाहता है कि लोग उसकी निजता का सम्मान करें।

बैठने के तौर-तरीकों से भी देहभाषा के व्यवहार का आकलन किया जा सकता है। उदाहरण के लिए, यदि कोई व्यक्ति सीधी मुद्रा में बैठा है तो इसका अर्थ है कि वह व्यक्ति लक्ष्य के प्रति केंद्रित और एकाग्र है तथा जो कुछ उसके आसपास घटित हो रहा है, उसे वह पूरे मनोयोग से सुन और समझ रहा है। यदि कोई व्यक्ति बैठते समय आगे की ओर झुका है तो इसका अर्थ है कि व्यक्ति बोर हो रहा है या उसे अपने आसपास की घटनाओं में अधिक रुचि नहीं है।

जब हम देहभाषा की मुद्राओं या भाव-भंगिमाओं की चर्चा करते हैं तो पाते हैं कि यदि व्यक्ति अपने शरीर को खुला तथा आरामदेह मुद्रा में रखता है तो इसका अर्थ है कि वह व्यक्ति आप से मित्रवत् व्यवहार रखता है, खुले मन से बात करना चाहता है तथा आपसे बात करने में उसकी रुचि है। इसके विपरीत यदि कोई व्यक्ति अपने शरीर को सिकोड़कर रखता है तो इसका अर्थ है कि वह आपसे घृणा करता है, आपसे मित्रता का इच्छुक नहीं है तथा वह आपसे बात करने का भी इच्छुक नहीं है।

देहभाषा के आयाम

देहभाषा का विस्तृत अध्ययन करने के लिए इसके अनेक आयामों की चर्चा करना आवश्यक है। ये आयाम निम्नवत् हैं—

1. अस्मिता विज्ञान या प्रॉक्सीमिक्स (Proxemics)
2. स्पर्श संचार या हैपटिक्स (Haptics)
3. नेत्र संचलन विज्ञान या ओक्यूलिसिक्स (Oculesics)

4. पारभाषा विज्ञान या पैरा लैंग्वेज (Para Language)
5. देह संचलन भाषा विज्ञान या काइनेसिक्स (Kinesics)
6. साइन लैंग्वेज या संकेत भाषा विज्ञान (Sign Language)
7. रंग विज्ञान या क्रोमेटिक्स (Chromatics)
8. कालक्रम विज्ञान या क्रोनेमिक्स (Chronemics)
9. घ्राण विज्ञान या ओल्फेकटिक्स (Olfactics)

1. अस्मिता विज्ञान या प्रॉक्सीमिक्स (Proxemics) : यह देहभाषा विज्ञान की वह शाखा है, जिसके अंतर्गत लोग एक-दूसरे से संपर्क में आने के बाद अपने लिए किस प्रकार का 'स्पेस' अथवा स्थान रखना चाहते हैं, इसका अध्ययन किया जाता है। इसमें एक व्यक्ति आपको दूसरों के कितना निकट रखना चाहता है या वह दूसरों से कितनी दूरी बनाकर रखना चाहता है, इसका अध्ययन किया जाता है और तदनुरूप व्यक्ति से निकटता या दूरी की पहचान की जाती है।

यदि कोई व्यक्ति किसी व्यक्ति के अत्यंत निकट होता है और वह उसे प्रिय होता है अथवा पसंद करता है तो वह उसे अपने पास एक फीट तक या इससे भी कम दूरी तक आने की अनुमति दे देता है। ऐसे संबंधों को घनिष्ठ संबंध की संज्ञा दी जाती है। इसमें आप दूसरे व्यक्ति को स्पर्श भी कर सकते हैं। प्राय: प्रेमी-प्रेमिका, परस्पर संबंधी या अत्यंत प्रिय मित्रगण इस प्रकार के संबंध रखते हैं।

यदि कोई व्यक्ति दूसरे व्यक्ति को एक फीट से चार फीट तक की सीमा के मध्य आने की अनुमति प्रदान करता है तो इसे व्यक्तिगत संबंधों की संज्ञा दी जाती है। इसका उपयोग मित्रगण तथा परिवार के लोग करते हैं।

यदि कोई व्यक्ति किसी दूसरे व्यक्ति को 4 फीट से 12 फीट की दूरी तक आने की अनुमति देता है तो इसे सामाजिक संबंध की संज्ञा दी जाती है। व्यक्ति अपने सहकर्मियों तथा ग्राहकों के साथ व्यवहार में इस प्रकार के संबंध रखता है।

यदि कोई व्यक्ति किसी दूसरे व्यक्ति को 12 फीट से 25 फीट की दूरी तक आने की अनुमति देता है तो इसे सार्वजनिक संबंध की संज्ञा दी जाती है। सार्वजनिक जीवन से जुड़े व्यक्ति, व्याख्यान देने वाले शिक्षक या प्रोफेसर, अभिनेता, गायक, महत्त्वपूर्ण हस्तियाँ आदि इस प्रकार की दूरी से संबंध रखती हैं।

इन दूरियों को 'व्यक्तिगत सीमा' या 'पर्सनल टेरिटरी' भी कहा जाता है। व्यक्ति से घनिष्ठता की मात्रा के अनुसार यह सीमा घटती-बढ़ती रहती है।

2. स्पर्श संचार या हैपटिक्स (Haptics) : स्पर्श संचार या हैपटिक्स

देहभाषा विज्ञान की वह शाखा है, जिसके अंतर्गत स्पर्श के माध्यम से प्राप्त सूचना या संदेश का अध्ययन किया जाता है। स्पर्श संचार के अंतर्गत हाथ मिलाना, हाथ पकड़ना, हाथों, होंठों या गालों पर चुंबन अंकित करना, पीठ थपथपाना, सिर पर हाथ फेरना, गले मिलना आदि आता है। आप जिसके साथ स्पर्श के माध्यम से ये कृत्य करते हैं, उसे आपके स्पर्श से आपकी सकारात्मक अथवा नकारात्मक इच्छा का संकेत मिल जाता है।

स्पर्श का प्रत्येक व्यक्ति के जीवन में अत्यधिक महत्त्व है। शिशु जन्म लेते ही माँ के कोमल स्पर्श के अनुभव से ही माँ के वात्सल्य का अनुभव करता है। एक अध्ययन में पाया गया है कि जो नवजात शिशु स्पर्श का अनुभव नहीं कर पाते, उनके जीवित रहने की प्रत्याशा न्यूनतम होती है।

स्पर्श में प्रेमपूर्वक स्पर्श करना, आघात या चोट पहुँचाने के लिए स्पर्श करना, अपनी ओर खींचना, धक्का देना, काटना, चूमना, थपथपाना, नाखून गड़ाना, मुक्का या घूँसा मारना आदि आ सकते हैं।

प्रत्येक प्रकार के स्पर्श के अलग-अलग अनुभव होते हैं। ये सकारात्मक अथवा नकारात्मक हो सकते हैं। स्पर्श की तीव्रता, अवधि, स्थान, आवृत्ति और स्पर्श में प्रयुक्त किए गए अंग से इसकी सकारात्मकता अथवा नकारात्मकता तथा प्रभावशीलता का पता चलता है। यौन-आक्रमण से बचाने के लिए आजकल बच्चे-बच्चियों को छोटी उम्र से ही स्पर्श की सकारात्मकता अथवा नकारात्मकता में अंतर करना सिखाया जाता है।

स्पर्श के कई प्रकार होते हैं, जिनमें कार्य स्थल से संबंधित स्पर्श के अंतर्गत किसी कार्य को पूरा किए जाने हेतु किया जानेवाला स्पर्श आता है। उदाहरण के लिए, जब कोई चिकित्सक किसी रोगी की बीमारी की जाँच करता है तो वह उसके शरीर के किसी अंग का स्पर्श करता है। इसी प्रकार एक शिक्षक बच्चे को सही ढंग से कलम पकड़ना सिखाने के लिए उसे स्पर्श करता है या माता-पिता अथवा शिक्षक बालक-बालिका को सीट पर सही तरीके से बैठना सिखाने के लिए उसे स्पर्श करते हैं। इसी प्रकार कोट पहनने में सहायता करना, सड़क पार कराना या कार्यस्थल पर अधिकारी द्वारा अधीनस्थ को कार्य करने के लिए प्रेरित करने हेतु भी स्पर्श किया जाता है, जो कार्यस्थल से संबंधित स्पर्श के अंतर्गत आता है।

अपनत्व का अहसास करानेवाले स्पर्श के अंतर्गत किसी व्यक्ति से वात्सल्य, स्नेह अथवा प्रेम का अहसास कराने के लिए स्पर्श किया जाता है। समारोहों,

धार्मिक सामाजिक एवं सांस्कृतिक कार्यक्रमों में अत्यंत कोमलता से किए गए स्पर्श सामाजिक स्पर्श के अंतर्गत आते हैं। किसी दु:खी अथवा बीमार या अशक्त व्यक्ति को कोमल स्नेहपूर्ण स्पर्श से आराम पहुँचाना आरामदेह स्पर्श के अंतर्गत रखा जाता है, किसी की उपलब्धि पर उसकी पीठ थपथपाना या कंधे को कोमलता से स्पर्श करना बधाईपूर्वक स्पर्श के अंतर्गत आता है। यौन स्पर्श के अंतर्गत चूमना या शरीर के अंगों का स्पर्श करना आता है, जो पति-पत्नी अथवा पति या प्रेमी-प्रेमिका के मध्य प्रयुक्त होता है, किंतु कई बार इसका नकारात्मक उपयोग या बलशाली उपयोग आपराधिक कृत्य की कोटि में आ जाता है। कई बार खेलते समय किया गया स्पर्श 'क्रीड़ा स्पर्श' की श्रेणी में आता है, किसी व्यक्ति के ऊपर नियंत्रण स्थापित करने हेतु किया गया स्पर्श नियंत्रक स्पर्श की कोटि में आता है, सामाजिक दृष्टि से अनुचित तथा आपराधिक कोटि में गिने जानेवाले स्पर्श नकारात्मक स्पर्श की कोटि में आते हैं, जबकि गले लगाना, चोट पर सहलाना आदि स्पर्श मिश्रित स्पर्श की कोटि में आते हैं।

3. नेत्र संचलन भाषा विज्ञान या ओक्यूलिसिक्स (Oculesics) : नेत्र संचलन भाषा विज्ञान की चर्चा पूर्व में संक्षेप में की जा चुकी है। यह नेत्रों के संचालन से तथा भौंहों के प्रयोग से प्राप्त होनेवाली देहभाषा का अध्ययन है। कभी-कभी इसे काइनोसिक्स अथवा देह संचलन भाषा विज्ञान का अंग भी मान लिया जाता है तो कुछ विद्वान् इसे पृथक् नेत्र संचलन विज्ञान के अंतर्गत रखते हैं। नेत्र संचलन भाषा विज्ञान के अंतर्गत नेत्र को सर्वाधिक महत्त्वपूर्ण अंग माना जाता है। नेत्रों के संचलन की गति से भिन्न-भिन्न प्रकार की भाषा तथा अर्थ उपस्थित होते हैं। परस्पर वार्त्तालाप में नेत्र संपर्क की अनुपस्थिति से क्रूरता, उदासीनता, विरोध, धोखा देने की प्रवृत्ति, एकाग्रता से न सुनना जैसे नकारात्मक भाव उपजते हैं। परस्पर नेत्रों के संपर्क से परस्पर प्रभाव में वृद्धि होती है, जो बोलने का एक शक्तिशाली व्यवहार है। पुतलियों का घूमना भी नेत्र संचलन की भाषा में महत्त्वपूर्ण है। पुतलियों के फैलाव एवं सिकुड़न से भी आपकी प्रतिक्रिया परिवर्तित हो जाती है। आँख फाड़कर देखना, आँख फैलना, पुतलियाँ फैल जाना या सिकुड़ जाना, भौंहों का तिरछा होना, इन सबके अलग-अलग अर्थ हैं। भारतीय शास्त्रीय नृत्य में इनका विशेषतौर पर प्रयोग किया जाता है।

4. पारभाषा विज्ञान या लैंग्वेज (Para Language) : इसकी विस्तारपूर्वक चर्चा चतुर्थ इकाई में की जाएगी।

5. देह संचलन भाषा विज्ञान या काइनेसिक्स (Kinesics) : देह के

विभिन्न अंगों के संचलन के माध्यम से उत्पन्न भाषा को देह संचलन भाषा विज्ञान या काइनेसिक्स कहते हैं। इसके अंतर्गत चेहरे की मुद्राएँ तथा भाव-भंगिमाएँ आती हैं। अमेरिका के मशहूर नृविज्ञानी रे वड्र्सव्हिस्टेल को देह संचलन भाषा विज्ञान का जनक माना जाता है। वड्र्सव्हिस्टेल ने विभिन्न सामाजिक स्थितियों से जुड़े लोगों का फिल्मांकन किया तथा उनके देह की विभिन्न मुद्राओं का गहन विश्लेषण किया और यह बताया कि हमने जिस प्रकार के व्यवहार के विषय में पहले अधिक सोचा भी नहीं था, उस प्रकार का व्यवहार ये मनुष्य करते पाए गए। उनका मानना है कि सभी प्रकार की देह की गतिविधियों के निश्चित अर्थ होते हैं। उनका मत है कि देहभाषा का व्यवहार भी एक समांतर व्याकरण रखता है। यह वैसा ही होता है, जैसा किसी भाषा का व्याकरण हुआ करता है।

वड्र्सव्हिस्टेल के कार्य को आगे बढ़ाते हुए प्रो. पॉल एकमैन और वालेस वी. फ्रीजेन ने देह संचलन भाषा विज्ञान को पाँच श्रेणियों में वर्गीकृत किया—

(अ) प्रतीक या एम्बलेम्स (Emblems)

(ब) चित्रण या इलस्ट्रेशंस (Illustrations)

(स) ध्यानाकर्षण करनेवाले प्रदर्शन या एफेक्टिव डिस्प्लेज (Effective Displays)

(द) नियामक या रेगुलेटर्स (Regulators)

(य) अनुकूलक या एडेप्टर्स (Adapters)

प्रतीक या एंबलेम्स ऐसे अनकहे संकेतक होते हैं, जिन्हें एक समुदाय या संस्कृति की प्रचलित मान्यताओं के आधार पर सरलता से समझा जा सकता है, इसके उदाहरणस्वरूप तनी हुई मुट्ठी दिखाना, ओके का चिह्न अँगूठे और अंगुली से बनाना आदि आते हैं।

चित्रण या इलेस्ट्रेशंस हवा में एक चित्र बनाकर या आकृति दर्शाकर व्यक्त किए जाते हैं, जैसे हवा में युवती का चित्र उकेरना, किसी कमरे की किसी वस्तु की ओर संकेत करना आदि। ये चित्रण सभ्यता और संस्कृति के अनुरूप भिन्न-भिन्न हो सकते हैं।

ध्यानाकर्षण करनेवाले प्रदर्शन या एफेक्टिव डिस्प्लेज के अंतर्गत खुशी व्यक्त करने के लिए उछलना, मुँह फुलाना, ठहाका मारकर हँसना आदि शामिल हैं।

नियामक या रेगुलेटर्स किसी वक्ता के व्याख्यान को सुनते समय दी गई प्रतिक्रिया होते हैं। उदाहरण के लिए सहमति या असहमति में सिर हिलाना, वक्ता को बोलने के लिए प्रोत्साहित करने का संकेत देना, बातचीत की गति को बढ़ाना

अथवा कम करना या रोकना, हाथ या अंगुली उठाकर कुछ कहने का संकेत देना या हथेली दिखाकर संकेत देना कि हम वार्त्ता में व्यवधान नहीं चाहते आदि नियामक या रेगुलेटर्स के अंतर्गत आते हैं।

अनुकूलक या एडेप्टर्स किसी परिस्थिति विशेष के आ जाने पर किए गए आचरण से जुड़े होते हैं। इसके अंतर्गत अपने बाल लहराना, कलम को नचाना, खुरचना, बार-बार अपने कान खींचना, अपने चश्मे को नाक के नीचे तक लाना, टाँगें हिलाना आदि कार्य आते हैं।

6. संकेत भाषा विज्ञान या साइन लैंग्वेज (Sign Language) : कम सुन पानेवाले या बधिर लोगों के साथ वार्त्तालाप के लिए संकेत भाषा या साइन लैंग्वेज का प्रयोग किया जाता है। इसकी प्रविधि को 'संकेत भाषा विज्ञान' कहते हैं। इसके लिए वक्ता अपने हाथों, आँखों, चेहरे, मुँह तथा देह का सहारा लेता है। चिह्नों या मुद्राओं से बधिर व्यक्ति तक अपनी बात वक्ता द्वारा आसानी से पहुँचाई जाती है। कई बार कम पढ़े-लिखे अथवा भाषा न जाननेवाले लोगों तक अपनी बात पहुँचाने के लिए भी संकेत भाषा का प्रयोग किया जाता है।

इस प्रकार के संचार में अंगुलियों के इशारों, हाथों की मुद्राओं, देह की भाव-भंगिमाओं, चेहरे के भावों, स्पर्श तथा बधिरों को समझाने हेतु आवश्यक समस्त उपायों का समावेश किया जाता है। किसी को नहीं पता है कि संकेत भाषा का विकास कब, कैसे और कहाँ हुआ, लेकिन यह सत्य है कि दुनिया भर में संकेत भाषा के सहारे सफलतापूर्वक वार्त्तालाप किया जाता है। आजकल टी.वी. पर बधिरों के लिए विशेष बुलेटिनों में साइन लैंग्वेज या संकेत भाषा का प्रयोग देखा जा सकता है। देशों के अनुसार संकेत भाषाएँ भी परिवर्तित होती रहती हैं। कुछ संकेत भाषाओं के नाम इस प्रकार हैं—

1. भारतीय संकेत भाषा या इंडिया साइन लैंग्वेज (ISL)
2. पाकिस्तानी संकेत भाषा या पाकिस्तानी साइन लैंग्वेज (PSL)
3. अमेरिकी संकेत भाषा या अमेरिकन साइन लैंग्वेज (ASL)
4. ब्रिटिश संकेत भाषा या ब्रिटिश साइन लैंग्वेज (BSL)
5. फ्रांसीसी संकेत भाषा या फ्रेंच साइन लैंग्वेज (FSL)

संकेत भाषा वास्तव में दृश्यात्मक भाषा होती है, जिसका समुचित व्याकरण होता है।

7. रंग भाषा विज्ञान या क्रोमेटिक्स (Chromatics) : यह भाषा रंगों के प्रयोग से इस्तेमाल में लाई जाती है, जब लोग रंगों के सहारे परस्पर संदेशों का

आदान-प्रदान करते हैं या वस्त्रों के रंगों के चयन में या उपहार पैकिंग करते हैं तो उस समय रंगों का महत्त्व होता है। रंग चयन की इस रुचि का अध्ययन रंग भाषा विज्ञान या क्रोमेटिक्स के अंतर्गत किया जाता है। इसका प्रयोग संगीत की धुनों में भी किया जाता है। इसका सर्वश्रेष्ठ उदाहरण इंद्रधनुष है, जिसमें सभी सात रंग (बैंगनी, नीला, आसमानी, हरा, पीला, नारंगी और लाल) होते हैं। इसी प्रकार किसी प्रिज्म को जब प्रकाश से गुजारते हैं तो ये सातों रंग दिखाई देते हैं। संचार या वार्त्तालाप में इन रंगों का अत्यधिक महत्त्व है, क्योंकि प्रत्येक रंग किसी-न-किसी भावना या विचार का प्रतिनिधित्व करता है। उदाहरण के लिए तिरंगे झंडे में केसरिया रंग त्याग, हरा रंग संपन्नता और सफेद रंग शांति का प्रतीक माना जाता है। युद्ध रोकने के लिए सफेद झंडा लहराया जाता है, इसी प्रकार रेलगाड़ी के संचालन विशेषकर चलने के लिए हरे, चलने हेतु तैयार होने के लिए पीले और रुकने के लिए लाल रंग के संकेतकों का प्रयोग किया जाता है। यातायात के सफल संचालन के लिए लगाए जानेवाले ट्रैफिक सिग्नलों में भी यही रंग प्रयुक्त किए जाते हैं। फोटोग्राफर फोटोग्राफी में तथा चित्रकार चित्रों में रंगों के सही संयोजन द्वारा फोटो तथा चित्र के प्रभाव को कई गुना बढ़ा देते हैं।

8. कालक्रम विज्ञान या क्रोनेमिक्स (Chronemics) : कालक्रम विज्ञान या क्रोनेमिक्स के अंतर्गत समय या काल के प्रयोग का अध्ययन किया जाता है। समय के प्रयोग से जीवन-शैली, दैनिक कार्यकलाप आदि को प्रभावित किया जा सकता है। इससे भाषण की गति घटाई या बढ़ाई जा सकती है, कब तक श्रोता आपको सुनना पसंद करेंगे, यह भी निर्धारित किया जा सकता है। किसी व्यक्ति का निर्धारित समय-सीमा में बोलना, समय-सीमा से कम बोलना अथवा अधिक बोलना ये तीनों ही इसके अंतर्गत आते हैं। समय का निर्धारण किसी व्यक्ति के स्तर का मापक भी हो सकता है। उदाहरण के लिए किसी कंपनी का बॉस किसी बैठक के वार्त्तालाप के बीच में कभी भी अवरोध ला सकता है या बैठक को खत्म कर सकता है, फिर भी कर्मचारी उससे बात करने हेतु समय प्राप्त करना चाहते हैं। इसमें समय पालन का विशेष महत्त्व होता है, प्रतीक्षा करने की इच्छा तथा वार्त्तालाप हेतु तैयार होना ये तीन अवयव कालक्रम विज्ञान में सम्मिलित होते हैं।

9. घ्राण भाषा विज्ञान या ओल्फेकटिक्स (Olfactics) : घ्राणभाषा विज्ञान या ओल्फेकटिक्स सूँघकर संचार को समझने का विज्ञान है। इसके अंतर्गत शरीर से आनेवाली खुशबू या बदबू, इत्र अथवा परफ्यूम के प्रयोग आदि का अध्ययन किया जाता है। कई लोग किसी व्यक्ति की देह से आनेवाली खुशबू

अथवा बदबू के आधार पर यह तय करते हैं कि उस व्यक्ति से बात की जाए अथवा नहीं। इसका अध्ययन मनोविज्ञान, शिक्षाशास्त्र, नृविज्ञान, तंत्रिका विज्ञान, मनोविज्ञान आदि के अंतर्गत किया जाता है। अफ्रीका तथा मध्य-पूर्व के देशों में सुगंध अथवा दुर्गंध की मात्रा से किसी व्यक्ति का स्तर तय किया जाता है। कई सभ्यताओं में महँगी परफ्यूम का इस्तेमाल करना धनाढ्य और संपन्न होने का प्रमाण समझा जाता है। दूसरी ओर पसीने की दुर्गंध अथवा बदबू से किसी व्यक्ति की निम्न आर्थिक स्थिति को पहचाना जाता है। दक्षिण एशियाई देशों में करी या पकी हुई सब्जी की सुगंध से किसी व्यक्ति के समुदाय को पहचाना जाता है। यद्यपि गुलाब, चमेली और चंदन की सुगंध को सर्वत्र आकर्षक माना जाता है, किंतु दूसरी ओर अनेक सभ्यताओं में प्याज की गंध को दुर्गंध माना जाता है, परंतु माली देश के लोग प्याज की गंध को सुगंध का दर्जा देते हैं।

देहभाषा में सांस्कृतिक भिन्नताएँ

देहभाषा की प्रकृति तथा स्वरूप सांस्कृतिक दृष्टि से भिन्नताएँ प्रदर्शित करते हैं। मुख्य रूप से पाँच प्रकार की सांस्कृतिक भिन्नताओं को देहभाषा के अंतर्गत रेखांकित किया जा सकता है—

1. सिर हिलाना : हम सभी जानते हैं कि दाईं तथा बाईं दिशा में सिर हिलाने का अर्थ 'नहीं' करना और ऊपर से नीचे की दिशा में सिर घुमाने का अर्थ 'हाँ' होता है, लेकिन बुल्गारिया, तुर्की, यूगोस्लाविया और अल्बानिया जैसे देशों में इसका विपरीत अर्थ माना जाता है, अर्थात् इन देशों में दाएँ और बाएँ सिर हिलाने का अर्थ 'हाँ' होता है, जबकि ऊपर से नीचे की दिशा में सिर घुमाने का अर्थ 'नहीं' होता है।

2. नेत्र संपर्क : पश्चिमी सभ्यता में एक निश्चित दूरी तक के नेत्र संपर्क को सौम्य माना जाता है, जबकि नेत्र से नेत्र के संपर्क से मना करने अथवा दूसरे के नेत्रों से ध्यान हटाने को अशालीनता की संज्ञा दी जाती है, लेकिन जापान, चीन तथा ऑस्ट्रेलिया में निवास करनेवाले आदिवासियों में नेत्रों के नेत्रों से संपर्क को अपमानजनक समझा जाता है अथवा यह समझा जाता है कि ऐसा करके कोई व्यक्ति अपने से आयु में बड़े या श्रेष्ठ व्यक्ति को चुनौती देने का प्रयास कर रहा है।

3. हाथों की भाव-भंगिमा : अनेक पश्चिमी देशों में अँगूठे तथा तर्जनी अंगुली की सहायता से बनाया गया वृत्त एवं अन्य अंगुलियों को मोड़कर रखने से

बनी भाव-भंगिमा को 'ओके' अथवा 'ठीक' का पर्याय माना जाता है, लेकिन रूस, जर्मनी, ब्राजील तथा मध्य-पूर्व के देशों में ऐसा करना भड़काऊ कृत्य माना जाता है। फिलीपींस में तिरछी अंगुली का संकेत करने पर आपको जेल भेजा जा सकता है तथा चीन, मलेशिया और सिंगापुर जैसे देशों में इसे क्रूर व्यवहार का परिचायक माना जाता है।

4. स्पर्श : यद्यपि सभी देशों में हाथ मिलाने को एक सामान्य अभिवादन का तरीका माना जाता है, लेकिन आज भी एशियाई देशों में झुककर अभिवादन करने की प्रक्रिया का पालन किया जाता है। इसके अतिरिक्त अरब देशों में धार्मिक रिवाज के अनुसार स्पर्श या भोजन करने के लिए बाएँ हाथ का प्रयोग नहीं किया जाता। इसी प्रकार पश्चिमी तथा भारत जैसे देशों में एक बालक के सिर पर हाथ फिराने को क्रमश: वात्सल्य एवं मित्रतापूर्ण भाव का परिचायक समझा जाता है, लेकिन अनेक एशियाई देशों में इसे अनुचित समझा जाता है।

5. अन्य संकेतक : पोलैंड तथा नीदरलैंड जैसे देशों में माथे के केंद्रीय भाग पर तर्जनी उँगली से स्पर्श करने को प्रसन्नतादायक भाव का प्रकटीकरण माना जाता है, जबकि इतावली लोग इस प्रकटीकरण के लिए तर्जनी अंगुली के स्थान पर अपने हाथ के पिछले हिस्से का प्रयोग करते हैं। रूस में माथे को छूना बुद्धिमत्ता का सूचक माना जाता है।

व्यावसायिक शिष्टाचार और देहभाषा

व्यावसायिक शिष्टाचार में देहभाषा का अत्यंत महत्त्व है। व्यावसायिक शिष्टाचार के लिए हमें निम्नलिखित नियमों का पालन करना चाहिए—

(क) अच्छे व्यावसायिक शिष्टाचार हेतु खड़े रहते समय अपनी पीठ को सीधा रखना चाहिए, आपका मध्य भाग पीठ के समांतर होना चाहिए तथा सिर ऊपर की ओर उठा होना चाहिए। इसके विपरीत झुककर चलना, तोंद बाहर निकालकर चलना, अपनी जेबों में हाथ डालना और रक्षात्मक तरीके से अपनी बाँहें मोड़ना कृत्य आपकी बेचैनी को प्रदर्शित करते हैं।

(ख) आपके बैठने का तरीका अत्यंत व्यवस्थित होना चाहिए। आपने व्यावसायिक बैठकों में बैठने के अनेक तरीके देखे होंगे। एकदम सीधे बैठने से लेकर, सचेत की मुद्रा में बैठना तथा ऊपर मुँह करके बैठना आदि व्यावसायिक बैठकों की मुद्राएँ हैं। बैठते समय हमें अपनी पीठ सीधी रखनी चाहिए तथा अपने दोनों पैर एक साथ अपने सामने रखने चाहिए। ये एक साथ भी रखे जा सकते हैं

और एक-दूसरे को क्रॉस करते हुए भी रखे जा सकते हैं, लेकिन प्राय: महिलाएँ बैठते समय अपने दोनों पैरों को क्रॉस करके नहीं बैठती हैं, किंतु पुरुष ऐसा कर सकते हैं। बैठते समय आपके घुटने नहीं काँपने चाहिए, क्योंकि यह नर्वस होने का प्रतीक है और यह दूसरे बैठे लोगों के लिए असुविधाजनक भी हो सकता है।

(ग) हाथ : व्यावसायिक शिष्टाचार में हाथों की मुद्राएँ अत्यंत महत्त्वपूर्ण होती हैं, इसलिए हाथों का सही स्थान पर होना आवश्यक है। कुछ लोग अकसर अपने हाथों से बात करते पाए जाते हैं, कुछ अपने हाथों के सहारे खड़े होते हैं तो कुछ लोग अपने हाथों को अपने शरीर से चिपकाकर रखते हैं। कुछ लोगों को इस बात का अहसास भी नहीं होता कि जब वे किसी से बात कर रहे होते हैं, उस समय उनके हाथ क्या कर रहे होते हैं।

आपके हाथों का प्रयोग कई बार प्रभावी सिद्ध हो सकता है, कई बार यह उकसानेवाला हो सकता है तो कई बार यह अप्रासंगिक हो सकता है। अपने हाथों को नियंत्रित करने के लिए दृढ़ इच्छाशक्ति तथा अतिरिक्त प्रयासों की आवश्यकता होती है। बैठकों के दौरान अपने हाथों की गतिविधियों पर विशेष ध्यान देना चाहिए। बेवजह हाथ हिलाने से बचना चाहिए, अगर बार-बार ऐसा हो रहा हो तो आपको अपने हाथों पर बैठ जाना चाहिए, ताकि आप बेवजह हाथ न हिला सकें।

(घ) सिर : सिर की गतिविधियाँ भी व्यावसायिक बैठकों में महत्त्वपूर्ण मानी जाती हैं। कई बार सहमति में सिर हिलाना दूसरे लोगों के लिए उपयोगी हो सकता है, लेकिन आवश्यकता से अधिक बार-बार सहमति में सिर हिलाना आपको मोम के गुड्डे या गुड़िया जैसा साबित कर सकता है, जो बेवजह सिर हिलाकर सहमति जताता हो या जरूरत से ज्यादा चापलूसी कर रहा है। असहमति में सिर हिलाना असहमति व्यक्त करने का तरीका होता है, लेकिन अत्यधिक असहमति जताना भी ठीक नहीं है। असहमति जताने से पहले आपको असहमति के कारणों को मन में स्पष्टया तैयार रखना होगा, ताकि असहमति की वजह पूछे जाने पर आप सही तर्कों द्वारा उत्तर दे सकें।

(ङ) चेहरा : चेहरे की मुद्राएँ भी व्यावसायिक शिष्टाचार के लिए महत्त्वपूर्ण होती हैं। उदाहरण के लिए मुसकराना आपकी उदारता तथा खुशमिजाजी का लक्षण होता है, लेकिन बेवजह मुसकराने से ऐसा प्रतीत होता है कि आप सामनेवाले को बरदाश्त नहीं कर पा रहे हैं। इसी प्रकार असहमति जताना या क्रोध दर्शाना नकारात्मक भाव हो सकते हैं, लेकिन कभी-कभी ये आपके गहन चिंतन या एकाग्रचित्त होने का सबूत भी बन सकते हैं। यह परिस्थितियों पर निर्भर करता

है कि आपके चेहरे के कौन से भाव कहाँ उपयुक्त सिद्ध होते हैं। इसके अलावा तनी हुई भौंहें, फुफकारती हुई नाक या नथुने, पीला पड़ा चेहरा या सूखे होंठ भी कई प्रकार की नकारात्मकता का प्रदर्शन करते हैं, जिनसे शिष्टाचार में बचा जाना चाहिए।

(च) नेत्र : दूसरों से बात करते समय नेत्रों का संपर्क बनाए रखना अच्छा शिष्टाचार माना जाता है।

उपर्युक्त के अतिरिक्त बैठक के दौरान अपने हाथों को पढ़ना अथवा नाखून साफ करते रहना या दाँतों से नाखून कुतरते रहना अच्छा शिष्टाचार नहीं माना जाता।

कोरोनाकाल के बाद की देहभाषा

कोरोनाकाल ने हमारे जीवन में अनेक परिवर्तन किए हैं, अब सार्वजनिक स्थानों पर जाते समय हम मास्क का प्रयोग करने लगे हैं तथा सामाजिक दूरी या सोशल डिस्टेंसिंग ने हमारे दैनिक क्रियाकलाप में जगह बना ली है। ऐसे में देहभाषा के अनेक पुराने नियम अप्रासंगिक और प्रभावहीन हो गए हैं। चेहरे का अधिकांश हिस्सा मास्क के भीतर ढके होने के कारण कई बार यह जानना मुश्किल हो जाता है कि हमें सही ढंग से समझा जा रहा है या नहीं। कई बार मास्क लगे व्यक्ति को ठीक से पहचानना भी कठिन हो जाता है। ऐसे में कोरोनाकाल के बाद की देहभाषा में परिवर्तन आना स्वाभाविक है। ऐसे में आँखों तथा भौंहों के संचलन की देहभाषा अपेक्षाकृत अधिक उपयोगी माध्यम के रूप में हमारे सामने आती है, क्योंकि कोविड संक्रमण के बाद की परिस्थितियों में मास्क लगा होने के बावजूद नेत्रों के संकेतों तथा भौंहों के संचलन से हम व्यक्ति की दशा का अनुमान आसानी से कर सकते हैं।

कनाडा की ओटावा यूनिवर्सिटी की मनोविज्ञान की प्रो. (डॉ.) ट्रेसी वैलनकोर्ट कहती हैं कि "जब हम खुश होते हैं तो हमारी आँखें खुशी से चमकती हैं, जब हम दुःखी होते हैं तो हमारी आँखें रोती हैं। हम क्रोध प्रदर्शित करने के लिए भी अपनी आँखों को लाल करके दिखा सकते हैं, जबकि संदेह के भाव दिखाने के लिए हम अपनी आँखें इधर-उधर घुमा सकते हैं और चिंता व्यक्त करने के लिए हम अपनी आँखों को ऊपर-नीचे कर सकते हैं, यद्यपि कोविड के दौर में हम लोगों के पूरे चेहरे न देख पाने के कारण काफी सूचनाओं से वंचित हो रहे हैं, लेकिन अब भी हम जितना जानना चाहते हैं, उसकी अधिकांश जानकारी हम उनकी आँखों में झाँककर हासिल कर सकते हैं।"

इसके अतिरिक्त कोविड के दौर में चेहरे के अनावृत ऊपरी हिस्से, विशेषकर भौंह, मस्तक, गाल आदि की भाव-भंगिमाओं, स्वरों के उतार-चढ़ाव आदि तथा बैठने के तौर-तरीकों से भी देहभाषा का आकलन किया जा सकता है। भविष्य में पारदर्शी फेस मास्क बनाकर भी इस समस्या का समाधान प्राप्त किया जा सकता है।

अब ऑनलाइन माध्यम से बैठकें भी होने लगी हैं, जिनमें दूरस्थ और भिन्न-भिन्न स्थानों पर बैठे व्यक्ति एक समय में एक साथ आभासी माध्यम से बैठक में सम्मिलित हो सकते हैं और अपने-अपने विचार व्यक्त कर सकते हैं। इसमें भी देहभाषा महत्त्वपूर्ण भूमिका निभाती है।

आभासी बैठक के शिष्टाचार

कोरोना संक्रमण के बाद के विश्व में आभासी बैठकों ने प्रत्यक्ष बैठकों का स्थान सफलतापूर्वक ले लिया है। प्रत्यक्ष बैठकों की भाँति आभासी या ऑनलाइन माध्यम से आयोजित की जानेवाली बैठकों के लिए भी कुछ शिष्टाचार निर्धारित किए गए हैं, जो निम्नलिखित हो सकते हैं—

1. ऑनलाइन बैठक शुरू होने से पहले अपने दृश्य-श्रव्य उपकरणों, जैसे—लैपटॉप या मोबाइल तथा इयरफोन आदि को जाँच लेना चाहिए और इंटरनेट कनेक्शन की उपलब्धता को भी देख लेना चाहिए, ताकि बैठक के दौरान असुविधा न हो।
2. लंबी चलनेवाली आभासी बैठकें अकसर उबाऊ और बोझिल हो जाती हैं, लेकिन फिर भी शिष्टाचार यही कहता है कि आभासी बैठक में शुरू से अंत तक उपस्थित रहना चाहिए और एकाग्रचित्त होकर सुनना चाहिए एवं अवसर आने पर अपने विचार व्यक्त करने चाहिए।
3. जब आप न बोल रहे हों तो उस समय स्वयं को म्यूट मोड पर कर लेना चाहिए, ताकि आप वक्ता को स्पष्ट तौर पर सुन सकें।
4. आभासी बैठक में ऑनलाइन उपस्थित होने के बाद बैठक को सुनने के अतिरिक्त कोई अन्य कार्य नहीं करना चाहिए। कई बार आभासी बैठकों के दौरान लोग खाना खा रहे होते हैं या कोई अन्य कार्य करने लगते हैं, जो शिष्टाचार के नियमों के विरुद्ध है।
5. आभासी बैठकों में भी प्रत्यक्ष बैठकों की भाँति व्यवहार करना चाहिए और यथासंभव अपने अध्ययन-कक्ष अथवा मीटिंग रूम में ही आभासी

बैठक से जुड़ना चाहिए। बेडरूम, रसोई, बाथरूम या अन्य किसी कक्ष में बैठकर आभासी बैठक में नहीं जाना चाहिए।

6. आभासी बैठकों में उपस्थित होने से पहले प्रत्यक्ष बैठकों की भाँति ही पुरुषों को यथोचित वेशभूषा, व्यवस्थित बाल तथा समुचित शेविंग करनी चाहिए, महिलाओं को भी बैठक के अनुरूप वेशभूषा रखनी चाहिए तथा आवश्यक मेकअप भी करना चाहिए।
7. आभासी बैठक में उपस्थित रहकर कोई अन्य कार्य नहीं करना चाहिए।
8. आभासी बैठक हेतु आपको ऐसे स्थान पर बैठना चाहिए, जहाँ प्रकाश की उत्तम व्यवस्था हो और आपकी छवि स्पष्ट एवं अधिक बेहतर ढंग से देखी जा सकती हो। हो सके तो बल्ब या रोशनी के सामने बैठना चाहिए, ताकि बेहतर प्रकाश में आपकी छवि बेहतर दिख सके। इसके विपरीत पीठ पर बल्ब या रोशनी होने पर आपका चेहरा अंधकार में ढंक सकता है।
9. ऑनलाइन बैठक में समय पालन का अत्यधिक महत्त्व होता है, अतः बैठक में निर्धारित समय से पूर्व ही उपस्थित हो जाना चाहिए। बैठक में विलंब से आना अशिष्टता का परिचायक होता है।
10. आभासी बैठक के दौरान अपने शरीर की हलचलों, विशेषकर बार-बार स्थान बदलना अथवा बेवजह हिलने-डुलने से बचना चाहिए।
11. किसी आभासी बैठक में जाने से पहले उस बैठक की कार्यसूची या एजेंडे का गहन अध्ययन करके जाना चाहिए, ताकि अवसर आने पर आप अपने सुझाव या विचार व्यक्त कर सकें।
12. यदि आभासी बैठक में आप अपने विचार रखना चाहते हैं तो हाथ उठाकर अपनी ओर ध्यानाकर्षण कर सकते हैं या कई ऑनलाइन मीटिंग प्लेटफॉर्म पर आभासी हाथ उठाने की व्यवस्था रहती है, जिसे दिखाकर आप संचालक द्वारा आमंत्रित करने पर अपनी बात रख सकते हैं।
13. आभासी बैठक में यदि दूसरे बोल रहे हों तो उन्हें टोकना या बीच में रोकना नहीं चाहिए।
14. आभासी बैठक के अपने श्रोता वर्ग को ध्यान में रखकर नियत समय में ही बोलना चाहिए।
15. यदि आप आभासी बैठक के आयोजक या संचालक हैं तो बैठक की शुरुआत में ही बैठक की रूपरेखा बता देना उचित रहता है और बैठक से पूर्व यदि पोस्टर आदि के माध्यम से बैठक में वक्ताओं का क्रम, उन्हें आवंटित समय

तथा बैठक की अवधि की जानकारी दे दी जाए तो बेहतर होगा।

16. आभासी बैठक को पूर्णतः लोकतांत्रिक होना चाहिए और संचालक द्वारा सभी को अपने विचार व्यक्त करने का पूर्ण अवसर देना चाहिए।
17. प्रयास यह करना चाहिए कि आभासी बैठक निर्धारित समय पर ही शुरू हो और निर्धारित समयावधि में ही पूर्ण हो जाए।

सोशल मीडिया के शिष्टाचार

सोशल मीडिया के दौर में लोग अपना काफी समय सोशल मीडिया पर दे रहे हैं, अतः स्वाभाविक है कि सोशल मीडिया का प्रयोग करते समय इसके शिष्टाचार का पालन किया जाना चाहिए। ये शिष्टाचार निम्नवत् हो सकते हैं—

1. आप जब कोई पोस्ट सोशल मीडिया पर साझा करते हैं तो साझा करने से पहले उसकी विश्वसनीयता, मौलिकता तथा संदर्भ सहित उद्धरण की भलीभाँति जाँच कर लेनी चाहिए, ताकि बाद में विवादों या कानूनी पचड़ों से बचा जा सके।
2. सोशल मीडिया पर कुछ भी साझा करने से पहले देख लें कि जो भी आप साझा करने जा रहे हैं, वह नैतिकता तथा मूल्यों की कसौटी पर खरा उतरता है या नहीं। विवादास्पद, धार्मिक भावनाओं को आहत करने या भड़काने वाले, सांप्रदायिक सौहार्द नष्ट करनेवाले तथा झूठे पोस्ट, चित्र या वीडियो साझा नहीं करने चाहिए।
3. सोशल मीडिया पर किसी की अनुमति के बिना उससे बात करने का प्रयास नहीं करना चाहिए। बात करते समय तथा कमेंट लिखते समय मर्यादा का ध्यान रखना चाहिए।
4. सोशल मीडिया पर कोई भी पोस्ट लिखते समय भाषा की शुद्धता एवं मर्यादित भाषा के प्रयोग पर विशेष ध्यान देना चाहिए।
5. सोशल मीडिया पर किसी को बेवजह टैग करने से बचना चाहिए।
6. सोशल मीडिया के मंचों पर अत्यधिक चित्र, वीडियो आदि नहीं साझा करने चाहिए।
7. सोशल मीडिया पर किसी को भी ट्रोल या निंदा करने से बचना चाहिए। प्रशंसा या आलोचना भी तर्कसम्मत और संयत होनी चाहिए।
8. सोशल मीडिया का प्रयोग अफवाहें फैलाने के लिए नहीं करना चाहिए। इससे आप संकट में फँस सकते हैं।

9. सोशल मीडिया के माध्यम से अपरिचित लोगों से जबरन मित्रता बनाने का अनुरोध नहीं करना चाहिए, न ही बेवजह उनके मैसेंजर बॉक्स में जाकर उनसे मित्रता करने का प्रयास करना चाहिए।
10. सोशल मीडिया पर बात करते समय इस बात का ध्यान रखना चाहिए कि उचित समयावधि में ही लोगों से संपर्क किया जाए। यह अवधि सुबह 8 बजे से रात्रि 10 बजे तक हो सकती है।
11. सोशल मीडिया पर महिलाओं के प्रति सम्मानजनक व्यवहार किया जाना चाहिए।
12. सोशल मीडिया पर लोगों से धनराशि नहीं माँगनी चाहिए।
13. सोशल मीडिया पर अपनी बेहद निजी और गोपनीय जानकारी नहीं देनी चाहिए। वित्तीय मामलों से जुड़ी सूचनाओं को सोशल मीडिया पर साझा नहीं करना चाहिए। हैकर या अपराधी इसका दुरुपयोग कर आपको आर्थिक–मानसिक क्षति पहुँचा सकते हैं।
14. सोशल मीडिया का प्रयोग संदेशों के आदान–प्रदान हेतु स्वस्थ माध्यम के रूप में किया जाना चाहिए।
15. सोशल मीडिया हेतु सरकार द्वारा समय–समय पर जारी दिशा–निर्देशों का पूर्णतः पालन किया जाना चाहिए।
16. सोशल मीडिया पर छद्म रूप से अपनी पहचान छिपाकर नहीं आना चाहिए।
17. सोशल मीडिया पर मित्र बनाने से पहले पूरी तरह आश्वस्त होना आवश्यक है कि वह व्यक्ति मित्रता योग्य है अथवा नहीं।
18. सोशल मीडिया का दुरुपयोग करनेवालों से सावधान रहना चाहिए और ऐसे लोगों को मित्रता सूची से बाहर कर देना चाहिए या फिर ब्लॉक कर देना चाहिए।
19. सोशल मीडिया पर अपरिचित और अनजान लोगों से मित्रता करने से बचा जाना चाहिए।
20. आपात स्थिति आने पर सोशल मीडिया के माध्यम से लोगों की सहायता करनी चाहिए।

बहुविकल्पीय प्रश्न

1. मनुष्य द्वारा दैनिक जीवन में जिस प्रकार की क्रिया-प्रतिकिया और आचरण किया जाता है, उसे क्या कहा जाता है?
   (क) मानव व्यवहार (ख) सामाजिक कार्यकलाप
   (ग) सामान्य व्यवहार (घ) असामान्य व्यवहार
2. किस विद्वान् ने मानव व्यवहार का सीधा संबंध जीव विज्ञान और संस्कृति से माना है?
   (क) लोकार्ट (ख) चार्ल्स टैटम
   (ग) गिलेन (घ) वैवेज
3. वैज्ञानिक दृष्टिकोण से मानव व्यवहार के कितने अवयव माने गए हैं?
   (क) एक (ख) दो
   (ग) तीन (घ) चार
4. मानव व्यवहार के कितने प्रकार होते हैं?
   (क) 4 (ख) 5
   (ग) 9 (घ) 7
5. निम्नलिखित में से कौन सा व्यवहार मुख्यत: मानव आधारित नहीं है?
   (क) व्यक्तित्व आधारित मानव व्यवहार
   (ख) रुचि आधारित मानव व्यवहार
   (ग) स्वभाव आधारित मानव व्यवहार
   (घ) रँभाने से संबंधित व्यवहार
6. समूह का अर्थ है?
   (क) लोगों का समूह, जो मिलकर कार्य करते हैं
   (ख) गलत कार्य करना
   (ग) एकल व्यवस्था
   (घ) नकारात्मक सोच
7. सामूहिक व्यवहार की अवधारणा किसने दी?
   (क) वनडिशा
   (ख) एल्टन मेमो तथा उनके साथी
   (ग) पार्किंस
   (घ) जगदीश चंद्र बसु

8. उत्पादकता बढ़ाने में सामूहिक व्यवहार का अत्यधिक प्रभाव पड़ता है, इस धारणा को किस सन् में लागू किया गया है—
   (क) सन् 1918 ई. (ख) सन् 1919 ई.
   (ग) सन् 1920 ई. (घ) सन् 1925 ई.
9. किस चिंतक ने सामूहिक व्यवहार की महत्ता को रेखांकित किया ?
   (क) महात्मा गांधी
   (ख) स्वामी विवेकानंद
   (ग) एम.ई. शॉ
   (घ) स्वामी दयानंद सरस्वती
10. आत्म जागरूकता का अर्थ है—
   (क) स्वयं के प्रति जागरूक रखना
   (ख) लोगों को जागरूक करना
   (ग) समाज को जागरूक करना
   (घ) राष्ट्र को जागरूक करना
11. 'बुरा जो देखन मैं चला, बुरा न मिलया कोय' कबीर का यह पद किस बात पर बल देता है ?
   (क) आत्म जागरूकता
   (ख) राष्ट्र के प्रति समर्पण
   (ग) वसुधैव कुटुम्बकम्
   (घ) क्षेत्रवाद
12. आत्म जागरूकता क्यों महत्त्वपूर्ण है ?
   (क) लोगों को जाग्रत करने के लिए
   (ख) स्वयं की कमजोरियों को जानने के लिए
   (ग) सभी को शिक्षा देने के लिए
   (घ) सभी को अवसर देने के लिए
13. स्वयं के प्रति जागरूकता की भावना कितने वर्ष की आयु में उभरने लगती है ?
   (क) एक वर्ष (ख) दो वर्ष
   (ग) सात वर्ष (घ) दस वर्ष

14. आत्म जागरूकता को लेकर किसने प्रयोग किए?
    (क) हेलेन क्रो
    (ख) लुइस और ब्रुक्स गुन
    (ग) लोंजाइनस
    (घ) बोनापार्ट

15. अंध बिंदु या ब्लाइंड स्पॉट क्या होते हैं?
    (क) आत्म जागरूकता को पहचानने में सहायक तत्त्व
    (ख) किसी को उपदेश देने में सहायक तत्त्व
    (ग) सफलता अर्जित करनेवाले तत्त्व
    (घ) सकारात्मक सोच

16. बगैर बोले शरीर की भंगिमाओं के माध्यम से अभिव्यक्ति को क्या कहा जाता है?
    (क) मातृभाषा (ख) संपर्क भाषा
    (ग) देहभाषा (घ) राजभाषा

17. देहभाषा का कितना प्रयोग व्यक्ति अपने कार्यकलाप में करता है?
    (क) 60 से 65 प्रतिशत
    (ख) 10 से 15 प्रतिशत
    (ग) 5 से 7 प्रतिशत
    (घ) 20 से 25 प्रतिशत

18. हिंदी में हिमोजी बनाने की शुरुआत किसने की?
    (क) डॉ. अरुण कुमार (ख) डॉ. दीप्ति
    (ग) डॉ. अपराजिता शर्मा (घ) डॉ. रामकुमार वर्मा

19. निम्नलिखित में से कौन सा एक व्यवहार ऐसा है, जिसे वैश्विक स्तर पर मान्यता मिली है?
    (क) क्रोध (ख) हँसी
    (ग) खुशी (घ) पराक्रम

20. 'आत्मा की खिड़की' किसे कहा जाता है?
    (क) नर्क (ख) स्वर्ग
    (ग) आँख (घ) नफरत

21. 'भरे भौंन में करत हैं, नैनन ही सों बात', प्रस्तुत पद किस भाषा की बात पर केंद्रित है ?
   (क) आँखों की भाषा
   (ख) प्रकृति की भाषा
   (ग) नफरत की भाषा
   (घ) नफासत की भाषा
22. निचले होंठ के चबाने से तात्पर्य क्या होता है ?
   (क) सफलता की भावना
   (ख) खुशी की भावना
   (ग) सकारात्मक भावना
   (घ) चिंता, भय अथवा असुरक्षा की भावना
23. मुँह से हाथों को ढकना किस बात की ओर संकेत करता है ?
   (क) शांत रहने का प्रयास करना
   (ख) किसी से अनावश्यक उलझना
   (ग) किसी की सहायता करना
   (घ) पलायन करना
24. जब कोई व्यक्ति अपने मुँह को ऊपर की ओर थोड़ा खुला रखता है तो इसका क्या तात्पर्य होता है ?
   (क) निराशावादी प्रवृत्ति
   (ख) पलायन का सूचक
   (ग) आशा एवं प्रसन्नता का सूचक
   (घ) नकारात्मक सोच
25. जब कोई व्यक्ति अपने मुँह को नीचे की ओर थोड़ा खुला रखता है तो इसका क्या अर्थ होता है—
   (क) श्रद्धा की भवना
   (ख) प्रगतिसूचक
   (ग) दु:ख व निराशा का सूचक
   (घ) हताशा का सूचक

26. 'आँख में आँख डालकर बात करना' से क्या तात्पर्य है?
(क) आत्मविश्वास का सूचक (ख) निराशा का सूचक
(ग) हताशा का सूचक (घ) प्रगति का सूचक

27. देहभाषा के रूप में अँगूठा दिखाने से मतलब लगाया जाता है?
(क) किसी की प्रशंसा करना
(ख) किसी को अनुमोदित करना
(ग) किसी की निंदा करना
(घ) किसी का सम्मान करना

28. तनी हुई मुट्ठी किस बात का प्रतीक होती है?
(क) उपदेश देने की
(ख) किसी को अनावश्क सताने की
(ग) किसी के साथ घूमने का इशारा करने की
(घ) एकजुटता या कभी-कभी क्रोध का प्रदर्शन

29. हाथ मिलाने से बचने के लिए लोग इस भारतीय अभिवादन शैली को विश्व में अपना रहे हैं?
(क) नमस्ते (ख) चरण स्पर्श
(ग) दंडवत् प्रणाम (घ) गले लगाना

30. अंग्रेजी का 'V' अक्षर किसका प्रतीक माना जाता है?
(क) आशा का (ख) निराशा का
(ग) हार का (घ) विजय का

31. कंधे से कंधा मिलाना किस देहभाषा का प्रतीक माना जाता है?
(क) सफलता का प्रतीक (ख) अभिवादन का प्रतीक
(ग) प्रेम का प्रतीक (घ) क्रोध का प्रतीक

32. यदि व्यक्ति अपने शरीर को सिकोड़कर रखता है तो इसका क्या अर्थ होता है?
(क) सामनेवाले से बात न करने की इच्छा
(ख) आगे की ओर जाना
(ग) पीछे की ओर जाना
(घ) अपने आप में खुश होना

33. देहभाषा के विस्तृत अध्ययन के लिए किस आयाम को महत्त्व दिया गया है ?
    (क) अस्मिता विज्ञान या प्रॉक्सीमिक्स
    (ख) दूरभाष
    (ग) सोशल वर्क
    (घ) आई.टी.

34. निम्नलिखित में से कौन संचार देहभाषा को प्रदर्शित या व्यक्त नहीं करता है ?
    (क) अस्मिता विज्ञान (ख) स्पर्श संचार
    (ग) संकेत भाषा विज्ञान (घ) रसायन विज्ञान

35. साइन लैंग्वेज का तात्पर्य है—
    (क) मातृभाषा (ख) राष्ट्रभाषा
    (ग) संकेत भाषा (घ) संपर्क भाषा

36. पैरा लैंग्वेज को किस नाम से जाना जाता है ?
    (क) रंग विज्ञान (ख) कालक्रम विज्ञान
    (ग) पारभाषा विज्ञान (घ) घ्राण विज्ञान

37. देह-संचलन भाषा का जनक किसे माना जाता है ?
    (क) रे वड्र्सव्हिसटेल (ख) डिनरहेल
    (ग) गिलेन (घ) क्रिश्टर

38. अंगुलियों के इशारों, हाथों की मुद्राओं को किस भाषा द्वारा प्रदर्शित किया जाता है ?
    (क) राष्ट्रभाषा द्वारा
    (ख) संपर्क भाषा द्वारा
    (ग) संकेत भाषा द्वारा
    (घ) क्षेत्रीय भाषा द्वारा

39. नाक से सूँघकर संचार को समझने के लिए किस विज्ञान का सहारा लिया जाता है ?
    (क) घ्राण भाषा विज्ञान (ख) कालक्रम विज्ञान
    (ग) संकेतभाषा विज्ञान (घ) रंगभाषा विज्ञान

40. मुसकराना किस बात का प्रतीक माना जाता है ?
(क) उदारता एवं खुशमिजाज
(ख) नकारात्मक सोच का प्रतीक
(ग) असफलता की ओर जाने का प्रतीक
(घ) चिढ़ाने का प्रतीक

41. दूसरों से बात करते समय नेत्रों के संपर्क को क्या माना जाता है ?
(क) अच्छा शिष्टाचार का प्रतीक
(ख) उदासी का प्रतीक
(ग) निराशा का प्रतीक
(घ) असफलता का प्रतीक

42. मास्क का प्रयोग किसकी ओर संकेत करता है ?
(क) भविष्यकाल (ख) अकाल
(ग) कोरोनाकाल (घ) भूतकाल

43. सोशल डिस्टेंसिंग का अर्थ क्या होता है ?
(क) सामाजिक दूरी
(ख) सामाजिक निर्भरता
(ग) नजदीकी
(घ) एकता

44. कोविड-19 के दौर में देहभाषा का आकलन करने के लिए शरीर के किस अंग पर सर्वाधिक ध्यान दिया जाना चाहिए ?
(क) होंठ (ख) मुँह
(ग) आँख (घ) नाक

45. आभासी बैठकों के लोकप्रिय होने का दौर किस काल से माना जाता है ?
(क) कोरोनाकाल से (ख) प्राचीनकाल से
(ग) मध्यकाल से (घ) भूतकाल से

46. सोशल मीडिया से क्या तात्पर्य है ?
(क) राष्ट्रीयता का सूचक
(ख) सामाजिक माध्यम
(ग) क्षेत्रीय माध्यम
(घ) अंतरराष्ट्रीय माध्यम

47. कोविड-19 किस सन् में शुरू हुआ ?

(क) सन् 1925 ई. (ख) सन 1950 ई.

(ग) सन् 2021 ई. (घ) सन् 2019 ई.

48. सोशल मीडिया कैसा मंच है ?

(क) आभासी मंच (ख) प्राकृतिक मंच

(ग) प्रत्यक्ष मंच (घ) पारदर्शी मंच

49. सोशल मीडिया का अनुषंगी माध्यम क्या नहीं है ?

(क) फेसबुक (ख) ट्विटर

(ग) वाट्सअप (घ) आत्मचिंतन

50. सोशल मीडिया कैसा माध्यम है ?

(क) दुनिया भर के लोगों से जुड़ने का माध्यम

(ख) एक छोटा घर

(ग) स्वयं की सीमित स्पेस

(घ) बहुत ही छोटा परिवार

उत्तरमाला

1. (क), 2. (ख), 3. (ग), 4. (क), 5. (घ), 6. (क), 7. (ख), 8. (ग), 9. (ग), 10. (क), 11. (क), 12. (ख), 13. (क), 14. (ख), 15. (क), 16. (ग), 17. (क), 18. (ग), 19. (घ), 20. (ग), 21. (क), 22. (घ), 23. (क), 24. (ग), 25. (ग), 26. (क), 27. (ख), 28. (घ), 29. (क), 30. (घ), 31. (ख), 32. (क), 33. (क), 34. (घ), 35. (ग), 36. (ग), 37. (क), 38. (ग), 39. (क), 40. (क), 41. (क), 42. (ग), 43. (क), 44. (ग), 45. (क), 46. (ख), 47. (घ), 48. (क), 49. (घ), 50. (क)।

□

इकाई-4

उत्तम संचार की कला

संचार की प्रक्रिया

मनुष्य एक सामाजिक प्राणी है। मनुष्य प्राचीनकाल से ही अपने विचारों, दृष्टिकोण, भावनाओं, तथ्यों तथा सूचनाओं के आदान-प्रदान में रुचि रखता रहा है। प्रत्येक व्यक्ति तथा समाज के विकास के लिए संचार अनिवार्य है। जिस प्रकार शरीर में रक्त प्रवाहित होता है, उसी प्रकार संगठनरूपी शरीर में रक्त की भाँति संचार का प्रवाह अनिवार्य होता है। संचार के माध्यम से किसी व्यक्ति, संगठन, समाज, देश तथा विश्व की समस्याओं का समाधान संभव है। प्रभावशाली संचार के बिना इन सभी की सफलता पर प्रश्नचिह्न स्थापित हो जाता है। संचार के महत्त्व के संदर्भ में अनेक विद्वानों ने अपने विचार व्यक्त किए हैं—

थियो हेमेन का मत है—"प्रबंधकीय कार्यों की सफलता कुशल संचार पर निर्भर करती है।"

टेरी संचार की तुलना चिकने पदार्थ से करते हैं, जो प्रबंध प्रक्रिया को सुगम बनाता है। सुओजानिन प्रबंधन के एकीकृत दृष्टिकोण को अच्छे संचार के लिए महत्त्वपूर्ण मानते हैं। डॉ. श्यामाचरण के अनुसार, "संचार समाजीकरण का प्रमुख माध्यम है। संचार द्वारा सामाजिक तथा सांस्कृतिक परंपराएँ एक पीढ़ी से दूसरी पीढ़ी तक पहुँचती हैं। समाजीकरण की प्रत्येक स्थिति और उसका प्रत्येक रूप संचार पर आश्रित है। मनुष्य जैविकीय प्राणी से सामाजिक प्राणी तब बनता है, जब वह संचार द्वारा सांस्कृतिक अभिवृत्तियों, मूल्यों तथा व्यवहार प्रकारों को आत्मसात् कर लेता है।"

समाज वैज्ञानिकों का मानना है कि यदि मनुष्यों के मध्य संचार या परस्पर वार्त्तालाप की प्रक्रिया बंद हो जाए तो सामाजिक विघटन प्रारंभ हो जाएगा तथा मनुष्य में मानसिक विकृतियाँ आरंभ हो जाएँगी।

संचार (Communication)

किसी संदेश, विचार, भाव, दृष्टिकोण आदि को एक व्यक्ति से दूसरे व्यक्ति तक प्रेषित करने को संचार कहा जाता है। लैटिन भाषा के Communis शब्द से अंग्रेजी शब्द Communication की उत्पत्ति हुई है। Communication शब्द के हिंदी अनुवाद के रूप में 'संचार' शब्द का प्रयोग प्रारंभ हुआ, जिसका तात्पर्य होता है चलना या फैलना।

संचार शब्द को अनेक विद्वानों ने अपनी-अपनी दृष्टि के अनुसार परिभाषित किया है। कुछ प्रमुख परिभाषाएँ इस प्रकार हैं—

चार्ल्स ई. ऑलगुड के अनुसार, "सामान्य रूप से संचार तब होता है, जब एक स्रोत किसी दूसरे स्रोत या गंतव्य को विभिन्न प्रकार के संकेतों के माध्यम से प्रभावित करे।"

लुर्रान ए. ऐलन के अनुसार, "संचार से तात्पर्य उन समस्त विधियों से है, जिनसे एक व्यक्ति अपनी विचारधारा को दूसरे व्यक्ति के मस्तिष्क में डालने अथवा समझाने के लिए प्रयोग करता है। यह वास्तव में दो व्यक्तियों के मस्तिष्क के बीच की खाई को पाटनेवाला सेतु है। इसके अंतर्गत कहने, सुनने तथा समझने की एक वैज्ञानिक प्रक्रिया सदैव गतिमान रहती है।"

केड जी. मायर के अनुसार, "संप्रेषण शब्दों, पात्रों, सूचनाओं, विचारों एवं दृष्टिकोणों के आदान-प्रदान करने का साधन है।"

कुव्ट्ज और ओडोनेल के अनुसार, "संप्रेषण एक व्यक्ति से दूसरे व्यक्ति को सूचनाओं का हस्तांतरण है, चाहे वह उसमें विश्वास व्यक्त करे या न करे।"

थियो हेनैन के अनुसार, "संप्रेषण का तात्पर्य एक व्यक्ति द्वारा दूसरे व्यक्ति को सूचना तथा समझ पहुँचाने की प्रक्रिया है।"

न्यूमैन तथा समर के अनुसार, "संचार दो या दो से अधिक व्यक्तियों के तथ्यों, विचारों तथा भावनाओं का पारस्परिक आदान-प्रदान है।"

विल्वर के अनुसार, "संचार एक ऐसी प्रक्रिया है, जिसके द्वारा स्रोत से श्रोता तक संदेश पहुँचाया जाता है।"

शेनन के अनुसार, "संचार एक मस्तिष्क का दूसरे मस्तिष्क पर प्रभाव है।"

जॉर्ज लेरी के अनुसार, "दो या दो से अधिक व्यक्तियों के मध्य विचारों के आदान-प्रदान को संचार कहते हैं।"

लिटिल के अनुसार, "मानव संचार वह प्रक्रिया है, जिसके द्वारा कोई भी

जानकारी पहले से समस्त प्रतीकों के द्वारा लोगों के मध्य प्रेषित की जाती है एवं वांछित प्रतिपुष्टि प्राप्त करना भी इसका अभीष्ट उद्देश्य है।"

उपर्युक्त परिभाषाओं के आधार पर यह कहा जा सकता है कि संचार, तथ्य, विचार, दृष्टिकोण, भावनाओं तथा सूचनाओं के आदान-प्रदान के द्वारा प्रेषक के मस्तिष्क का साधारणीकरण प्राप्तकर्ता के मस्तिष्क से कराता है। यह संगठन, समाज, राष्ट्र तथा विश्व को एक सूत्र में बाँधता है तथा उनके मध्य समन्वय, सहयोग तथा सौहार्द में वृद्धि करता है, जिससे निर्धारित लक्ष्यों की प्राप्ति सरलतापूर्वक की जा सकती है।

संचार की विशेषताएँ

1. संचार हेतु न्यूनतम दो व्यक्तियों की आवश्यकता होती है। इसमें एक प्रेषक होता है तथा दूसरा प्राप्तकर्ता ।
2. संचार एक दोतरफा प्रक्रिया है। यदि प्रेषक संदेश भेजता है तो प्राप्तकर्ता की प्रतिपुष्टि उसे पूर्णता प्रदान करती है।
3. संचार का क्षेत्र व्यापक होता है। इसके अंतर्गत सूचना, भाव, दृष्टिकोण आदि का संप्रेषण किया जाता है। सूचना क्रांति ने इसके क्षेत्रों को अत्यधिक विस्तार प्रदान किया है।
4. संचार एक निरंतर चलनेवाली प्रक्रिया है।
5. संचार एक गतिशील प्रक्रिया है, जो परिस्थितियों तथा आवश्यकताओं के अनुसार प्रेषक, माध्यम, प्राप्तकर्ता आदि का निर्धारण करती है।
6. संचार के लिए माध्यम अनिवार्य है। संचार की सफलता हेतु उपयुक्त माध्यम का चुनाव सर्वाधिक महत्त्वपूर्ण है।
7. संचार की आवश्यकता संगठन के प्रत्येक स्तर पर होती है। पद सोपान क्रम के अनुसार संचार में व्यतीत किया जानेवाला समय बढ़ता जाता है।
8. इसके माध्यम से संगठन में आपसी समझ, सहयोग, समन्वय आदि विकसित करने में सहायता प्राप्त होती है।
9. संचार कार्मिकों के मध्य कार्य-व्यवहार में सहयोग स्थापित करने में सहायक होता है।

अच्छे संचारकर्ता की विशेषताएँ

1. एक अच्छा संचारकर्ता बहुत अच्छा श्रोता होता है, क्योंकि संचार एक

दोतरफा प्रक्रिया है। संचार तभी पूर्ण माना जाता है, जब प्रतिपुष्टि सकारात्मक हो।

2. एक अच्छा संचारकर्ता संदेश, दृष्टिकोण, भाव आदि का संप्रेषण करते समय स्पष्ट, संक्षिप्त तथा वस्तुनिष्ठ होता है।
3. वह संचार से जुड़े हुए समस्त व्यक्तियों की समझ तथा बौद्धिक स्तर को ध्यान में रखता है।
4. वह संचार करते समय आत्मविश्वास से युक्त होता है।
5. वह संचार करते समय सदैव सजग रहता है। वह संचार के समस्त तत्त्वों का अवलोकन करता है तथा उनकी प्रभावशीलता में वृद्धि करने का प्रयास करता है।
6. वह अपने सहयोगियों के साथ सहानुभूति रखता है तथा यथावसर उनकी प्रशंसा करता है, उन्हें प्रोत्साहन प्रदान करता है।
7. वह संचार के विभिन्न माध्यमों का प्रयोग बहुत व्यवस्थित रूप से करता है।
8. वह संचार के दौरान परस्पर विश्वास, सम्मान, समन्वय को बढ़ावा देता है।
9. वह बहुत अच्छा निर्णयकर्ता होता है।
10. वह संचार की सफलता का श्रेय दूसरों को देता है तथा उनके प्रति विनम्रता और सम्मान का भाव रखता है।

प्रभावी संचार के 7सी
(7 Cs of effective communication)

संचार के सबसे महत्त्वपूर्ण अंग के रूप में प्रतिपुष्टि, अर्थात् फीडबैक को स्वीकार किया जाता है। प्रतिपुष्टि ही प्रभावी संचार की परिचायक है, क्योंकि इससे ही सिद्ध होता है कि प्राप्तकर्ता को संदेश स्पष्टता के साथ प्राप्त हो गया है। अंत: प्रभावशाली संचार हेतु 7सी का सिद्धांत विद्वानों द्वारा प्रस्तुत किया गया है। इन 7सी के अंतर्गत निम्नांकित बिंदु सम्मिलित हैं—

1. संपूर्णता (Completeness)
2. संक्षिप्तता (Conciseness)
3. विचारण (Consideration)
4. स्पष्टता (Clarity)

5. शुद्धता (Correctness)
6. स्थूलता (Concreteness)
7. विनम्रता (Courtesy)

1. संपूर्णता (Completeness) : प्रभावी संचार के लिए प्रेषक को संदेश की संपूर्णता पर सर्वाधिक ध्यान देना चाहिए। संदेश भेजते या देते समय संदेश का कोई अंश शेष नहीं रहना चाहिए। संदेश इस प्रकार भेजा जाना चाहिए कि प्राप्तकर्ता संदेश के समस्त अंशों से भलीभाँति परिचित हो जाए। संचार में संदेश की संपूर्णता प्राप्तकर्ता को सही और उचित निर्णय लेने में सहायता प्रदान करती है।

2. संक्षिप्तता (Conciseness) : संदेश का संक्षिप्त होना बहुत आवश्यक है। संदेश प्रेषित करते समय प्रेषक को यह अनिवार्य रूप से ध्यान रखना चाहिए कि संदेश में अनावश्यक तथ्यों का समावेश न हो, क्योंकि इससे प्राप्तकर्ता को भ्रम हो सकता है।

3. विचारण (Consideration) : संचार करते समय संदेश, इनकोडिंग, माध्यम डिकोडिंग, प्राप्तकर्ता, शोर आदि बिंदुओं पर भलीभाँति विचार करना आवश्यक होता है। प्राप्तकर्ता के दृष्टिकोण, पृष्ठभूमि, शैक्षिक स्तर आदि के अनुसार ही संचार किया जाना आवश्यक है।

4. स्पष्टता (Clarity) : संचार करते समय स्पष्टता का ध्यान रखा जाना चाहिए। एक समय में एक ही संदेश तथा लक्ष्य होने से प्राप्तकर्ता को संदेश समझने में सरलता होती है। स्पष्टता हेतु शब्द चयन, भाषा पर सर्वाधिक ध्यान देना आवश्यक है। शब्द का चयन इस प्रकार किया जाना चाहिए कि वह अर्थ करते समय भ्रम अथवा अन्य कोई अर्थ न देने लगे। भाषा के अंतर्गत विराम-चिह्नों आदि का प्रयोग उपयुक्त स्थान पर अवश्य किया जाना आवश्यक है।

5. शुद्धता (Correctness) : व्याकरण की अशुद्धियों के कारण संचार सर्वाधिक प्रभावित होता है। उदाहरण के लिए 'रोको, मत जाने दो' और 'रोको मत, जाने दो' में विराम-चिह्न के स्थान परिवर्तन मात्र से विपरीत अर्थ हो जाता है, अतः यह आवश्यक है कि संदेश प्रेषित करते समय शुद्धता पर अत्यधिक ध्यान दिया जाए।

6. स्थूलता (Concreteness) : संदेश में स्पष्ट संदर्भ का होना आवश्यक है। यदि संदर्भ स्पष्ट होता है तो संदेश की विश्वसनीयता में वृद्धि होती है और संचार सशक्त होता है। इससे संचार तथ्यपरक एवं वस्तुनिष्ठ होता है।

7. विनम्रता (Courtesy) : प्रभावी संचार हेतु आवश्यक है कि संचार में प्रेषक की अभिव्यक्ति, भाव तथा प्राप्तकर्ता के प्रति सम्मान प्रदर्शित हो। इसके लिए संदेश में विनम्रता का बोध आवश्यक है।

संचार की बाधाएँ (Barriers of Communication)

विद्वानों ने संचार के तत्त्वों के आधार पर प्रेषक आधारित बाधाएँ, प्राप्तकर्ता आधारित बाधाएँ तथा माध्यम आधारित बाधाएँ की श्रेणियाँ स्थापित की हैं। प्रेषक आधारित बाधाओं में स्पष्टता का अभाव, अनुपयुक्त शब्दों का चयन, गलत माध्यम का चयन, योजना का अभाव, दूसरों के प्रति गलत दृष्टिकोण, सहयोगियों के प्रति असम्मान आदि को सम्मिलित किया जाता है। प्राप्तकर्ता आधारित बाधाओं में रुचि का अभाव, अच्छा श्रोता न होना, बौद्धिक स्तर, प्रतिपुष्टि का उचित प्रयोग न करना आदि सम्मिलित हैं। माध्यम आधारित बाधाओं में तकनीक संबंधी समस्या, जानकारी का अभाव, गोपनीयता की समस्या आदि सम्मिलित हैं।

विद्वानों ने संचार की बाधाओं का विभाजन निम्नांकित प्रकार से भी किया है—

1. भौतिक बाधाएँ (Physical Barriers)
2. जैविक बाधाएँ (Physiological Barriers)
3. भाषिक बाधाएँ (Language Barriers)
4. वैयक्तिक बाधाएँ (Personal Barriers)
5. सामाजिक-मनोवैज्ञानिक बाधाएँ (Socio-Psychological Barriers)
6. अंतर्सांस्कृतिक बाधाएँ (Intercultural Barriers)

1. भौतिक बाधाएँ (Physical Barriers) : इसके अंतर्गत भौगोलिक दूरी, सांगठनिक संरचना की कमियाँ, बाह्य वातावरण, शोर, अत्यधिक सूचनाओं का भार, तकनीक के प्रयोग में जानकारी का अभाव, भौतिक संसाधनों का अभाव आदि सम्मिलित हैं। संचार की भौतिक बाधाओं को सरलतापूर्वक दूर किया जा सकता है। इन बाधाओं का समाधान जानकारी तथा संसाधनों की उपलब्धता पर निर्भर करता है।

2. जैविक बाधाएँ (Physiological Barriers) : इसके अंतर्गत

प्रेषक तथा प्राप्तकर्ता की जैविक विशेषताएँ बाधा का कार्य करती हैं। ये बाधाएँ जन्मजात तथा आयु के साथ-साथ परिस्थितियों पर भी निर्भर करती हैं। किसी व्यक्ति को जन्म से ही कम दिखाई या सुनाई दे सकता है तथा किसी दुर्घटना अथवा बढ़ती आयु के साथ-साथ भी इस प्रकार की जैविक समस्याएँ आ सकती हैं।

3. भाषिक बाधाएँ (Language Barriers) : संचार में भाषा का सर्वाधिक महत्त्वपूर्ण स्थान है। कभी-कभी संचार में अत्यधिक कठिन शब्दों का प्रयोग किया जाता है, जिनसे उनका अर्थ समझना कठिन हो जाता है। अनेक बार ऐसे शब्दों का प्रयोग किया जाता है, जो अनेक अर्थ प्रदान करते हैं तथा प्राप्तकर्ता द्वारा उनका प्रयोज्य अर्थ न लगाकर अन्य अर्थ कर लिया जाता है। संगठनों के औपचारिक संचार में अत्यधिक रूखी एवं विधिक भाषा का प्रयोग किया जाता है। अतिवादिता के परिणामस्वरूप सामान्य व्यक्ति के लिए इसे समझना कठिन हो जाता है। रुडोल्फ फ्लेश ने अपने लेख More about Gobbledygook में इस प्रकार औपचारिक भाषा पर चर्चा की थी, इसलिए इसे 'गोबिलिडीगुड' भाषा का नाम भी दिया जाता है।

मात्र शब्द के स्तर पर ही नहीं अपितु व्याकरण के अशुद्ध प्रयोग से भी संचार बाधित होता है। वर्तनी तथा विराम-चिह्न आदि अर्थ का अनर्थ उत्पन्न कर देते हैं, जैसे 'Bed Room' तथा 'Bad Room' एक-दूसरे से भिन्न अर्थ देते हैं।

4. वैयक्तिक बाधाएँ (Personal Barriers) : इसके अंतर्गत संचार में सम्मिलित प्रत्येक व्यक्ति के बौद्धिक स्तर, शैक्षिक स्तर, आयु, रुचि, आवश्यकताएँ आदि महत्त्वपूर्ण कारक होते हैं। यदि प्रेषक तथा प्राप्तकर्ता के मध्य उल्लेखित बिंदुओं पर परस्पर सहमति तथा सामंजस्य नहीं है तो संचार बाधित होता है।

5. सामाजिक-मनोवैज्ञानिक बाधाएँ (Socio-Psychological Barriers) : प्रेषक और प्राप्तकर्ता की सामाजिक पृष्ठभूमि, संगठन में पदसोपान स्तर, वैचारिक पूर्वाग्रह, रूढ़िवादिता, द्विमूल्य आधारित सोच अथवा हेलो इफेक्ट आदि सामाजिक-मनोवैज्ञानिक बाधाओं की श्रेणी में आते हैं। विभिन्न संगठनों में कार्यरत व्यक्तियों की पृष्ठभूमि, शिक्षा और अपेक्षाओं में अंतर उनके सामाजिक तथा राजनीतिक विचारों में भिन्नता उत्पन्न करते हैं। यह प्रभावी संचार की सबसे बड़ी बाधा है तथा इसे दूर करना भी मुश्किल है।

हिब्स तथा गुलेट नामक विद्वानों ने द्विमूल्य आधारित सोच, अर्थात् अच्छा या

बुरा, सही या गलत को भी संचार का अवरोधक माना है, क्योंकि यह वास्तविक स्थितियों का भी सरलीकरण कर देता है। इसे हेलो इफेक्ट की संज्ञा दी जाती है।

इस संबंध में एक अन्य अवधारणा स्टीरियो टाइपिंग के नाम से भी जानी जाती है, जब वस्तुओं तथा घटनाओं के साथ संचार में सम्मिलित व्यक्ति निर्वैयक्तिकता अथवा विलगीकरण के सिद्धांत का पालन नहीं करते हैं तो संचार बाधित होता है। व्यक्ति अपनी रुचि तथा अपेक्षानुरूप अनेक अनावश्यक सामग्री का समावेश कर लेता है, जो संचार के वास्तविक उद्देश्य को बाधित कर देता है।

6. अंतर्सांस्कृतिक बाधाएँ (Intercultural Barriers) : संचार में सम्मिलित व्यक्तियों की सांस्कृतिक पृष्ठभूमि में भिन्नता सबसे प्रमुख बाधाओं में से है। सांस्कृतिक भिन्नता होने पर भाषा, मूल्य, सामाजिक संबंध, मान्यताएँ आदि भी भिन्न-भिन्न हो जाते हैं। एक संस्कृति की मान्यता दूसरी संस्कृति से बिल्कुल भिन्न भी हो सकती है। किसी संस्कृति में एक पत्नी प्रथा है तो कहीं बहुपत्नी प्रथा होने पर पत्नी के संबंध में मात्र 'पत्नी' शब्द के प्रयोग से संचार अस्पष्ट और अपूर्ण हो सकता है।

संचार के तत्त्व (Elements of Communication)

संचार हेतु प्रेषक, संदेश, इनकोडिंग, माध्यम, डिकोडिंग, प्राप्तकर्ता और प्रतिपुष्टि को प्रमुख तत्त्व के रूप में स्वीकार किया जाता है।

1. प्रेषक : प्रेषक वह व्यक्ति होता है, जो किसी सूचना, विचार, दिशा-निर्देश अथवा संदेश आदि को किसी अन्य व्यक्ति तक भेजता है। प्रेषक ही संचार को प्रारंभ करता है।

2. संदेश : वह सूचना, विचार, भाव, आदेश, तथ्य, दिशा-निर्देश आदि, जो प्रेषक प्राप्तकर्ता को प्रेषित करना चाहता है, संदेश कहलाता है।

3. इनकोडिंग : संदेश अथवा इसके किसी अंश को प्रतीकों, शब्दों अथवा ऐसे संकेतों में परिवर्तित करना, जिसमें संदेश बाह्य प्रभावों से बिना प्रभावित हुए गोपनीय ढंग से प्राप्तकर्ता तक पहुँच सके। इसमें यह ध्यान रखना आवश्यक है कि इनकोडिंग इस प्रकार की जाए कि प्राप्तकर्ता उसे सरलता से समझ सकने में सफल हो। यदि प्राप्तकर्ता ही इनकोडिंग को नहीं समझ सका तो संचार असफल हो जाएगा।

4. माध्यम : माध्यम वह व्यवस्था है, जिसके द्वारा संदेश को प्राप्तकर्ता तक प्रेषित किया जाता है। माध्यम के रूप में पत्र, रेडियो, फोन, टेलीविजन,

ई–मेल, सोशल मीडिया प्लेटफॉर्म आदि का प्रयोग किया जाता है। आज के सूचना प्रौद्योगिकी के दौर में सोशल मीडिया के अनेक नवीन संचार माध्यम उपलब्ध हैं, जैसे—व्हाट्सऐप, टेलीग्राम, इंस्टाग्राम, ट्विटर, फेसबुक, क्लब हाउस, कू आदि।

5. डिकोडिंग : प्राप्तकर्ता द्वारा प्रेषक के इनकोड किए हुए संदेश को डिकोड किया जाता है। डिकोड भी संचार के सबसे महत्त्वपूर्ण चरणों में से एक है।

6. प्राप्तकर्ता : संदेश प्राप्त करनेवाला व्यक्ति प्राप्तकर्ता होता है।

7. प्रतिपुष्टि : यह प्राप्तकर्ता द्वारा प्रेषक को दी जानेवाली प्रतिक्रिया है। प्रतिपुष्टि ही संचार का अंतिम चरण होती है। इससे ही संचार के पूर्ण होने की पुष्टि होती है।

संचार प्रक्रिया (Process of Communication)

संचार प्रक्रिया के अंतर्गत सर्वप्रथम प्रेषक उस संदेश का निर्धारण करता है, जिसे वह प्राप्तकर्ता को प्रेषित करना चाहता है। इसके पश्चात् वह उस संदेश को उस भाषा में इनकोड करता है, जिसे प्राप्तकर्ता सरलता से समझने में सक्षम हो। अगले चरण में वह माध्यम का चुनाव करता है। माध्यम का चुनाव प्राप्तकर्ता की क्षमता, उपलब्ध संसाधन, संदेश की गंभीरता एवं गोपनीयता के स्तर आदि के आधार पर किया जाता है।

अगले चरण में प्राप्तकर्ता को माध्यम के द्वारा इनकोड किया हुआ संदेश प्राप्त होता है, जिसे वह डिकोड कर मूल संदेश को प्राप्त करता है। अंतिम चरण में वह संदेश प्राप्ति की प्रतिपुष्टि प्रेषक को भेजता है। प्रेषक द्वारा प्रतिपुष्टि प्राप्त होने पर ही संचार को पूर्ण माना जाता है—

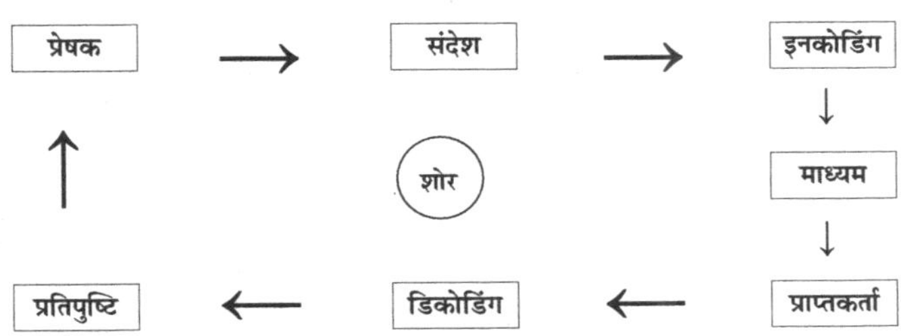

संचार प्रक्रिया के अंतर्गत शोर का सर्वाधिक ध्यान रखा जाना आवश्यक है। यह संचार प्रक्रिया पर बाह्य कारकों के प्रभाव को व्यक्त करता है। यह

संचार के सफल होने में बाधा उत्पन्न करता है। इसके अंतर्गत संदेश की इनकोडिंग में प्राप्तकर्ता की क्षमता का ध्यान न रखना, माध्यम की बाधाएँ जैसे इंटरनेट का सुचारु न होना, उपयुक्त माध्यम का चुनाव न करना आदि सम्मिलित हैं।

संचारकर्ता को प्रतिपुष्टि प्रेषित करते समय संचार प्रक्रिया के समस्त चरणों का ध्यान रखना अनिवार्य होता है। प्रतिपुष्टि के समय प्राप्तकर्ता प्रेषक तथा प्रेषक प्राप्तकर्ता की भूमिका में आ जाता है।

पारभाषा विज्ञान या पैरालिंग्विस्टिक्स (paralinguistics)

यह अमौखिक संचार का एक अंश है। यह आवाज को राष्ट्रों के परे समझने का कार्य करती है। यह सायास अथवा अनायास प्रदान किए अमौखिक संकेतों को अध्ययन करने से संबद्ध है। इसके अंतर्गत आवाज का उतार-चढ़ाव, आवाज की गति, आवाज की मात्रा, सुर, उच्चारण, ग्रंथन अथवा जोड़बंदी, ठहराव आदि के अध्ययन को शामिल किया जाता है।

संचार के दौरान क्या बोला जा रहा है, मात्र यह महत्त्वपूर्ण नहीं है, बल्कि कैसे बोला जा रहा है, यह भी महत्त्वपूर्ण है। आवाज की मात्रा वक्ता अथवा संचारकर्ता के विषय में पर्याप्त संकेत करती है। यदि वक्ता आवाज की मात्रा को इस प्रकार कम करता है कि सभी उपयुक्त रूप से उसे सुन न सकें तो इसका तात्पर्य है कि वह कुछ तथ्यों को छिपाना चाहता है। यदि वक्ता संचार के दौरान अपनी आवाज की मात्रा को तीव्र कर देता है तो वह चाहता है कि उस तथ्य अथवा विषय को सभी लोग सुन सकें। इसके अतिरिक्त आवाज की मात्रा का कम होना आत्मविश्वास की कमी प्रदर्शित करता है तथा अनेक अवसरों एवं परिस्थितियों में आवाज की मात्रा का अधिक होना असभ्यता का सूचक है।

बोलते समय वक्ता की आवाज की गति संयमित होनी चाहिए तथा सभी श्रोताओं को सुनने तथा समझने का अवसर प्रदान करने योग्य होनी चाहिए। यदि गति तीव्र होती है तो आगे-पीछे के बिंदुओं को जोड़ना कठिन होगा। यदि गति अत्यधिक धीमी होगी तो श्रोता को ध्यान एकाग्र करना तथा विषय से जुड़ा रहना कठिन होगा।

वक्ता की आवाज का उतार-चढ़ाव श्रोता को यह निर्धारित करने में सुविधा प्रदान करता है कि वक्ता प्रशनवाचक वाक्य बोल रहा है, संबोधन कर रहा है अथवा

वक्तव्य दे रहा है। शब्द विशेष पर किया गया उतार-चढ़ाव या बल भी शब्द के अर्थ-निर्धारण हेतु महत्त्वपूर्ण होता है।

वक्ता का सुर उसके दृष्टिकोण तथा भाव की अभिव्यक्ति करता है। सुर आक्रामक, समीक्षात्मक, एकरस, निराशाजनक, हीनभावना ग्रस्त, सहयोगात्मक, प्रोत्साहित करनेवाला, भयभीत करनेवाला, रूखा आदि में से एक अथवा अनेक विशेषताओं को धारित करनेवाला हो सकता है। सुर वक्ता के मर्यादित तथा अमर्यादित होने का संकेत भी करता है।

उच्चारण से तात्पर्य वक्ता द्वारा शब्द के बोलने के ढंग पर निर्भर करता है। उच्चारण ही श्रोता के द्वारा सर्वप्रथम ध्यान दिया जाता है। यदि उच्चारण प्रभावशाली तथा उपयुक्त नहीं है तो श्रोता का ध्यान बार-बार भंग होता है। परिणामस्वरूप संचार प्रक्रिया बाधित होती है।

आवाज की स्पष्टता वक्ता के आत्मविश्वास तथा क्षमता को अभिव्यक्त करती है। वक्ता को इस प्रकार बोलना चाहिए कि श्रोता सभी शब्दों को भलीभाँति समझने में समर्थ हो। यदि आवाज स्पष्ट नहीं है तो संचार बाधित हो जाता है।

उपयुक्त ठहराव का प्रयोग संचार को प्रभावी बनाता है। यदि वक्ता अस्थायी ठहराव लेता है तो वह उसकी अनिश्चितता, संकोच, तनाव तथा असहजता का परिचायक है। यह अनेक अवसर पर पक्ष, सहमति, असहमति आदि को प्रस्तुत करता है।

यदि वक्ता द्वारा उपर्युक्त विशेषताओं का ध्यान रखा जाता है तो यह संचार की प्रभावशीलता में वृद्धि करता है।

संचार के प्रकार (Types of Communication)

विद्वानों ने संचार के प्रकारों या भेदों को कुछ आधारों को ध्यान में रखते हुए विभाजित किया है। संचार के भेदों को औपचारिकता के आधार पर दो भेदों में विभाजित किया गया है—

1. औपचारिक संचार (Formal Communication)

किसी भी संस्था अथवा संगठन में संचार निर्धारित नियमों के आधार पर संचालित होता है। औपचारिक संचार संदेश का प्रारूप, अंतराल, विषय आदि पूर्व निर्धारित नियमावली से संचालित होते हैं। औपचारिक संचार के भेद निम्नांकित हैं—

(क) लंबवत् अथवा सीधा संचार (Vertical Communication) : इसके अंतर्गत संचार सांगठनिक संरचना में नीचे से ऊपर की ओर तथा ऊपर से नीचे की ओर संचालित होता है।

(ख) क्षैतिज संचार (Horizonial Communication) : यह संगठन के पद सोपान के समान स्तरों के मध्य होनेवाला संचार है।

(ग) विकर्ण/तिर्यक संचार (Diagonal Communication) : यह किसी संगठन के एक विभाग से दूसरे विभाग में उच्च पदस्थ अथवा निम्न पदस्थ कार्मिकों के मध्य होनेवाला संचार है।

औपचारिक संचार को इस उदाहरण के माध्यम से बेहतर रूप से समझा जा सकता है। यदि किसी विषय पर पुलिस अधीक्षक कार्यालय किसी थानाध्यक्ष से कोई सूचना प्रेषित करने को कहता है तो यह लंबवत् संचार है। यदि इस सूचना को प्रेषित करने के पूर्व थानाध्यक्ष को किसी अन्य थानाध्यक्ष से कोई सूचना प्राप्त करनी हो तथा वह अन्य थानाध्यक्ष से सूचना प्राप्त करने हेतु संचार करता है तो यह क्षैतिज संचार की कोटि में आता है। यदि वह थानाध्यक्ष पहले थानाध्यक्ष, जिसे पुलिस अधीक्षक को सूचना प्रदान करनी है, को बताता है कि वांछित सूचना की फाइल क्षेत्राधिकारी के पास है तथा प्रथम थानाध्यक्ष क्षेत्राधिकारी से सूचना प्राप्त करने हेतु संचार करता है तो यह तिर्यक् संचार की कोटि में माना जाएगा।

औपचारिक संचार किसी संगठन की सफलता का आधार होता है। यह वास्तविक तथ्यों तथा सूचनाओं के आधार पर ही संचालित होता है। यह अधिकांशत: लिखितस्वरूप में ही प्रयोग होता है। यह संचार संचालित करते समय पद सोपान क्रम का विशेष ध्यान रखना आवश्यक होता है। इस संचार में प्रेषक, प्राप्तकर्ता की स्पष्ट जानकारी उपलब्ध रहती है। यह संचार व्यावसायिक मामलों, सांगठनिक संरचना आदि को व्यवस्थित तथा नियंत्रित करने में सहायक होता है। इस संचार में नियमों पर अत्यधिक बल देने के कारण कार्यों में देरी होती है तथा लालफीता शाही को बढ़ावा मिलता है।

2. अनौपचारिक संचार (Informal Communication)

अनौपचारिक संचार में किसी नियमावली का पालन नहीं किया जाता है। सहयोगियों, मित्रों आदि के मध्य होनेवाला मौखिक, कायिक आदि किसी भी प्रकार का संचार अनौपचारिक संचार की श्रेणी में आता है। यह संचार ऊर्ध्वमुखी, अधोमुखी, क्षैतिज, तिर्यक् आदि किसी भी प्रकार का हो सकता है। यही कारण है

कि इसे अंगूरलता संचार (Grapewine Communication) की संज्ञा भी दी जाती है।

अनौपचारिक संचार को भी उपभेदों में विभाजित किया गया है।

प्रथम, **एकल तंतु शृंखला (Single Strand Chain)** के अंतर्गत प्रथम व्यक्ति दूसरे को, दूसरा तीसरे को, तीसरा चौथे को संदेश प्रेषित करता है।

क → ख → ग → घ → ड़

द्वितीय, **गपशप शृंखला (Gossip Chain)** के अंतर्गत समान हितों के व्यक्ति एक समूह के रूप में एकत्र होते हैं तथा अपने पारस्परिक हितों के विषयों पर चर्चा या गपशप करते हैं।

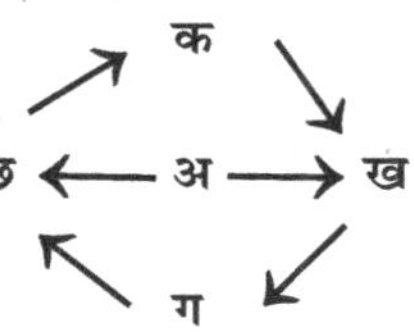

तृतीय, **प्रायिकता शृंखला (Probability Chain)** के अंतर्गत प्रत्येक व्यक्ति यादृच्छिक रूप से किसी अन्य व्यक्ति को संदेश प्रेषित करता है। इस संचार में प्रत्येक व्यक्ति एक ही संदेश को अपनी व्याख्या के साथ प्रेषित करता है।

चतुर्थ, **संकुल (Chrysler Chain)** या गुच्छा संचार के अंतर्गत चयनित तथा विशिष्ट समूह के सदस्यों अथवा व्यक्तियों को ही संदेश प्रेषित किया जाता है।

क → च → ट → त → प

ख → ह → ठ → थ → फ

ग → ज → ड → द → ब

यद्यपि अनौपचारिक संचार नियमों के अनुसार व्यवस्थित रूप से संचालित तथा नियंत्रित नहीं होता है, किंतु संगठन के लक्ष्यों की प्राप्ति में अनौपचारिक संचार की भूमिका बहुत महत्त्वपूर्ण होती है। यह संगठन की गतिशीलता तथा सक्रियता को सकारात्मक तथा नकारात्मक दोनों प्रकार से प्रभावित करने की क्षमता रखता है।

संचार माध्यम के आधार पर संचार निम्नांकित प्रकार के होते हैं—

(अ) मौखिक संचार/वाचिक संचार (Verbal Communication)

(ब) अमौखिक संचार/अवाचिक संचार (Non-Verbal Communication)

मौखिक संचार के अंतर्गत प्रेषक अपने मुख से बोलकर या संवाद कर प्राप्तकर्ता को संदेश, सूचना तथा अथवा दृष्टिकोण को प्रेषित करता है। इस संचार में संदेश प्रेषक तथा प्राप्तकर्ता एक-दूसरे के व्यक्तिगत संपर्क में रहते हैं। सूचना क्रांति के पश्चात् मौखिक संचार हेतु प्रेषक तथा प्राप्तकर्ता की भौगोलिक सीमा की बाधा समाप्त हो गई है, अब अनेक तकनीकी माध्यमों के द्वारा मौखिक संचार संभव है। फोन, वीडियो कॉल, जूम अथवा गूगल मीट आदि पर बैठक मौखिक संचार के माध्यम से संभव है।

मौखिक संचार सरलता से समझा तथा तत्काल प्रतिपुष्टि प्रदान करने में सक्षम है। इस संचार में समय तथा धन की बचत भी संभव है। यह कार्मिकों के मध्य परस्पर सामंजस्य तथा विश्वास भी उत्पन्न करता है। यह कार्य को शीघ्रता से करने में सहायक है। मौखिक संचार के कुछ दोष भी हैं यथा—भावी संदर्भ के लिए अनुपयुक्तता, विचार एवं योजना तैयार करने हेतु समय का अभाव, अनियोजित आदि।

अमौखिक या अवाचिक संचार के अंतर्गत उस संचार को सम्मिलित किया जाता है, जिसमें मौखिक तथा लिखित संचार सम्मिलित नहीं हैं, बल्कि शारीरिक भाव-भंगिमा, अभिनय, अर्थात् चेहरे के भाव, शरीर के अंगों आदि के माध्यम से प्रेषक प्राप्तकर्ता तक संदेश, भाव, चेष्टा आदि का संप्रेषण करता है। अमौखिक संचार में नेत्रों द्वारा प्रदान किए जानेवाले संकेत सर्वाधिक महत्त्वपूर्ण होते हैं, यद्यपि मौखिक संचार तथा अमौखिक संचार में मूलभूत अंतर है, किंतु इनके गुण-दोषों में काफी समानताएँ हैं।

लिखित संचार मौखिक तथा अमौखिक संचार से भिन्न है। यह एक प्रकार का औपचारिक संचार है। इसके अंतर्गत प्रेषक लिखित रूप से प्राप्तकर्ता को संदेश, सूचना, तथ्य, दृष्टि आदि प्रेषित करता है। इसके अंतर्गत प्रपत्र, समाचार-पत्र, पुस्तिका, पत्रिकाएँ, कार्यालय आदेश, प्रतिवेदन, विज्ञापन आदि को सम्मिलित किया जा सकता है। यह संचार तथ्यात्मक, वस्तुनिष्ठ, पूर्ण तथा स्पष्ट होता है।

लिखित संचार के अंतर्गत भौगोलिक दूरी किसी प्रकार की बाधा नहीं है। यह जटिल सूचनाओं, तथ्यों आदि को न केवल पूर्ण एवं स्पष्ट रूप से संप्रेषित करता है, बल्कि उसे भविष्य में संदर्भ के रूप में प्रयोग करने की सुविधा भी प्रदान करता है,

यद्यपि लिखित संचार प्रत्येक परिस्थिति में किया जा पाना संभव नहीं है। यह कार्यों में देरी, अर्थात् लालफीताशाही को बढ़ावा देता है। निरक्षरता, संसाधनों का अभाव भी लिखित संचार में सबसे बड़ी बाधा है।

संचार की शैलियाँ (Styles of Communication)

विद्वानों ने निम्नांकित संचार शैलियों को मुख्य रूप से स्वीकार किया है—

(क) निश्चयात्मक संचार-शैली (Assertive Communication)

(ख) निष्क्रिय संचार-शैली (Passive Communication)

(ग) आक्रामक संचार-शैली (Aggressive Communication)

(घ) निष्क्रिय-आक्रामक संचार-शैली (Passive-(Aggressive Communication)

(क) निश्चयात्मक संचार-शैली (Assertive Communication) : निश्चयात्मक संचार-शैली के अंतर्गत संचारकर्ता अपनी आवश्यकताओं तथा अधिकारों को ध्यान में रखते हुए अपने विचार, दृष्टिकोण तथा भावनाओं को अभिव्यक्त करता है, किंतु संचारकर्ता अन्य व्यक्तियों के अधिकारों की अवहेलना नहीं करता है। इस शैली के संचारकर्ता अपने समय, आवश्यकताओं तथा स्वाभिमान को अत्यधिक महत्त्व देते हैं।

इस संचार-शैली के संचारकर्ता सामान्य रूप से 'मैं जानता हूँ कि मैं कौन हूँ', 'मैं स्वयं को नियंत्रित कर सकता हूँ, दूसरों को नहीं', 'मैं आपके अधिकारों का सम्मान करता हूँ', जैसे शब्दों का प्रयोग करते हैं। इस प्रकार संचारकर्ता स्वयं को दूसरों के साथ संबद्ध करने में सिद्धहस्त होते हैं। इनका आत्मनियंत्रण उत्कृष्ट होता है। ये सभी के लिए एक सम्मानजनक वातावरण का निर्माण करते हैं। ये अपनी आवश्यकताओं तथा अधिकारों के साथ-साथ दूसरों के अधिकारों तथा आवश्यकताओं का ध्यान रखते हैं। ये बहुत अच्छे श्रोता भी होते हैं। ये आँख से आँख मिलाकर संवाद करने में दक्ष होते हैं। इनमें गजब का आत्मविश्वास होता है। इनकी शारीरिक भाव-भंगिमा भी आत्मविश्वास से युक्त होती है। इनकी संवाद शैली बहुत ही संयमित तथा स्पष्ट होती है।

(ख) निष्क्रिय संचार-शैली (Possive Communication) : निष्क्रिय संचार-शैली निश्चयात्मक संचार-शैली के विपरीत संचारकर्ता द्वारा स्वयं के अधिकारों, भावनाओं तथा आवश्यकताओं की अनदेखी को बढ़ावा देती है। इस संचार-शैली का संचारकर्ता अनेक महत्त्वपूर्ण अवसरों पर भी निष्क्रिय बना रहता

है, किंतु जब उसके धैर्य की सीमा समाप्त हो जाती है तो वह विस्फोटक व्यवहार का प्रदर्शन करता है। निष्क्रिय संचारकर्ता अप्रत्याशित प्रतिक्रिया के पश्चात् पुनः निष्क्रियता का व्यवहार करने लगता है।

निष्क्रिय संचार-शैली के संचारकर्ताओं में आत्मविश्वास की कमी होती है। ये अपनी भावनाओं, विचारों तथा आवश्यकताओं को अभिव्यक्ति प्रदान करने में सक्षम नहीं होते हैं। ये संवाद करते समय कमजोर शारीरिक भाव-भंगिमा प्रदर्शित करते हैं। ये दूसरों को अपने कार्यों तथा अधिकारों में हस्तक्षेप करने का अवसर प्रदान करते हैं। इनका स्वयं पर नियंत्रण भी कम होता है। इनमें परिपक्वता का अभाव होता है। ये वास्तविक मुद्दों से दूर रहते हैं। ये महत्त्वपूर्ण विषयों की अनदेखी, लक्ष्यों की प्राप्ति न होने आदि कारणों से हीनभावना के शिकार हो जाते हैं।

(ग) आक्रामक संचार-शैली (Aggressive Communication) : आक्रामक संचार-शैली का संचारकर्ता अन्य व्यक्तियों के अधिकारों, भावनाओं तथा आवश्यकताओं का अतिक्रमण करने में संकोच नहीं करता है। इस शैली के संचारकर्ता की सर्वोच्च प्राथमिकता उसके स्वयं के अधिकार, भावना तथा आवश्यकता होती है। यह दूसरों पर वर्चस्व स्थापित करने में विश्वास करता है। यह दूसरों की आलोचना, दोषारोपण आदि उपायों के माध्यम से नियंत्रण स्थापित करने का प्रयास करता है। यह प्रतिक्रियात्मक व्यवहार प्रदर्शित करता है। यह अच्छा श्रोता न होकर हस्तक्षेप की प्रवृत्ति रखता है। यह अपनी शैली के कारण या तो अकेला हो जाता है अथवा दूसरों को सभीसे अलग-थलग करने का प्रयास करता है। यह अपने व्यवहार के कारण अपनी लोकप्रियता खो देता है तथा घृणा का पात्र बन जाता है। यह वास्तविक समस्याओं, मुद्दों का समाधान करने के स्थान पर दूसरों की कमियों को दोष देता रहता है।

(घ) निष्क्रिय-आक्रामक संचार-शैली (Passive-Aggressive Communication) : इस संचार-शैली का संचारकर्ता वास्तविक परिस्थितियों में निर्णय नहीं लेता है, बल्कि जहाँ पर निर्णय लेने की आवश्यकता होती है, वहाँ वह निष्क्रियता प्रदर्शित करता है। घटना के पश्चात् दूसरों के सामने वह क्रोध का प्रदर्शन करता है। इस प्रकार वह आक्रामक संचार-शैली का प्रयोग करने लगता है। यह दोहरा व्यवहार मूलतः उसके स्वयं को कमजोर मानने के कारण होता है। इनमें आत्मविश्वास की कमी होती है। ये अपने दोहरे व्यवहार को स्वीकार नहीं करते हैं। ये शुतुरमुर्गी प्रवृत्ति से ग्रस्त होते हैं तथा मूल समस्या को स्वीकार नहीं करते हैं।

ये वास्तविक विषयों के समाधान पर कार्य नहीं करते हैं। अपने आसपास के

लोगों से दूर होते जाते हैं। इनकी शारीरिक भाषा व्यवहार के साथ मेल नहीं खाती है। इनकी भाषा अमर्यादित होती है। ये व्यंग्यात्मक भाषा का प्रयोग करते हैं। ये आत्मावलोकन करने के स्थान पर दूसरों पर दोषारोपण करते रहते हैं।

श्रवण कौशल (The art of listening)

व्यक्ति का महत्त्वपूर्ण समय श्रवण प्रक्रिया में ही व्यतीत होता है। श्रवण मौखिक संचार का सर्वाधिक महत्त्वपूर्ण अंग है। संचार प्रक्रिया के दौरान व्यक्ति अनेक बार श्रोता तथा वक्ता की भूमिका में रहता है। श्रवण कौशल में मात्र मौखिक संचार ही सम्मिलित नहीं है, क्योंकि कुशल श्रवण तभी माना जाता है, जब वह वक्ता के ठहराव, लय, सुर, शारीरिक हावभाव को भी सफतापूर्वक समझ सकने में सफल हो।

श्रवण कौशल तथा सामान्य सुनने की प्रक्रिया में पर्याप्त भेद है, जबकि सामान्य रूप से दोनों अवधारणाओं को समानार्थी की भाँति प्रयोग किया जाता है। स्टीफन लुकाल नामक विद्वान् ने सुनना को एक भौतिक प्रक्रिया माना है, अर्थात् ध्वनि तरंगों के कान के परदों से टकराने, उससे उत्पन्न विद्युत रासायनिक प्रभावों के मस्तिष्क की केंद्रीय श्रवण व्यवस्था में पहुँचने तथा उसके प्रभाव से है, जबकि श्रवण कौशल के अंतर्गत मात्र सुनना ही नहीं, अपितु उस पर ध्यान देना तथा प्रतिक्रिया देना भी सम्मिलित है।

श्रवण कौशल के अंतर्गत संदेश को वास्तविक स्वरूप में प्राप्त करना तथा उसका विश्लेषण करना सम्मिलित है। यह संचार प्रक्रिया के सर्वाधिक महत्त्वपूर्ण बिंदुओं में है। कुशल श्रोता प्रभावी संचार की कुंजी होता है। इसके अभाव में अर्थ का अनर्थ होने में समय नहीं लगता है।

श्रवण प्रक्रिया (Process of Listening)

श्रवण प्रक्रिया के अंतर्गत प्राप्ति, समझ, स्मरण, मूल्यांकन और प्रतिपुष्टि, ये पाँच चरण होते हैं। प्राप्ति (Receiving) में वक्ता के संदेश को सुनने को प्रथम चरण के अंतर्गत सम्मिलित करते हैं। द्वितीय चरण के अंतर्गत संदेश को समझने का कार्य किया जाता है। इसमें संदेश के अर्थ तथा उसकी व्याख्या एवं विश्लेषण का कार्य किया जाता है। तृतीय चरण के अंतर्गत स्मरण को रखा गया है, यद्यपि स्मरण श्रवण कार्य के साथ ही आरंभ हो जाता है, क्योंकि ध्यान से सुनने पर ही संदेश याद हो सकता है। चतुर्थ चरण के अंतर्गत मूल्यांकन किया जाता है। प्रत्येक

श्रोता द्वारा किसी संदेश का मूल्यांकन भिन्न-भिन्न हो सकता है। पंचम चरण के अंतर्गत प्रतिक्रिया को सम्मिलित किया जाता है, जिसे प्रतिपुष्टि के रूप में भी लिया जाता है। संदेश के प्रति श्रोता की प्रतिक्रिया भावनात्मक या वैचारिक हो सकती है।

श्रवण के प्रकार (Types of listening)

श्रवण के चार मुख्य प्रकार हैं—

1. सक्रिय श्रवण (Active Listening)
2. चयनात्मक श्रवण (Selective Listening)
3. सशक्त प्रभावी श्रवण (Emphatic Listening)
4. उपेक्षापरक श्रवण (Ignoring Listening)

सक्रिय श्रोता संदेश के समस्त बिंदुओं को भलीभाँति समझता है। वह वक्ता अथवा संचारकर्ता के साथ प्रभावी पारस्परिक वैचारिक आदान-प्रदान करता है। वह संचारकर्ता को उपयुक्त एवं प्रभावशाली प्रतिपुष्टि प्रदान करता है। चयनात्मक श्रवण करनेवाला श्रोता मात्र स्मरण पर बल देता है। वह संदेश के चयनित भाग पर ही ध्यान देता है। वह संपूर्ण विषय में रुचि प्रदर्शित नहीं करता है। सशक्त या प्रभावी श्रवण करनेवाला श्रोता संदेश के साथ-साथ संचारकर्ताओं के भाव को भी समझने का प्रयास करता है। इस श्रवण के दौरान वह संचारकर्ता के साथ भावनात्मक साधारणीकरण भी रखता है।

उपेक्षापरक श्रवण करनेवाले श्रोता संदेश पर ध्यान नहीं देता है। वह अनेक बार अपनी गतिविधियों से संचारकर्ता का अपमान करता प्रतीत होता है। इस उपेक्षापूर्ण व्यवहार से उसके संबंध भी प्रभावित होते हैं।

श्रवण की बाधाएँ (Barriers of listening)

प्रभावी श्रवण निम्नांकित बाधाओं से प्रभावित होता है—

1. श्रोता का पूर्वाग्रह ग्रस्त होना।
2. श्रोता का बौद्धिक स्तर संदेश की समझ से उच्च या निम्न स्तर का होना।
3. श्रोता द्वारा संदेश को अमहत्त्वपूर्ण मानते हुए उपेक्षा का भाव रखना।
4. संदेश प्राप्ति, व्याख्यान तथा अन्य विषयों हेतु देरी से पहुँचना।
5. श्रोता में विषय के प्रति रुचि का अभाव होना।
6. वक्ता का उसके शारीरिक हावभाव, स्वर, उच्चारण, रूप, रंग आदि के आधार पर मूल्यांकन कर धारणा बनाना।

7. कठिन, जटिल, अरुचिकर विषयों को सुनने से बचना।
8. बाह्य वातावरण से ध्यान का टूटना।

प्रभावी श्रवण की विशेषताएँ
(Charactersties of Effective Listening)

श्रोता को प्रभावी श्रवण हेतु निम्नांकित बिंदुओं पर अनिवार्य रूप से ध्यान देना चाहिए—

1. श्रवण के दौरान शांतचित्त रहना चाहिए।
2. श्रवण में रुचि लेनी चाहिए।
3. प्रभावी श्रवण हेतु दृष्टि संपर्क भी स्थापित करना चाहिए।
4. श्रवण के दौरान महत्त्वपूर्ण बिंदुओं को लिखना चाहिए।
5. रचनात्मकता श्रवण का महत्त्वपूर्ण अंश है।
6. अवसर प्राप्त होने पर यथासमय प्रश्नों को अवश्य पूछना चाहिए।
7. विषय पर पहले से अध्ययन अवश्य कर लेना चाहिए।
8. संचार को संपूर्णता से ग्रहण करना चाहिए।
9. प्रतिपुष्टि अवश्य प्रदान की जानी चाहिए।

प्रभावशाली श्रवण उत्पादकता में वृद्धि, संबंधों में सुधार, विवादों से मुक्ति, समझ में वृद्धि, समझौता तथा चतुर्दिक् व्यक्ति को लाभान्वित करता है। यही कारण है कि प्रभावी श्रवण संचार की अनिवार्यता है।

प्रश्न पूछने की कला
(The Art of asking question)

प्रश्न करना मनुष्य की स्वाभाविक प्रवृत्ति है। प्रत्येक मनुष्य सूचनाओं को एकत्र करना चाहता है। वह सूचनाओं को एकत्र कर ज्ञान वृद्धि, समस्याओं का समाधान, कार्यशैली में सुधार, निर्णयन क्षमता का विकास आदि उद्देश्यों की पूर्ति करता है। इन उद्देश्यों की पूर्ति से व्यक्ति के साथ समाज का विकास भी होता है। भारतीय संस्कृति में प्रश्नोत्तर परंपरा प्राचीनकाल से विद्यमान है। इसे सत्य की खोज से जोड़ा जाता है।

प्रश्न क्यों पूछें (Why ask question)

1. प्रश्न पूछने से सूचनाओं, तथ्यों, दृष्टिकोणों आदि का ज्ञान होता है।
2. प्रश्न के माध्यम से व्यक्ति की वैचारिकता की जानकारी होती है, जिससे

व्यक्ति के साथ जुड़ाव की संभावनाओं में स्पष्टता होती है।

3. प्रश्न पूछने से कार्य में गलतियों की संभावनाओं को समाप्त या कम किया जा सकता है।
4. इससे किसी विषय पर भ्रम को दूर किया जा सकता है।
5. इससे उत्तर देनेवाले व्यक्ति के ज्ञान, व्यक्तित्व आदि की परख की जा सकती है।
6. इससे विषय की समझ तथा गइराई में वृद्धि की जा सकती है।
7. समूह चर्चा में प्रश्न करने से अधिक सदस्यों को चर्चा में सम्मिलित किया जा सकता है तथा प्रश्न के विषय पर विभिन्न दृष्टिकोणों को जाना जा सकता है।
8. इससे जिज्ञासा का शमन किया जा सकता है। भारतीय संस्कृति इसे सत्य की खोज से संबद्ध करती है।

प्रश्न कैसे करें (How to ask questions)

अच्छे संचारकर्ता के लिए आवश्यक है, वह प्रश्न पूछने की कला से भलीभाँति अवगत हो। प्रश्न की संरचना, पूछने का ढंग आदि निर्धारित करते हैं कि उत्तर शंका का समाधान करने में समर्थ है अथवा नहीं। प्रश्नकर्ता को प्रश्न पूछते समय निम्नांकित बिंदुओं को अनिवार्य रूप से ध्यान में रखना चाहिए—

1. प्रश्न की संरचना सर्वाधिक महत्त्वपूर्ण अंश है। प्रश्नकर्ता को आवश्यकतानुसार प्रश्न की पृष्ठभूमि तथा संबंधित तथ्यों का उल्लेख करते हुए मूल प्रश्न पर प्रश्न समाप्त करना चाहिए। इसमें यह अवश्य ध्यान रखना चाहिए कि पृष्ठभूमि तथा तथ्य बहुत लंबे तथा विषयेतर नहीं होना चाहिए।
2. प्रश्न करते समय प्रश्नकर्ता का सुर तथा वाक् शैली भी गंभीर तथा ठहराव से युक्त होना आवश्यक है। प्रश्न करते समय ठहराव का प्रयोग बहुत सजगता से करना चाहिए, जिससे प्रश्नकर्ता तथा उत्तर देनेवाले व्यक्ति को विचार करने आदि का अवसर प्राप्त हो जाए।
3. प्रश्न के विषय का चयन सावधानीपूर्वक किया जाना आवश्यक है। प्रश्नकर्ता को यह जानकारी होना आवश्यक है कि वह क्या जानना चाहता है।
4. प्राय: मुक्त प्रश्न करना चाहिए, किंतु सदैव नहीं। मुक्त प्रश्न करने से

उत्तर विषयनिष्ठ प्राप्त होता है तथा शंकाओं का समाधान पूरक प्रश्न के द्वारा किया जाना संभव होता है, किंतु परिस्थिति और आवश्यकता के आधार पर बंद प्रश्न या वस्तुनिष्ठ प्रश्न भी करने चाहिए।

5. प्रश्नकर्ता को अपने वांछित उत्तर की ओर अग्रसर होना चाहिए। आवश्यकतानुसार उत्तरकर्त्ता से पूरक प्रश्न पूछकर उसे मूल लक्ष्य की ओर ले जाने का प्रयास भी करना चाहिए।
6. प्रश्न सदैव स्पष्ट तथा सीधा और विषय पर केंद्रित होना चाहिए।
7. प्रश्नकर्ता को प्रश्न करते समय सजग एवं सक्रिय श्रोता की भाँति व्यवहार करना चाहिए तथा पूरक प्रश्न पूछने के पूर्व उत्तरदाता को अपना उत्तर समाप्त करने का अवसर देना चाहिए।
8. प्रश्नकर्ता को प्रश्न करते समय सहज वातावरण का निर्माण करना चाहिए। प्रारंभ में सामान्य प्रश्नों के माध्यम से सहज वातावरण निर्माण में सहायता मिलती है। इसके पश्चात् प्रवाह के साथ प्रश्न करना चाहिए।
9. प्रश्नकर्ता को प्रश्न के विषय की गहराई की समझ होना आवश्यक है।
10. प्रश्नकर्ता को सरलमति अथवा निष्कपट शैली से प्रश्न करना चाहिए।

प्रश्न के प्रकार (Types of Questions)

प्रश्न की यह निर्धारिकता है कि उत्तर क्या प्राप्त होगा। प्रश्नों की समझ के द्वारा कोई प्रश्नकर्ता न केवल बेहतर प्रश्न पूछ सकता है, बल्कि बेहतर भी उत्तर प्राप्त कर सकता है तथा भ्रम अथवा संशय से बच सकता है। विद्वानों ने प्रश्नों के प्रारूप पर निम्नांकित प्रकार प्रदान किए हैं—

(1) मुक्त या खुला प्रश्न : खुला प्रश्न विषय की बेहतर समझ से परिचित होने में सहायक है। यह विषयनिष्ठ प्रश्न होता है। इस प्रश्न के उत्तर में उत्तरदाता वस्तुनिष्ठता का प्रयोग नहीं कर सकता है, अर्थात् 'हाँ' अथवा 'नहीं', 'सही' अथवा 'गलत' कहकर उत्तर नहीं दे सकता है। इन प्रश्नों का प्रयोग रचनात्मक तथा आलोचनात्मक चर्चा में अधिक उपयोगी होता है।

(2) बंद प्रश्न : इस प्रकार के प्रश्नों का उत्तर वस्तुनिष्ठ प्रकार से दिया जा सकता है। इसमें उत्तरदाता 'हाँ' या 'नहीं', 'सही' या 'गलत' कहकर प्रश्न का उत्तर दे देता है। इन प्रश्नों का प्रयोग तथ्यपरक उत्तर या शीघ्रता से उत्तर प्राप्त करने हेतु किया जाता है।

(3) जाँचपरक प्रश्न : इस प्रकार के प्रश्नों का प्रयोग स्पष्टीकरण प्राप्त करने तथा उत्तरदाता को और अधिक सूचना प्रदान करने हेतु प्रोत्साहित करने में किया जाता है। इस प्रकार के प्रश्न श्रृंखलाबद्ध होते हैं। इन प्रश्नों से विषय की समझ में वृद्धि होती है तथा इस प्रकार के प्रश्न गलतफहमियों को दूर करने का अवसर प्रदान करते हैं।

(4) प्रधान प्रश्न या अग्र प्रश्न : इस प्रकार के प्रश्नों में चर्चा को सकारात्मक दिशा में ले जाने का प्रयास किया जाता है। इस प्रकार के प्रश्नों का नियोजन इस प्रकार से किया जाता है कि वांछित दिशा में चर्चा को ले जाया जा सकता है। यही प्रश्न संपूर्ण चर्चा में चर्चा में प्रमुख बना रहता है। इन प्रश्नों का प्रयोग बहुत सावधानी से किया जाना आवश्यक है, क्योंकि अनेक बार प्रश्नकर्ता वांछित उत्तर की प्राप्ति हेतु बहस आदि अनैतिक माध्यमों का भी प्रयोग करने लगता है।

(5) भारित प्रश्न : भारित प्रश्न बंद प्रश्नों की भाँति होते हैं, किंतु ये सीधे तथा उत्तरदाता के प्रति पूर्व दृष्टिकोण के आधार पर निर्मित होते हैं। इस प्रकार के प्रश्न को मुख्य रूप से उन तथ्यों की जानकारी हेतु किया जाता है, जिन्हें उत्तरदाता सामान्य रूप से प्रदान नहीं करना चाहता है।

(6) नलिका प्रश्न : इस प्रकार के प्रश्न दो प्रकार से पूछे जाते हैं। प्रथम विधि के अंतर्गत इन प्रश्नों की ओर बढ़ा जाता है तथा दूसरी विधि में इसके विपरीत प्रक्रिया का प्रयोग किया जाता है। इन प्रश्नों के माध्यम से एक विशेष बिंदु पर लक्ष्य किया जाता है। इन प्रश्नों का प्रयोग सामान्यत: कम सामाजिक संबंधों के निर्माण किसी विशिष्ट सूचना की प्राप्ति, तर्क-वितर्क को समाप्त करने हेतु किया जाता है।

(7) स्मरणात्मक तथा प्रक्रिया प्रश्न : स्मरणात्मक प्रश्न उत्तरदाता को तथ्यात्मक स्मरण हेतु प्रोत्साहित करता है, जबकि प्रक्रिया प्रश्न के अंतर्गत उत्तरदाता अपने उत्तर के साथ अपने विचार, दृष्टिकोण, भाव आदि का संप्रेषण भी करता है। इस प्रकार के प्रश्नों से विषय की समझ तथा विश्लेषणात्मक दृष्टि का ज्ञान होता है।

(8) आलंकारिक प्रश्न : इस प्रकार के प्रश्नों में प्रश्नकर्ता उत्तर की अपेक्षा नहीं करता है, बल्कि उसका उद्‌देश्य व्यक्तियों या श्रोताओं को प्रोत्साहित करना तथा दिशा देना होता है।

अच्छे प्रश्न की रचना हेतु महत्त्वपूर्ण बिंदु निम्नांकित हैं—

1. प्रश्न स्पष्ट होना चाहिए।
2. प्रश्न संक्षिप्त होना चाहिए।
3. प्रश्न करते समय प्रश्न का प्रकार पूर्वनिर्धारित कर लेना चाहिए।
4. प्रश्न के उत्तर का अनुमान करना आवश्यक है।
5. अनुमान के आधार पर पूरक प्रश्न हेतु पूर्व योजना अवश्य करनी चाहिए।
6. उत्तर से वांछित या अभीष्ट ज्ञान की प्राप्ति हेतु पूर्व योजना का बिंदुवार निर्धारण करना चाहिए।

निष्कर्षत : यह कहना उचित होगा कि कुशल एवं प्रभावी संचार हेतु प्रश्न पूछने की कला से परिचित होना आवश्यक ही नहीं, अनिवार्य है।

लघुवार्ता कौशल (The art of small talk)

ऑक्सफोर्ड शब्दकोश के अनुसार लघुवार्ता का अर्थ है—सामाजिक अवसरों पर सामान्य तथा असामान्य विषयों पर विनम्र वार्त्ता। लघुवार्ता वार्त्तालाप की एक अनौपचारिक स्थिति है, जो अपरिचित व्यक्तियों के मध्य असहज स्थितियों को समाप्त करती है।

लघुवार्ता का सर्वाधिक महत्त्वपूर्ण भाग विषय चयन है। सामान्यतः लघुवार्ता के दौरान व्यक्ति सुरक्षित विषयों अथवा मुद्‌दों पर चर्चा करते हैं। इन विषयों के अंतर्गत वस्त्रों आदि की प्रशंसा, सामान्य हालचाल, मौसम, खेल, मनोरंजन पर सामान्य तथा सतही चर्चा की जाती है। यह चर्चा 'आप कैसे हैं?', 'आप कहाँ काम करते हैं?', 'आपको कौन सा खेल पसंद है?', आपको कौन सा धारावाहिक अच्छा लगता है?' 'यह फिल्म बहुत अच्छी है,' आदि प्रश्नों से बातचीत प्रारंभ की जाती है। इस बातचीत में विवादास्पद विषयों से बचना चाहिए। राजनीति, धर्म, जाति, विचारधारा जैसे विषयों की चर्चा नहीं करनी चाहिए। लघुवार्ता के दौरान व्यक्तिगत सूचनाओं, वेतन आदि से जुड़े प्रश्न नहीं करने चाहिए। इस दौरान नकारात्मक टिप्पणी नहीं करनी चाहिए।

सामान्यतः लघुवार्ता व्यक्ति असहज स्थिति, प्रतीक्षा के क्षण, आदर प्रदर्शित करते समय करते हैं, जब दो या दो से अधिक व्यक्ति किसी सामाजिक समारोह में उपस्थित हैं तथा उन्हें निमंत्रित करनेवाला व्यक्ति अन्य व्यक्तियों के स्वागत आदि में व्यस्त है, आप डॉक्टर आदि को दिखाने के समय या अधिकारी के आने की प्रतीक्षा कर रहे हैं, आदि परिस्थितियों में लघुवार्ता असहजता को समाप्त करने में सहायक होती है।

लघुवार्ता के निम्नांकित लाभ हैं—

1. इससे सामाजिक संबंधों की स्थापना होती है।
2. इससे महत्त्वपूर्ण व्यापारिक संबंधों की स्थापना होती है।
3. इससे विभिन्न विषयों के महत्त्वपूर्ण व्यक्तित्वों से परिचय होता है।
4. इससे सक्रिय श्रवण कौशल में वृद्धि होती है।
5. इससे व्यक्तियों की रुचि आदि का भी ज्ञान होता है।
6. यह सामाजिक छवि निर्माण में सहायक होती है।
7. यह नवीन विचारों से अवगत कराती है।
8. यह व्यक्तित्व निर्माण में सहायक है।
9. यह स्वत:स्फूर्त प्रतिक्रियाओं का विकास करती है।
10. यह प्रोत्साहित करने तथा प्रोत्साहित होने का अवसर प्रदान करती है।

प्रत्येक व्यक्ति का अपरिचित व्यक्तियों से संपर्क करने का अपना तरीका होता है। वह अपनी रुचि तथा समझ के अनुसार लघुवार्ता करता है, किंतु लघुवार्ता के दौरान निम्नांकित बिंदुओं का ध्यान रखने से लघुवार्ता की प्रभावशीलता में वृद्धि की जा सकती है—

1. लघुवार्ता प्रारंभ करते समय प्रत्येक व्यक्ति को आयु, अवस्थादि के आधार पर आदर प्रदर्शन करते हुए करना चाहिए।
2. यदि दो व्यक्ति किसी विषय पर चर्चा कर रहे हों तो लघुवार्ता का प्रयास नहीं करना चाहिए अथवा उपयुक्त अवसर पर ही प्रारंभ करनी चाहिए।
3. लघुवार्ता के दौरान उतावलापन नहीं दिखाना चाहिए।
4. लघुवार्ता के दौरान बार-बार घड़ी देखना अथवा फोन देखना उचित नहीं है। यह सामनेवाले के प्रति अरुचि तथा असम्मान प्रदर्शित करता है।
5. शारीरिक भाषा भी सकारात्मक होनी चाहिए।
6. वार्त्ता के दौरान एक सामान्य तथा रुचिकर विषय पर चर्चा करनी चाहिए, जो लघुवार्ता में सम्मिलित समस्त व्यक्तियों के लिए समान रूप से रुचिकर होना चाहिए।
7. अपने विषय में सामान्य सूचना, जैसे नाम आदि की जानकारी अवश्य देनी चाहिए।
8. लघुवार्ता के दौरान आसपास के वातावरण का ध्यान अवश्य रखना चाहिए।

9. लघुवार्ता के दौरान एक अच्छे श्रोता की भाँति व्यवहार करना चाहिए।

इस प्रकार कहा जा सकता है कि व्यक्ति औपचारिक संचार में कुशल तभी हो सकता है, जब वह अनौपचारिक संचार विशेष कम-से-कम लघुवार्ता में कुशल होगा।

ई-मेल लेखन

ई-मेल से तात्पर्य इलेक्ट्रॉनिक मेल से है। एक कंप्यूटर से दूसरे कंप्यूटर को इलेक्ट्रॉनिक माध्मय से संदेश प्रेषित करना अथवा प्राप्त करना ई-मेल कहलाता है।

इलेक्ट्रॉनिक माध्यम से मेल अर्थात् संदेश प्राप्त करना सरल तथा तीव्रता से अत्यल्प समय में होनेवाली क्रिया है। इस माध्यम से शब्दचित्र, वाक् आदि विधियों से संदेश प्रेषित करना तथा प्राप्त करना संभव है। यह आर्थिक दृष्टि से भी महत्त्वपूर्ण है, क्योंकि ई-मेल निःशुल्क सेवा के रूप में उपलब्ध है। उपभोक्ता को मात्र इंटरनेट शुल्क का ही भुगतान करना होता है। ई-मेल में कागज आदि का प्रयोग न होने के कारण यह पर्यावरण की दृष्टि से भी उपयोगी है।

ई-मेल प्रेषित करने अथवा प्राप्त करने हेतु प्रेषक तथा प्राप्तकर्ता, दोनों का ही ई-मेल पता होना अनिवार्य है। आज इंटरनेट पर अनेक वेबसाइट निःशुल्क ई-मेल खाता खोलने का अवसर प्रदान करती हैं। ई-मेल पता के दो मुख्य भाग होते हैं प्रथम-यूजर नाम, द्वितीय-होस्ट नाम। यूजर नाम प्रयोगकर्ता उपलब्धता के अनुसार निर्मित करता है, जबकि होस्ट नाम ई-मेल प्रदायक वेबसाइट से संबंधित होता है, यथा—

parangat123 यूजर नाम

@ gmail.com होस्ट नाम

ई-मेल प्रेषित करने अथवा प्राप्त करने हेतु प्रयोगकर्ता को सर्वप्रथम अपने ई-मेल खाता को खोलना होता है, जो एक पासवर्ड के द्वारा सुरक्षित होता है। यदि प्रयोगकर्ता को ई-मेल प्रेषित करना है तो उसे कंपोज, अर्थात् ई-मेल लिखने का बटन दबाना होगा, जब ई-मेल लिखने के लिए आगे बढ़ेंगे तो निम्नलिखित विकल्प चुनना होगा—

(1) टू : इसमें प्रेषक को प्राप्तकर्ता का ई-मेल लिखना होता है।

(2) सी.सी. : सी.सी. से तात्पर्य कार्बन कॉपी से है। इसमें प्रेषक एक साथ एक और ई-मेल धारक पर संदेश प्रेषित कर सकता है। इसमें प्रत्येक प्राप्तकर्ता

संदेश प्राप्त करनेवाले प्रत्येक ई-मेल को देख सकता है।

(3) बी.सी.सी. : बी.सी.सी. से तात्पर्य ब्लांइड कार्बन कॉपी से है। इसमें प्राप्तकर्ता एक से अधिक प्राप्तकर्ताओं को ई-मेल भेज सकता है।

(4) विषय (Subject) : यह ई-मेल का सर्वाधिक महत्त्वपूर्ण भाग है। ई-मेल लेखन के समय विषय का स्पष्ट, संक्षिप्त, संपूर्ण तथा शुद्ध होना अति आवश्यक है। यदि किसी मीटिंग में, अर्थात् बैठक की सूचना प्रदान करनी है तो विषय इस प्रकार लिखा जाना चाहिए—

गलत तरीका—विषय : बैठक

सही तरीका—विषय : समय सारिणी निर्धारण बैठक
25/09/2021, 10:00 बजे

(5) विषयवस्तु (content) : विषयवस्तु अथवा संदेश लिखते समय प्रभावी संचार की सात 'सी' का पूर्ण ध्यान रखना आवश्यक है। ई-मेल लिखते समय यह ध्यान रखना आवश्यक है कि संबोधन उपयुक्त तथा सम्मानसूचक हो। ई-मेल उच्चाधिकारी को लिखते समय पदनाम का प्रयोग करना उचित होता है तथा सहयोगियों एवं अधीनस्थों को लिखते समय नाम का प्रयोग किया जाता है, किंतु उचित सम्मान तथा विनम्रता का भाव अवश्य होना चाहिए।

ई-मेल के प्रकार

ई-मेल दो प्रकार के होते हैं—प्रथम अनौपचारिक ई-मेल तथा द्वितीय औपचारिक ई-मेल। अनौपचारिक ई-मेल मित्रों तथा परिवार के सदस्यों को मुख्य रूप से प्रेषित किए जाते हैं, जबकि औपचारिक ई-मेल उच्चाधिकारी, शासन आदि को प्रेषित किए जाते हैं। अनौपचारिक ई-मेल में प्रेषक अपने लेखन तथा प्रारूप के नियमों का निर्धारण स्वयं करता है, जबकि औपचारिक मेल में निर्धारित नियमावली का पालन करना अनिवार्य होता है। औपचारिक ई-मेल में भाषा तथा व्याकरण संबंधी त्रुटियों के लिए कोई स्थान नहीं होता है।

ई-मेल लेखन के समय सावधानियाँ

ई-मेल लेखन के समय निम्नांकित सावधानियाँ रखना अनिवार्य है—

1. ई-मेल का प्रारंभ उपयुक्त संबोधन से करना चाहिए। जिसे ई-मेल प्रेषित किया जा रहा है; उसके पद, अवस्था तथा परिस्थिति के अनुसार संबोधन किया जाना चाहिए।

2. यदि ई–मेल किसी ई–मेल के उत्तर में प्रेषित किया जा रहा है तो धन्यवाद तथा पहले मेल का उल्लेख भी किया जा सकता है।
3. इसके पश्चात् ई–मेल प्रेषित करने के उद्देश्य और विषय का स्पष्ट, संक्षिप्त एवं वस्तुनिष्ठ प्रस्तुतीकरण किया जाना चाहिए।
4. ई–मेल के अंत से पूर्व ई–मेल की समाप्ति के संदेश अनिवार्य रूप से लिखे जाने चाहिए।
5. सबसे अंत में प्रेषक हेतु उपयुक्त शब्द के साथ प्रेषित करना चाहिए।
6. ई–मेल लिखते समय संक्षिप्त शब्दों के प्रयोग से बचना चाहिए तथा यथाप्रयास पूर्ण शब्दों का प्रयोग करना उचित है।
7. शब्दों के फॉण्ट तथा आकार समान होना चाहिए। शब्दों तथा वाक्यों को बोल्ड करते समय तार्किकता का ध्यान रखना चाहिए।
8. औपचारिक ई–मेल के अंतर्गत शब्दकोश तथा वाक्य–संरचना को औपचारिक स्वरूप में प्रस्तुत करना चाहिए।
9. ई–मेल को प्रेषित करने के पूर्व उसे एक बार अवश्य पढ़ना चाहिए।
10. अनौपचारिक ई–मेल में भी यथासंभव उपयुक्त शब्दावली का प्रयोग करना चाहिए। वर्तनी की शुद्धता इसमें भी जरूरी है।

ई–मेल का स्वरूप प्रेषक के ज्ञान, बौद्धिक स्तर आदि के विषय में महत्त्वपूर्ण संकेत प्रदान करता है। प्राप्तकर्ता ई–मेल के स्वरूप तथा विषय प्रस्तुतीकरण से ही प्रेषक के विषय में अनुमान लगाता है, अतः ई–मेल लेखन में सावधानी आवश्यक नहीं, अपितु अनिवार्य है।

बहुविकल्पीय प्रश्न

1. communication शब्द की उत्पत्ति किस भाषा से हुई है?
   (क) लैटिन (ख) ग्रीक
   (ग) संस्कृत (घ) रूसी
2. communication शब्द की उत्पत्ति किस शब्द से हुई है?
   (क) communi (ख) Communis
   (ग) Communicate (घ) इनमें से कोई नहीं
3. किस विद्वान् ने संचार की तुलना चिकने पदार्थ से की है?
   (क) मूने (ख) रैले
   (ग) टेरी (घ) साइमन
4. प्रभावी संचार निम्नांकित में से किसके विकास में सहायक है?
   (क) व्यक्ति (ख) समाज
   (ग) विश्व (घ) उपर्युक्त सभी
5. 'संचार एक मस्तिष्क का दूसरे मस्तिष्क पर प्रभाव है।' संचार की यह परिभाषा किस विद्वान् ने दी है?
   (क) विल्वर (ख) जॉर्ज लेरी
   (ग) शेनन (घ) लिरिल
6. 'संचार दो या दो से अधिक व्यक्तियों के तथ्यों, विचारों तथा भावनाओं का पारस्परिक अदान-प्रदान है।' संचार की यह परिभाषा किस विद्वान् ने दी है?
   (क) जॉर्ज लेरी
   (ख) न्यू मैन तथा समर
   (ग) लिटिल
   (घ) विल्वर
7. निम्नांकित में संचार की विशेषताएँ हैं—
   (क) संचार हेतु न्यूनतम दो व्यक्तियों की आवश्यकता होती है
   (ख) संचार एक दोतरफा प्रक्रिया है
   (ग) संचार एक निरंतर चलनेवाली प्रक्रिया है
   (घ) उपर्युक्त सभी

8. निम्नांकित में से अच्छे संचारकर्ता की विशेषता नहीं है—
   (क) वह बहुत अच्छा निर्णयकर्ता होता है
   (ख) वह आत्मविश्वास से युक्त होता है
   (ग) संचार की सफलता का श्रेय स्वयं को देता है
   (घ) वह बहुत अच्छा श्रोता होता है
9. निम्नांकित में से कौन सी संचार की बाधा नहीं है—
   (क) जैविक बाधा
   (ख) भौतिक बाधा
   (ग) वैयक्तिक बाधा
   (घ) इनमें से कोई नहीं
10. निम्नांकित में से सुमेलित नहीं है—
   (क) भौतिक बाधा—तकनीक
   (ख) वैयक्तित्व बाधा—बौद्धिक स्तर
   (ग) सामाजिक बाधा—पृष्ठभूमि
   (घ) इनमें से कोई नहीं
11. निम्नांकित में पारभाषा विज्ञान के अंतर्गत सम्मिलित है—
   (क) आवाज का उतार-चढ़ाव
   (ख) सुर
   (ग) सामान्य भाषा
   (घ) उपर्युक्त सभी
12. इनमें से कौन संचार का एक प्रकार नहीं है—
   (क) अनौपचारिक संचार
   (ख) असंचार
   (ग) औपचारिक संचार
   (घ) लिखित शब्दावली
13. संचार की किस बाधा को दूर करना कठिन है ?
   (क) तकनीक की बाधा
   (ख) शोर
   (ग) संरचनागत कमियाँ
   (घ) मनोवैज्ञानिक पूर्वाग्रह

14. औपचारिक संचार का अंग नहीं है—
(क) सीधा संचार (ख) लंबवत संचार
(ग) तिर्यक संचार (घ) चौड़ा संचार

15. निम्नांकित में से 7 सी के अंतर्गत सम्मिलित नहीं है—
(क) संपूर्णता (ख) विस्तार
(ग) शुद्धता (घ) विनम्रता

16. निम्नांकित में से 7 सी के अंतर्गत सम्मिलित है ?
(क) संक्षिप्तता (ख) विचारण
(ग) स्थूलता (घ) उपर्युक्त सभी

17. निम्नांकित में से संचार का अनिवार्य तत्त्व नहीं है ?
(क) प्रेषक (ख) भौगोलिक दूरी
(ग) प्राप्तकर्ता (घ) संदेश

18. निम्नांकित को सभी क्रम से लगाइए—
1. संदेश, 2. प्रेषक, 3. इनकोडिंग, 4. माध्यम, 5. प्राप्तकर्ता।
(क) 2,1,3,4,1 (ख) 1,2,3,4,5
(ग) 1,3,2,5,4 (घ) 1,3,2,4,5

19. निम्नांकित में से किसके बिना संचार भी पूर्ण नहीं माना जा सकता है ?
(क) संदेश (ख) माध्यम
(ग) प्रतिपुष्टि (घ) शोर

20. संदेश की डिकोडिंग किसके द्वारा की जाती है ?
(क) प्रेषक (ख) माध्यम
(ग) प्राप्तकर्ता (घ) उपर्युक्त सभी

21. संचार में प्रतिपुष्टि कौन प्रदान करता है ?
(क) प्रेषक (ख) बाह्य वातावरण
(ग) माध्यम (घ) प्राप्तकर्ता

22. औपचारिक संचार के विषय में सत्य है—
(क) यह संस्था के निर्धारित मानकों पर निर्भर करता है
(ख) संदेश का प्रारूप पूर्व निर्धारित होता है
(ग) औपचारिक संचार लंबवत्, क्षैतिज तथा तिर्यक् हो सकता है
(घ) उपर्युक्त सभी

23. औपचारिक संचार की विशेषता नहीं है—
   (क) यह अधिकांशत: मौखिक स्वरूप में होता है
   (ख) यह वास्तविक तथ्यों तथा सूचनाओं के आधार पर संचालित होता है
   (ग) यह संगठन को व्यवस्थित तथा नियंत्रित रखने में सहायक है
   (घ) यह पदसोपान क्रम को ध्यान में रखते हुए संचालित होता है
24. अनौपचारिक संचार की विशेषता/विशेषताएँ हैं—
   (क) इसमें विशेषकर नियमावली का पालन नहीं किया जाता है—
   (ख) यह सहयोगियों, मित्रों आदि के मध्य होनेवाला संचार है
   (ग) यह संचार सभी दिशाओं में संचालित होता है
   (घ) उपर्युक्त सभी
25. निम्नांकित में किसका संबंध अनौपचारिक संचार से नहीं है ?
   (क) एकल तंतु शृंखला (ख) लालफीता शाही
   (ग) गपशप शृंखला (घ) संकुल संचार
26. मौखिक संचार के संबंध में सत्य है—
   (क) यह सरलता से समझा जा सकता है
   (ख) यह तत्काल प्रतिपुष्टि प्रदान करता है
   (ग) यह कर्मिकों के मध्य सौहार्द स्थापित करता है
   (घ) उपर्युक्त सभी
27. लिखित संचार की सबसे बड़ी बाधा है—
   (क) लालफीता शाही
   (ख) निरक्षरता
   (ग) संसाधनों का अभाव
   (घ) संदर्भ
28. निम्नांकित में से संचार-शैली है—
   (क) निश्चयात्मक संचार-शैली
   (ख) निष्क्रिय संचार-शैली
   (ग) आक्रामक संचार-शैली
   (घ) उपर्युक्त सभी

29. निम्नांकित में से संचार-शैली के अंतर्गत संचारकर्ता वर्चस्व स्थापित करने की कोशिश करता है?
    (क) निश्चयात्मक संचार-शैली
    (ख) निष्क्रिय संचार-शैली
    (ग) आक्रामक संचार-शैली
    (घ) इनमें से कोई नहीं
30. निम्नांकित में से निष्क्रिय संचार-शैली की विशेषता नहीं है—
    (क) यह अपनी आवश्यकताओं को अभिव्यक्त नहीं करता है
    (ख) यह कमजोर शारीरिक भावभंगिमा प्रदर्शित करता है
    (ग) यह वास्तविक मुद्दों से दूर रहता है
    (घ) यह सदैव धैर्य रखता है।
31. निष्क्रिय आक्रामक संचार-शैली की विशेषता है—
    (क) यह दोहरा व्यवहार प्रदर्शित करता है
    (ख) यह सदैव वर्चस्व स्थापित करने का प्रयास करता है
    (ग) यह वास्तविक समाधान देने का प्रयास करता है
    (घ) यह मर्यादित भाषा का प्रयोग करता है
32. निश्चयात्मक संचार-शैली की विशेषता है—
    (क) वह अन्य व्यक्तियों के अधिकारों का ध्यान रखता है
    (ख) वह बहुत अच्छा श्रोता होता है
    (ग) वह आत्मविश्वास से युक्त होता है
    (घ) उपर्युक्त सभी
33. ई-मेल पता का भाग है—
    (क) यूजर नाम (ख) होस्ट नाम
    (ग) क तथा ख दोनों (घ) इनमें से कोई नहीं
34. ई-मेल लिखते समय सी.सी. के संबंध में सत्य है—
    (क) इसका तात्पर्य कार्बन कॉपी से है
    (ख) इससे प्रेषक एक ही संदेश अनेक प्राप्तकर्ताओं को प्रेषित कर सकता है
    (ग) इसमें प्रत्येक प्राप्तकर्ता दूसरे प्राप्तकर्ता को देख सकता है
    (घ) उपर्युक्त सभी

35. लघुवार्ता का गुण नहीं है—
    (क) सुरक्षित विषयों की चर्चा (ख) आदर का प्रदर्शन
    (ग) घड़ी देखना (घ) सकारात्मक शारीरिक भाषा
36. निम्नांकित में से कौन-कौन सी सावधानियाँ ई-मेल लिखते समय रखनी चाहिए?
    (क) उपयुक्त संबोधन
    (ख) विषय का प्रस्तुतीकरण
    (ग) धन्यवाद देना
    (घ) उपर्युक्त सभी
37. निम्नांकित में प्रश्न पूछने का लाभ नहीं है—
    (क) इससे कार्य में गलतियों की संभावना बढ़ जाती है
    (ख) इससे भ्रम दूर किया जा सकता है
    (ग) इससे जानकारी में वृद्धि की जा सकती है
    (घ) इससे सामाजिक संबंधों की स्थापना होती है
38. निम्नांकित में से प्रश्न का प्रकार नहीं है—
    (क) मुक्त या खुला प्रश्न
    (ख) प्रधान या अग्र प्रश्न
    (ग) जाँचपरक प्रश्न
    (घ) उत्तर प्रश्न
39. अच्छे प्रश्न की रचना हेतु विशेषता है—
    (क) स्पष्टता
    (ख) संक्षिप्तता
    (ग) पूर्व निर्धारण
    (घ) उपर्युक्त सभी
40. निम्नांकित में से लघुवार्ता का प्रयोग किस स्थान पर नहीं किया जाता है—
    (क) अनौपचारिक समारोहों में
    (ख) औपचारिक बैठकों में
    (ग) प्रतीक्षालय में
    (घ) अपरिचितों के साथ

41. निम्नांकित में से लघुवार्ता के द्वारा दूर किया जा सकता है—
    (क) असहजता
    (ख) नाराजगी
    (ग) आत्मविश्वास
    (घ) सकारात्मकता

42. निम्नांकित में से लघुवार्ता का सकारात्मक पक्ष है—
    (क) सामाजिक संबंधों की स्थापना
    (ख) व्यक्तित्व निर्माण में सहायता
    (ग) श्रवण क्षमता में वृद्धि
    (घ) उपर्युक्त सभी

43. लघुवार्ता के दौरान ध्यान रखने योग्य है—
    (क) दो व्यक्तियों की चर्चा के दौरान प्रवेश करना चाहिए
    (ख) समय का विशेष ध्यान रखने हेतु बार-बार घड़ी देखनी चाहिए
    (ग) एक अच्छे वक्ता की भाँति व्यवहार नहीं करना चाहिए
    (घ) उतावलापन प्रदर्शित नहीं करना चाहिए

44. श्रवण कौशल के अंतर्गत सम्मिलित है—
    (क) सुनना (ख) समझना
    (ग) मूल्यांकन करना (घ) उपर्युक्त सभी

45. श्रवण-प्रक्रिया का चरण नहीं है—
    (क) प्राप्ति (ख) प्रेषक
    (ग) स्मरण (घ) प्रतिपुष्टि

46. निम्नांकित में से सर्वाधिक उपयुक्त श्रवण प्रकार है—
    (क) सक्रिय श्रवण
    (ख) चयनात्मक श्रवण
    (ग) सशक्त श्रवण
    (घ) उपेक्षापरक श्रवण

47. निम्नांकित में से किस श्रवण-शैली में श्रोता संचारकर्ता के प्रति अपमान प्रदर्शित करता है—
    (क) सक्रिय श्रवण (ख) चयनात्मक श्रवण
    (ग) सशक्त श्रवण (घ) उपेक्षापरक श्रवण

48. निम्नांकित में से कौन श्रवण की बाधा नहीं है—

(क) शोर (ख) पूर्वाग्रह

(ग) भिन्न बौद्धिक स्तर (घ) अरुचि

49. प्रभावशाली श्रवण का लाभ है—

(क) उत्पादकता में वृद्धि (ख) संबंधों में सुधार

(ग) व्यक्तित्व विकास (घ) उपर्युक्त सभी

50. प्रभावी श्रवण हेतु आवश्यक है—

(क) अरुचि (ख) अरचनात्मकता

(ग) प्रश्नाकुलता (घ) अप्रतिपुष्टि

उत्तरमाला

1. (क), 2. (ख), 3. (ग), 4. (घ), 5. (ग), 6. (ख), 7. (घ), 8. (ग), 9. (घ), 10. (घ), 11. (घ), 12. (ख), 13. (घ), 14. (घ), 15. (ख), 16. (घ), 17. (ख), 18. (क), 19. (ग), 20. (ग), 21. (घ), 22. (घ), 23. (क), 24. (घ), 25. (ख), 26. (घ), 27. (ख), 28. (घ), 29. (ग), 30. (घ), 31. (क), 32. (घ), 33. (ग), 34. (घ), 35. (ग), 36. (घ), 37. (क), 38. (घ), 39. (घ), 40. (ख), 41. (क), 42. (घ), 43. (घ), 44. (घ), 45. (ख), 46. (क), 47. (घ), 48. (क), 49. (घ), 50. (ग)।

□□□